새로 쓴 5백년 고려사

새로 쓴
5백년 고려사

박종기 지음

푸른역사

머리말
다원사회多元社會의 원류源流를 찾아서

《5백년 고려사》(1999년)를 세상에 내놓은 지 10여 년 만에 새롭게 내용을 수정, 보완하여《새로 쓴 5백년 고려사》라는 제목으로 출간하게 되었다. 논문과 지서를 집필하는 일이 학자에게는 마치 호흡하는 일처럼 일상적이지만, 나에게는 글의 크고 작음에 상관없이 매번 글을 쓸 때마다 심신心身의 고통을 겪는다. 그 과정에서 글을 쓸 당시 내 주위를 맴돌았던 여러 일과 생각의 일부가 하나의 이미지로 형상화 되어 쓴 글 속에 녹아들어 있다. 뒷날 내 글을 읽을 때마다 그 속에 담긴 이미지로 인해 글을 쓸 당시의 일들이 떠오르곤 한다. 이를테면《5백년 고려사》집필이 한창이던 때 금강산 관광길이 열려 금강산을 구경할 기회가 있었다. 반세기 금단禁斷의 땅을 처음 방문한 날이 마침 노동절이라, 한복을 곱게 차려입은 주민들이 꽃을 들고 관광객을 환대하던 모습을 잊을 수 없다. 그 때문인지 몰라도 금강산의 온정리와 장전항에 활짝 핀 봄꽃과 검게 그을린 주민들 얼굴이 하나의 이미지로 형상화되어 책을 펼칠 때마다 그 모습이 떠오르곤 한다. 두 번 세 번 읽어도 같은 이미지로 언제나 나타난다. 내가 쓴 글이나 책을 펼칠 때마다 나타나는 이러한 상념想念은 나에게 글쓰기 자체가 심신의 고통을 수반하는 일종의 통과의례이자, 한편으로는 호흡을 내뱉듯 그렇게 무심코 쓴 것이 아니라는 단단한 징표이리라.

　가령 이 책을 처음 출간한 이후 지금까지 10여 년간 나의 공부의 궤적을 하나의 책으로 묶었다면, 책을 펼칠 때 그 이미지는 어떤 모습으로 나타나게 될까 하는 물음을 던져본다. 그것은 고려왕조사 연구자로서 과연 새로운 책을 낼 정도로 그 사이 나의 공부에 어떤 진보와 발전의 흔적이 담길 수 있을 것일까 하는 이유 때문이다. 솔직하게 그렇다고 자신 있게 답할 수 없다. 그럼에도 불구하고 이 책을 출간하게 된 것은 다음의 사정 때문이다. 책을 낼 당시만 해도, 대부분의 역사서가 흔히 그러하듯이, 이 책도 한 때 주목을 받다가 어느 정도 시간이 지나면 재고在庫의 더미 속으로 파묻힐 것으로 생각했다. 그러나 의외로 반응이 괜찮아 지금까지도 꾸준하게 명맥命脈을 유지하고 있다. 우리 역사를 아끼고 사랑하는 독자층이 적지 않았던 것이다. 특히 인터넷 서점 등 각종 매체에 드러난 이 책에 대한 독자들의 다양한 반응에서도 그것을 느낄 수 있다. 한편으로 이들과 함께 여러 잡지에 실린 전문 연구자들의 서평을 통해 이 책에 대한 따가운 질책과 충고도 적지 않았다. 즉 역사 이해의 기본이 되는 정치사의 전개와 특성, 불교를 비롯한 다양한 사상사의 흐름 및 최근 새롭게 주목을 받고 있는 고려왕조의 개방성과 국제성에 대한 서술이 보완되어야 한다는 주문 따위가 그러했다. 주로 이러한 내용을 중심으로 보완을 하고 새롭게 서술하기도 했다. 그럼에도 불구하고 독자들의 따가운 질책과 요구를 제대로 반영했는지 두려울 뿐이다. 이에 대한 판단은 독자 여러분의 몫이다.

과거와 현재의 접목을 위해

역사연구를 하면서 내가 줄곧 가져왔던 관심사의 하나는 우리나라의 역사와 전통을 현대사회에 어떻게 접목시킬 것인가 하는 문제이다. 그것은 곧 역사와 현실의 일체화 문제이다. 구체적으로 고려왕조의 역사와 전통을 오늘의 우리들이 어떻게 읽고 해석하여, 천 년 전 고려왕조를 아직도 우리 곁에 살아있는 친근한 이웃처럼 서로 드나들 수 없을까 하는 문제의식은 항상 나의 뇌리를 떠나지 않고 있다. 이를 위해 과거의 역사인식 방법론에 대한 반성이 필요하다. 지난 20세기를 지배해왔던 우리나라 역사인식의 큰 틀은 일제가 만들어 놓은 식민주의 역사학과 그에 저항한 반식민주의(민족주의) 역사학의 대립과 갈등 구조이다. 과학기술을 비롯한 인류 문명사의 커다란 전환기를 맞이한 지금 이제 그러한 구조를 지양하고, 새로운 차원에서 역사 인식문제를 고민할 필요가 있다. 20세기 우리 역사학을 지배했던 민족 허무주의(식민사학)와 지상(우선)주의(민족사학)에 각각 근거한 두 가지 대립적인 역사인식은 공통적으로 '민족문제'라는 단일한 가치관을 둘러싼 일원론적 역사인식에 기초하고 있다. 정正이 아니면 반反이라는 상호 대립과 갈등을 전제로 한 역사인식은 지금까지도 우리의 의식세계를 지배하고 있다. 일상의 흑백논리는 물론이거니와 민족과 반민족, 민주와 반민주, 친북과 반북, 친일과 반일, 친미와 반미, 통일과 분단,

전쟁과 평화라는 형식의 대립과 갈등으로 점차 정치적 사회적 지형을 확장해 나가고 있다.

지난 세기를 지배했던 대립적인 두 역사학을 각각 제1과 제2의 역사학이라면, 이제 제3의 역사학 수립을 고민할 시점이다. 이 역사학은 과거와 현재, 전통과 현대의 상호 접목과 일체화, 과거를 통한 현재의 부정, 전통을 통한 현대의 부정(각각 그 반대의 경우도 가능함)이 아니라 과거와 현재, 전통과 현대의 상호 공존과 화해를 필요로 한다. 공존과 화해는 두 개의 서로 다른 존재를 인정하고 상호 교류와 접목을 통해 상생相生과 함께 궁극적으로 일체화할 수 있는 가능성을 제공해 준다. 그 밑바탕에는 하나의 단일한 가치와 존재에 대한 집착을 뛰어넘어, 다양한 실재實在를 인정하고 그것에 의해 근본이 유지된다는 다원주의적 역사인식이 자리 잡고 있다.

다원사회, 고려왕조의 특성

나는 우리나라 역사학의 주요한 특성의 하나로 세계사에서 그 유례를 찾아 볼 수 없는 개별 왕조의 장기 지속성에 주목해 왔다. 이 책의 주제인 고려왕조(918~1392) 역시 5백년간 장기 지속한 왕조이다. 개별 왕조가 장기 지속한 원인을 밝히는 작업이야 말로 바로 우리 역사학의 특수성을 밝히는 일이 된다. 그렇다면 고려왕조가 이같이 장기 지속한 원인은 무엇일까? 더 구체적으로 왕조의 존망存亡을 걸고 두 차례나 각각 30여 년간에 걸친 거란, 몽골 등 이민족과의 전쟁을 극복하고 왕조의 정체성을 유지한 비결은 무엇일까? 하는 의문을 던져 볼 수 있다. 그러한 사실을 밝히는 일이 고려왕조의 특성을 이해하는 일이 될 것이다.

나는 이 책에서 고려왕조의 특성을 '다원사회多元社會'로 규정했다. 다원사회는 정치와 사회 부분에서 개방성과 역동성, 문화와 사상에서 다양성과 통일성을 특징으로 한다. 왕조를 도약시킬 능력 있는 인재라면, 지금의 표현대로 국적과 종족을 가리지 않고 관료로 등용한 고려왕조의 개방성과 역대 어느 왕조보다도 하층민의 활발한 이동에서 비롯된 역동성, 나아가 불교 유교 도교 풍수지리 도참사상 등 다양한 사상과 문화를 용인하고 공존하게 한 다양성과, 그로 인한 혼란을 극복하기 위해 끊임없이 정체성을 일깨웠던 통일성을 지향한 문화와 사상의 저력이 고려왕조를 항상 깨어있는 왕조로서 끊임없이 자기 변모를 거듭하게 했고 결과적으로 왕조를 장기 지속하게 했다. 다원사회의 특징은 바로 이러한 점들이며, 그것은 또한 고려왕조의 특성이 된다.

분단으로 인한 남북문제와 계층과 지역 갈등으로 인한 동서문제를 해결하기 위한 사회적 통합력의 복원은 우리사회가 당면한 과제다. 고려왕조가 경험했던 다원사회는 그러한 과제 해결에 매우 유용한 자산이 될 것이다. 왜 지금의 우리들이 고려왕조의 역사에 주목해야 하는가 하는 의문에 대한 해답이 된다. 고려왕조가 우리역사에서 차지하는 의의는 바로 여기에 있다. 또한 다원사회에 나타난 여러 특징은 글로벌 시대를 살고 있는 지금의 우리사회에 필요한 덕목이 된다. 나아가 다원사회의 힘은 상대의 존재를 인정하고 공존과 화해를 가능케 해주는 저력이자, 21세기 우리사회가 치열한 경쟁의 세계무대에서 앞서 나아가게 해주는 활력이 될 것이다. 이 글의 서두에서 고려왕조의 역사를 오늘의 우리들이 어떻게 읽고 해석해야 할 것인가에 대한 나의 문제 제기는 바로 천여 년 전 우리 사회가 경험했고, 그 경험의 흔적이 오늘의 우리들에게 면면히 이어져 내려온 다원사회의 특성과 강점을 읽고 우리 안에서 그것을 내면화 일체화 하는 일이다. 나의 이 생각은 지난 30여 년간 홀로 고려왕조라는 넓고도 푸른 바다를 향해 나아가다 험한 파도에 떠밀려 거룻배 한 모서리를 겨우 잡아본 것에 불과한 부끄러운 것이지만, 우리 역사를 아끼고 사랑하는 독자들과 함께 공유하고자 이 책을 쓰게 되었다.

이 책은 정치사 사상사 등을 주로 보완했지만, 한편으로 지난번 원고의 큰 줄거리는 가능한 한 살리려 했다. 그것은 저자의 40대 당시 생각이 담겨 있어 그대로 살려두는 것도 의미가 있을 것이라는 생각에서 그렇게 했다. 또한 구어체口語體 문장이 역사를 이해하기가 쉽고 읽기에도 편하다는 젊은 세대 독자층의 요구를 무시할 수 도 없었다. 그 가운데 저자의 개인적인 생각과 신변잡담 같은 내용은 일부 빼기도 했다. 또한 그 사이 변화된 통계 숫자, 부분적으로 잘못된 서술과 중복된 내용은 수정하고, 개정판 체제에 맞추어 일부 서술의 순서를 바꾸었다.

부족하지만 여기까지 오는데 적지 않은 이의 도움을 받았다. 이 글의 사상사 부분을 보완하는데 상주대학교 한기문 교수의 도움이 컸다. 한 교수는 자신의 글을 이 책에서 활용하는데 흔쾌히 동의하셨고, 원고의 내용까지 검토하면서 유익한 조언을 해주셨다. 국민대학교 생명나노화학과 곽현태 교수와 윤성호 교수는 다원사회의 또 다른 형태인 벌집구조 형상의 지방사회 구조를 'chemdraw 프로그램'을 이용하여 개요도를 만들어 주셨다. 이 그림에 대한 독자들의 반응이 어떨지 매우 궁금하다. 국민대학교 사회학과 김환석 교수는 다원주의 개념에 대해 관심을 갖고 조언을 해주

섰다. 국민대학교 홍영의 연구교수는 이 책의 사진자료를 많이 보완해주는 등 수고를 마다하지 않았다. 숙명여자대학교 강사 전경숙 박사는 이 책의 참고문헌과 연표를 자기 일처럼 생각하여 깔끔하게 보완해 주셨다. 또한 이 책의 출간을 독려하면서 유익한 조언과 신선한 지적 자극을 주신 푸른역사 백승종 선생님과 언제나 미소를 아끼지 않으면서도 진지한 자세로 편집에 임한 푸른역사 관계자 여러 분들께 다시 한번 진심으로 감사하다는 뜻을 전한다.

2008년 2월
창 너머로 매서운 추위에 뒤덮인 북한산을 바라보면서 서문을 마무리 짓다

청헌淸軒 박종기朴宗基

차례 | 새로 쓴 5백년 고려사

고려 당대에 쓰인 고려역사
김관의金寬毅의 《편년통록編年通錄》(의종) 원부元傅와 허공許珙의 《고금록古今錄》(1284) 이승휴李承休의 《제왕운기帝王韻紀》
이인복李仁復과 이색李穡의 《금경록金鏡錄》(공민왕) 이제현李齊賢의 《사략史略》(1357)

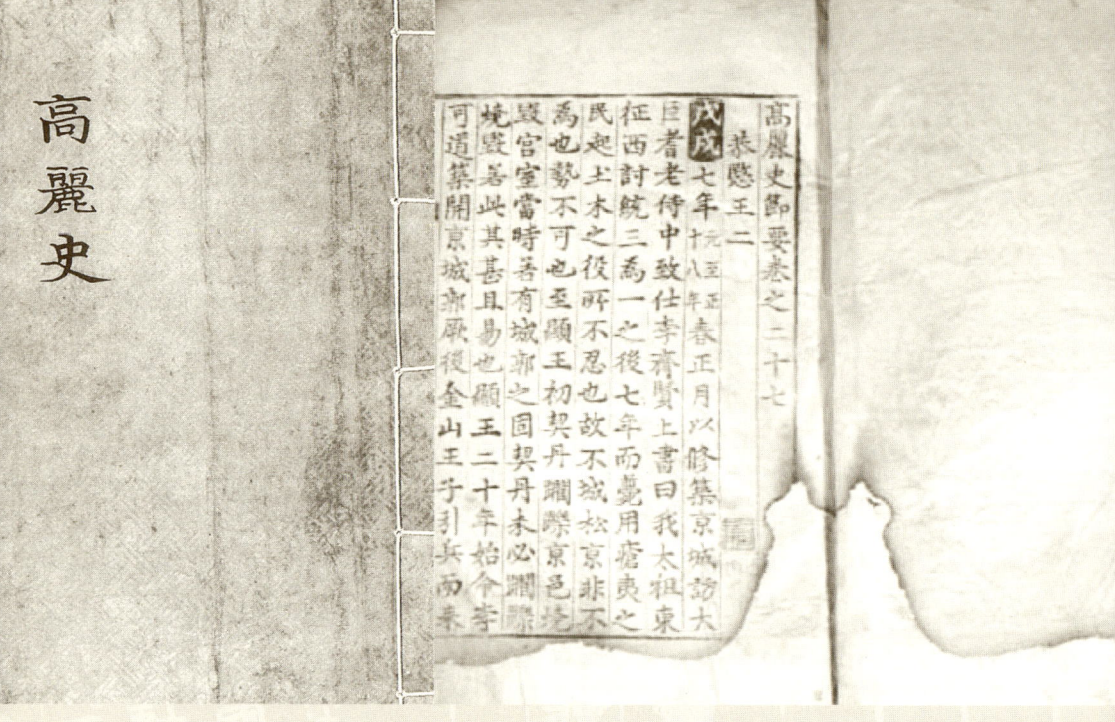

高麗史

조선시대에 쓰인 고려역사
권제權踶의 《용비어천가龍飛御天歌》(1445) 정인지鄭麟趾의 《고려사高麗史》(1451) 김종서金宗瑞의 《고려사절요高麗史節要》(1452)
史》(1640)안정복安鼎福의 《동사강목東史綱目》(1778)

1장
왜 고려왕조에 주목해야 하나?

다원사회, 고려왕조 다시 읽기

한국사의 특징, 왕조의 장기지속성

한국사의 두드러진 특징의 하나는 개별 왕조가 장기간 지속한 사실입니다. 고려(918~1392)와 조선왕조(1392~1897)는 각각 5백여 년 장기간 지속했습니다. 고구려(37.BC~668.AD) 백제(18.BC~663.AD) 신라 (57.BC~668.AD)의 3국은 이보다 더 긴 7백여 년이나 지속했지요. 더욱이 신라의 경우 통일신라시기까지 포함하면 무려 천 년 간 지속한 왕조가 됩니다. 고조선은 삼국의 왕조보다 더 오래 존속하였지요. 한국사의 역대 왕조가 이같이 장기 지속한 사실은 세계사에서 그 예를 찾아볼 수 없는 일로서, 한국사를 특징짓는 주요한 사실의 하나로 지적할 수 있습니다. 가까운 우리의 이웃나라 중국의 역사는 어떠했을까요?

중국사에서 가장 긴 왕조 주周나라(1134~250.BC)는 약 8백

892 견훤, 완산주(完山州)에서 반란을 일으킴. 무진주(武珍州)를 쳐서 스스로 왕이라 함. 895 8월 후고구려(後高句麗)의 궁예, 스스로...

18 새로 쓴 5백년 고려사

년 지속되었다고 하나, 이 속에는 신화와 전설의 시기도 포함되어 있어 전적으로 믿을 바가 못 됩니다. 이를 제외하면 한漢나라(206.BC~250.AD)가 가장 긴 왕조로서 약 4백년 간 지속했지요. 그 다음으로 긴 왕조는 송宋나라(960~1279)로서 약 320년 간 지속했으나, 송나라는 북송北宋(960~1126)과 금나라의 침입을 받은 이후의 남송南宋(1127~1279)으로 사실상 나누어집니다. 당唐나라(618~907)는 약 290년 간 지속되었고, 명明나라(1368~1662)와 청清나라(1616~1911)도 당나라와 거의 비슷한 기간 지속했지요. 이같이 긴 왕조라 하더라도 지속 기간은 3~4백 년에 불과합니다. 그 외 3국과 5대 10국의 여러 왕조는 그 지속 기간이 수 십 년에 불과한 왕조도 많지요. 이같이 중국의 역대 왕조는 3백여 년 이상 지속한 왕조가 드물 정도로 개별 왕조의 지속 기간은 한국사에 비해 매우 짧았던 것입니다.

이같이 다른 나라의 예와 비교해볼 때 개별 왕조의 장기 지속은, 전근대 동아시아 세계에서 유례를 찾아볼 수 없을 정도로, 한국사의 특징의 하나라 보아도 좋을 것입니다. 그런 까닭에 우리나라 역사에서 하나의 왕조 단위가 한국사에서 시대구분의 한 단위로 간주되기도 했지요. 삼국이 공존한 시기를 고대사회, 고려왕조를 중세사회, 조선왕조를 근세사회로 부르는 것이 구체적인 예가 되지요. 어떤 이는 이러한 구분법을 왕조 중심사관이라 하기도 하나, 개별 왕조가 5백년 이상 장기 지속한 사실은 그 나름대로 독특한 역사성歷史性 내지 시대격時代格을 지녔기 때문이라 볼 수 있지요.

고려왕조가 장기 지속할 수 있었던 독특한 역사성이나 시대격이 무엇일까? 하는 의문을 푸는 작업이 지금부터 떠나게 될 고려왕조에 대한 탐구 여행의 주된 목적이며, 그것은 달리 고려왕조의 세계에 대한 역사읽기 작업이기도 합니다. 그러나 일반인뿐만 아니라 역사연구자들까지도 고려왕

칭하며 내외 관직을 설치. 왕건, 궁예에 귀순해서 철원군 태수가 됨. | **898** 1월 송악(개성)으로 수도를 옮김. 11월 팔관회(八關會)를 행함. 승려

인종의 장릉에서 출토된 청동도장. 이 도장은 단정하고 깔끔하여 당시 왕실 공예품의 수준을 짐작케 한다.

조에 대한 인식은 지금까지도 너무 빈약하기 짝이 없습니다. 고려왕조는 아직도 그들에게 베일로 가려져 있습니다. 저의 잘못된 판단일까요?

이 글은 우리가 경험했던 또 하나의 전통, 고려의 독자적인 발전원리와 특성을 탐색함으로써, 그간 베일 속에 가려 있던 우리 역사를 복원하는 새로운 여행을 하고자 합니다. 그리고 이를 통해 우리의 의식 속에 잠재되어 있던 새로운 민족정서를 일깨워 역사인식의 지평을 넓히고자 합니다. 그런데 왜 고려왕조는 우리들에게 잘 알려져 있지 않은, 베일 속의 왕조로 남아있는 것일까요? 먼저 이 문제부터 살펴보기로 하지요.

베일 속의 왕조, 고려

우리는 전통을 얘기하면 흔히 조선시대를 떠올립니다. 오늘과 가장 가까운 시기의 왕조이고, 관련 유물과 자료를 주변에서 쉽게 접할 수 있기 때문일 것입니다. 특히 최근에는 한글로 번역된 《조선왕조실록》이 시디롬으로 제작되면서 각종 사극이나 역사 관련 프로가 조선왕조에 집중되고 있어, 마치 조선왕조가 다시 부활하는 느낌이 들 정도입니다. 그러나 이는 역사 대중화가 꽤 진전되었다는 긍정적 측면과 함께 대중화가 특정 왕조에 집중되어 다른 왕조가 남긴 다양한 문화전통이 바르게 전달되지 못한다는 부정적인 측면도 안고 있습니다.

사실 조선왕조가 우리 전통문화의 전부는 아니지요. 고려왕조(918~1392) 역시 5백여 년 간 장기지속하면서, 조선의 역사 전통만큼의 폭과 깊이를 가졌던 왕조입니다. 몇 년 전 '태조 왕건', '제국의 아침', '무신정

도선(道詵) 죽음. | 899 북원의 양길, 궁예를 공격하다 대패. 최치원, 가야산 해인사로 은퇴. | 900 견훤, 무진주에서 후백제(後百濟) 건국. 궁예. ·

권'과 같은 텔레비전 드라마로 고려왕조의 모습이 대중들에게 소개되기는 했어도, 아직도 우리는 고려왕조가 생생하게 살아있는 우리 전통문화의 일부라는 느낌을 갖지 못하고 있습니다. 여전히 우리에게 고려왕조는 베일 속에 갇혀 있는, 잊혀진 왕조일 뿐인 것이지요.

고려왕조가 베일 속에 가려진 채 대중들로부터 외면받은 데에는 몇 가지 원인이 있습니다. 먼저 《조선왕조실록》에 수록된 역사 사건의 현장이나 유물이 대부분 서울과 그 주변 지역에 있어, 마음만 먹으면 쉽게 찾아가 볼 수 있고 그래서 조선시대 역사가 생생하게 느껴지는 데 비해, 고려시대의 주요 유물과 유적은 현재 북한 지역인 고려의 수도 개경 일대에 몰려 있어 현실적으로 접근이 불가능합니다. 고려왕조가 우리에게 먼 역사로서 기억의 저편에 놓이게 된 데에는 이같이 분단 상황도 한몫을 차지했다고 볼 수 있지요.

다음 《조선왕조실록》과 같이 당대에 직접 기록된 1차 자료가 없다는 사실도 고려의 역사가 멀게 느껴지게 된 원인의 하나입니다. 고려시대 당대에 편찬된 사료 중 지금까지 전하는 것에는 《삼국사기三國史記》(1145년 김부식 편찬)와 《삼국유사三國遺事》(1281년 일연 편찬)가 있는데, 이는 모두 당대의 역사가 아니리 삼국시대의 역사서입니다. 고려 역사에 관한 기본 사료로는 여러분도 잘 알다시피 《고려사高麗史》(1451년 편찬)와 《고려사절요高麗史節要》(1452년 편찬)가 있으나, 이 사료는 모두 조선시대에 편찬된 것입니다. 고려시대에 편찬된 《고려실록》은 안타깝게도 전하지 않고 있습니다. 물론 《고려사》나 《고려사절요》 역시 《고려실록》을 토대로 해서 편찬되었기 때문에 여기에 실린 자료는 당대의 것입니다. 그러나 이를 편찬하는 과정에서 조선 초기 역사가들의 입장이 반영되어 고려시대의 실제 모습이

왕건을 보내 국원·청주 등을 공격, 탈취. | **901** 8월 견훤, 신라의 대야성을 공격. 이 해 후고구려 궁예, 왕을 칭하고 국호를 고려라 함. 영주 부

크게 훼손된 한계를 갖고 있습니다. 예를 들어 이들 자료는 고려 말의 부패상과 혼란상에 관한 자료를 의도적으로 많이 싣고 있으며, 또한 고려 말 우왕과 창왕을 국왕으로 인정하지 않아 이들의 재위기간인 14년 역사를 신하들에 관한 기록을 실은 《고려사》 〈열전〉 편에 실었습니다. 조선왕조의 건국을 합리화하려는 입장 때문이지요. 따라서 이 기록을 그대로 따를 경우 조선왕조의 시각에서 고려시대 역사를 평가하게 되어 고려사의 진실을 제대로 파악할 수 없게 됩니다.

마지막으로 우리나라 역사학의 특성, 곧 식민사학 극복과 민족사학 수립이라는 근대역사학의 발전과 관련이 있습니다. 여러분도 알다시피 일제 식민사학은 타율성과 정체성이라는 두 가지 논리로 우리 역사를 왜곡했습니다. 먼저 타율성 이론은 한국 역사가 항상 외세의 침입과 종속만을 강요받은 타율의 역사라는 것입니다. 이 이론으로 우리 고대사가 집중적으로 왜곡되었습니다. 한편 정체성 이론은 한일합방 직전 한국사회가 일본에 비해 7~8세기 정도 뒤쳐져 있었기 때문에, 발전을 위해 일제의 식민지배가 필요했다는 논리입니다. 즉 한국인의 고질적인 당파성, 상업의 미발달, 끈질긴 동족부락의 존재 등과 같은 요인 때문에 한국사회가 정체되었다는 것입니다. 정체성론은 주로 조선시대와 근대사를 집중적으로 왜곡했습니다.

해방 이후 한국 역사학은 제한된 연구인력 때문에 일제에 의해 심하게 왜곡된 고대사와 조선 및 근대사 연구에 집중할 수밖에 없었습니다. 물론 식민사학자들이 거란과 원의 침략, 원의 고려 지배를 부각시키기는 했으나 고려사 분야는 왜곡의 주 대상에서 벗어나 있었고, 그로 인해 연구자나 대중에게 외면을 받을 수밖에 없었지요.

석사의 신라 왕 화상을 칼로 침. | 903 3월 왕건, 해군을 이끌고 금성(錦城) 등 10여 성을 탈취하고 금성을 나주로 고침. | 904 궁예, 국호를

자주와 사대의 논리를 뛰어넘어

그 때문에 식민사학의 왜곡세례에 비켜나 있었던 고려왕조사는 의외로 대중들에게 우리역사의 가장 자랑스러운 부분으로 알려져 있습니다. 대학에서 해마다 학과 지원자들을 면접하면서 "우리 역사에서 가장 기억에 남는 사건이나 자랑스러운 부분을 들어 설명하라"는 질문을 던지면 그때마다 수험생들은 대부분 고려시대 역사를 예를 들어 설명합니다. 구체적으로 윤관의 여진정벌 · 무인정권의 항몽투쟁 등 이민족에 대한 저항과 정벌의 역사를 이야기하거나, 청자 · 팔만대장경 · 금속활자 등을 들어 우리 역사에서 고려왕조가 가장 자주적이고 우수한 문화저력을 지닌 왕조라고 말합니다. 수험생들의 이런 답변이 일반인들의 역사인식을 대변한다고 해도 크게 잘못은 아닐 것입니다.

한편 이러한 역사인식은 일제시대 민족주의 역사학자들의 역사인식에서 이미 정형화되기도 했습니다. 그들은 고려 역사에서 대몽항쟁과 정벌 등의 자주적인 대외관계나, 청자 · 팔만대장경 · 금속활자 등 민족의 문화저력을 강조하면서 민족의식을 고취하려 했습니다. 나아가 이러한 역사인식은 '사주와 사대'의 논리로 이론화됩니다. 유명한 민족주의 역사가 단재丹齋 신채호申采浩 선생은 1930년 〈조선 역사상 일천년래 제일 대사건〉이라는 긴 제목의 글에서, 한말에서 1천 년 이전까지 우리 역사에서 가장 큰 사건으로 1135년 서경에서 일어난 '묘청妙淸의 난'을 들었습니다. 단재 선생은 자주적이고 전통적인 사상가 묘청이 사대적이고 유가적인 사상가 김부식金富軾에게 진압되면서 우리 역사가 결정적으로 후퇴하게 되었다고 했습니다. 역사발전은 자주적인 기상과 요소에서 찾아야 하며 사대적인 사상이나

신채호와 《조선사연구초》. 일제 민족주의 역사학자 중 대표적 인물인 신채호 선생은 '자주와 사대'의 논리를 우리 역사 해석의 주요한 기준으로 삼았고, 그 논리는 아직까지도 고려왕조의 역사를 이해하는 데 통용되고 있다.

행동이 역사의 후퇴를 가져온다는 이른바 '자주와 사대'의 논리를 제기하고, 그것을 우리 역사 해석의 주요한 기준으로 삼은 것입니다.

 필자 역시 단재 선생의 견해는 고난으로 얼룩진 어려운 식민지 시기의 역사가로서 마땅히 제기할 수 있는 견해라고 이해합니다. 그런데 문제는 그런 논리가 아직까지도 고려왕조의 역사를 이해하는 데 통용되고 있다는 사실입니다. 김부식이 편찬한 《삼국사기》는 사대적이고, 일연이 편찬한 《삼국유사》는 자주적이라고 보며, 사실상 실패한 전쟁으로 당시 문책까지 받았던 윤관의 여진정벌은 자주적이지만 신흥국가 금과의 맹약은 사대적·굴욕적이라는 역사평가가 아직도 설득력을 얻고 있습니다. 몽골의 말발굽 아래 짓밟히는 민의 고통을 외면한 채 정권유지를 위해 강화도로 옮긴 최씨정권을 항몽정신의 수호자로 평가한 사실 역시 마찬가지입니다. 어느 나라 역사에서나 이 같은 자국 중심의 역사인식은 흔한 일이며, 특히 우리와 같이 식민지를 경험한 민족에게 이런 인식은 두드러진 현상의 하나입니다.

'제3의 역사' 를 찾아서

역사해석은 당대의 역사과제나 연구경향에 영향을 받습니다. 그렇다면 지금 우리가 살고 있는 세계는 어떠한가요? 우리는 냉전이데올로기의 붕괴와 지구촌이란 말을 실감할 정도의 급격한 세계화 추세 속에 놓여 있습니다. 그러나 한반도에서는 세계 유일의 분단 상황이 지속되고 있으며, 사회 내부적으로는 지역간·계층간 반목과 대립이 심화되고 있습니다. 따라서 오늘 우리 사회와 민족의 당면과제는 지역간·계층간 갈등을 아우르는 사회통합, 남과 북을 아우르는 민족통합이라고 할 수 있습니다. 민족통합과 사회통합만이 급격한 세계사의 변동에 대응할 수 있는 유일한 우리의 생존무기인 것입니다. 냉전과 체제유지, 경쟁과 대립의 낡은 역사인식 틀은 당면한 문제를 해결하기는커녕 이해조차 불가능하게 만듭니다. 이제는 고려사를 포함한 우리 역사 전반에 대한 새로운 성찰이 필요합니다.

20세기 한국 역사학은 식민사학과 반식민사학(민족사학)의 대립·극복 과정이었습니다. 그러나 새로운 세기를 맞아 이제 우리 역사도 식민사학과 반식민사학의 두 가지 논리를 뛰어넘어 새로운 역사를 지향할 시점에서 있습니다. 지나온 20세기를 지배했던 자본주의와 사회주의의 상극적인 대치점을 넘어 '제3의 길'을 모색하듯이, 새로운 민족 생존과 번영을 위해 우리의 역사학 역시 식민사학과 반식민사학의 논리를 뛰어넘어 새로운 역사학의 방법론을 모색할 시점에 와 있는 것입니다. 역사학에서 '제3의 길'은 과거 전통에 대한 현재적인 재해석을 뜻합니다. 제3의 역사학은 현재와 담을 쌓은 역사연구, 죽은 과거에 대한 역사연구가 아니라, 현재와 연결된 살아 움직이는 과거에 대한 역사연구입니다.

그 대안을 고려의 역사와 전통에서 찾을 것을 제안합니다. 1천 년 전 고려왕조가 이룩한 새로운 민족통합 방식과 그에 바탕한 다원주의 역사, 다양성과 통일성의 문화전통과 대내외에 대해 각각 개방성과 역동성을 지향했던 역사전통 등은, 지금 시점에서 배워야 할 좋은 교훈으로, 새롭게 재조명될 필요가 있습니다.

다원사회의 특성을 지닌 고려왕조

그러기 위해서는 민족 자긍심을 고양시키는 대상으로서의 '자주와 사대'라는 2분법의 단순한 논리로 고려 역사를 이해했던 시각을 지양해야 합니다. 이 논리는 일제 식민사학자들이 내세웠던 '침략과 저항'이라는 제1의 논리에 대한 민족주의 사학자들의 대안논리였습니다. 이 제2의 논리는 아직도 우리 정서에 상당한 호소력을 불러일으키고 있으나, 다양한 모습의 고려 역사를 단순화시킬 우려가 있습니다.

이 책에서 제시하는 고려왕조의 새로운 모습은 바로 오늘의 우리 사회가 지향해야 할 하나의 대안이 될 수 있습니다. 고려왕조는 다원多元사회라는 특성을 지니고 있습니다. 다원사회의 특성이 고려왕조가 장기 지속한 원인의 하나가 된다는 생각입니다. 여기서는 다원사회의 특성을 먼저 간단하게 밝히고자 합니다.

다원사회는 다원주의에 기반을 둔 사회입니다. 다원주의는 다수의 독립된 실재實在를 인정하고, 그것에 의해 근본이 유지될 수 있다는 세계관입니다. 그동안 우리에게 익숙했던 일원론적 세계관과는 반대의 뜻이지요. 고려왕조의 역사는 다양한 질서와 원리, 즉 다원주의에 기반한 다원적인 사회였습니다. 다원사회는 다양한 개별 실체를 인정하는 가운데 유지되면서도 이들이 서로 유기적으로 어우러져 사회적인 통합력을 발휘합니다. 바로 이 점이 다원사회의 강점입니다. 이와 달리 골품제의 원리로 운영된 통일신라와 성리학의 원리로 유지된 조선왕조는 일원적인 사회라고 할 수 있습니다.

다원사회가 보여주는 특성의 하나는 다양성과 통일성입니다. 그러한 모습은 문화와 사상의 모습에 잘 나타납니다. 고려는 불교·유교·도교·풍수지리·민간신앙 등 사상의 다양성을 용인하면서, 그것을 팔관회八關會와 같은 국기적인 의례질서로 통합함으로써 다양성이 지닌 개별성과 분산성을 극복하고자 했습니다. 문화 역시 중앙문화와 지방문화 등 다양한 문화가 존재하면서도, 대외적으로는 고려가 문화의 중심지임을 자부하고 주변의 이민족을 야만시하는 문화적 자존의식을 과시했습니다.

다원사회의 또 다른 특성은 사회와 경제의 모습에서 나타나는 개방성과 역동성입니다. 수도 개경의 벽란도를 비롯해 서해안 일대는 당시 동아시아 무역의 중심지로서, 송·거란·여진 사람뿐만 아니라 멀리 아라비아 상

철원에서 송악으로 도읍을 옮김. 10월 평양성 축조. | 920(3) 1월 건원. 고려에 사신을 보냄. | 925(8) 견훤, 신라의 20여 성을 점령.

1장 왜 고려왕조에 주목해야 하나? 27

인들까지 이곳에 와서 무역을 했습니다. 외국에서 우리나라를 부를 때 사용하는 '코리아korea' 라는 명칭은 '고려' 에서 유래한 것입니다. 이는 고려왕조가 대외무역을 용인하고 장려하는 개방적인 자세를 취했기 때문입니다. 그러한 개방성이 고려의 국력을 융성하게 했으며, 무역활동이 가장 활발했던 12세기에 고려의 문화가 크게 번성한 원인이 되었습니다. 한편 고려사회는 우리 역사에서 그 유례를 찾아볼 수 없을 정도로 하층민의 운동과 그들의 정치적 진출이 활발하여, 신분 이동이 매우 활발하게 이루어진 역동성을 지닌 사회였습니다.

다원사회의 특성은 사회구조에도 잘 나타나 있지요. 왕조 건국에 협력한 다양한 성향의 지방 세력에게 왕조정부는 그들에게 성씨(姓氏)와 함께 그들의 근거지를 본관本貫으로 삼게 했습니다. 또한 본관 지역의 중요성 즉 행정 교통 전략 생산의 조건에 따라 그곳을 다시 주현과 속현으로 편제하는 한편, 개간으로 신설된 촌락을 지배질서에 포섭하고 국가가 필요로 한 물품생산을 위해 향과 부곡, 소 같은 특수 행정구역을 설정했습니다. 주현과 속현으로 구성된 군현영역과 향 부곡 소 등으로 구성된 부곡영역 등 다양한 영역 구성은 마치 수많은 벌집방이 모여 하나의 벌집을 이룬 벌집구조와 같은 모습이라 할 수 있지요. 이러한 모습은 고려 사회구조의 특성이자 다원사회의 또 다른 모습이라 할 수 있습니다.

왕조 성립기, 다원사회의 기초가 닦이다

마지막으로 다원사회가 형성된 원인에 대해 살펴보기로 하겠습니다. 먼

927(10) 9월 견훤, 경주에 침입 경애왕을 자살케 하고 경순왕을 옹립함. 공산동수에서 왕건을 대파. 928(11) 5월 견훤, 강주(康州 : 진주)를 공격.

28 새로 쓴 5백년 고려사

저 고려왕조 성립 과정상의 특성에서 그 원인을 찾을 수 있습니다. 고려왕조는 후삼국을 통일하면서 옛 고구려 백제 신라의 다양한 인적 물적 자원을 흡수하여 성립된 왕조입니다. 예를 들면 왕조 성립 이후에도 옛 백제 지역에는 백제 식 목탑양식이, 신라 지역에는 신라 식 석탑양식이 그대로 조성되었습니다. 옛 고구려 지역도 마찬가지입니다. 왕조 건국에 협조한 옛 삼국 출신 지방 세력을 인정하고 그들의 문화를 존중한 정책 때문이지요. 지방 세력의 눈치를 보아야 할 정도로 중앙의 왕권이 약했기 때문만은 아니었습니다.

다원사회가 형성된 또 하나의 원인은 다음의 사실에서도 찾아볼 수 있습니다. 태조 왕건은 죽기 직전 자신의 통치 철학이자 왕조의 정책 방향을 담은 유명한 〈훈요십조訓要十條〉를 작성합니다. 이에 따르면 불교가 고려왕조 건국에 큰 역할을 했음을 인정하면서도, 절이 마구 지어지고 승려가 정치에 관여하는 등 불교의 폐단을 오히려 더 경계했습니다. 그러면서 풍수지리 도교사상을 받아들이고, 유교 윤리에 입각한 문물과 제도의 확립을 강조했습니다. 우리는 흔히 고려에서는 불교, 조선에서는 유교가 국교라는 말들을 합니다. 이 말은 조선왕조의 법이나 제도가 유교 이념에 근거한 사실에 빗대어 상대적으로 불교가 중시된 고려왕조를 그렇게 본 것에 불과한 것입니다. 태조 왕건은 이같이 〈훈요십조〉에서 불교뿐만 아니라 유교·도교·풍수지리 등 다양한 사상의 공존을 밝혔지요. 실제로 고려왕조의 공식 행사에서 불교 도교 유교 제천의식이 거리낌 없이 시행되었을 정도로 고려왕조는 다양한 사상이 공존했던 것입니다. 고려왕조의 특성인 다원사회는 이같이 고려왕조 건국 기에 이미 그 기초가 닦여 있었다고 볼 수 있습니다.

11월 고려의 오곡성(烏谷城)을 공격. | 930(13) 1월 고려, 고창군에서 견훤군을 대파. 12월 서경에 학교를 세움. | 931(14) 2월 태조, 경주를 방문.

1장 왜 고려왕조에 주목해야 하나? 29

고려 전통의 힘, 평행의 원리

고려사회는 지금까지 우리들에게 매우 익숙한 '자주와 사대의 논리'로 해석되고 읽혀져왔던 대로 단순한 사회는 아닙니다. 지금부터 1천 년 전의 우리 역사 속에는 오늘의 우리가 지향해야 할 다양성과 통일성, 개방성과 역동성에 바탕한 다원적인 사회가 존재했습니다. 독자적인 수많은 벌집방이 모여 하나의 벌집을 이루는 벌집구조와 같은 사회 형태가 바로 고려의 다원사회였습니다. 이러한 사회조직은 다양하면서도 통일성을 갖는 사상과 문화, 대내외적으로 개방적이고 역동적인 사회를 만든 기반이 되었습니다. 전통과 현대가 만나는 길목이 바로 1천 년 전 고려왕조가 이루어놓은 '또 하나의 전통'인 것입니다.

조선사회는 성리학 이념, 그 외연으로서의 성리학적 사회질서를 축으로 운영되었습니다. 곧 성리학이라는 단일한 이념이 모든 것을 꿰뚫는 '일이관지—以貫之'의 원리가 조선사회의 운영원리였던 것입니다. 조선왕조는 이 점에서 성리학적 질서라는 큰 테두리 안에서 성리학 이념이라는 단일한 원리로 운영된, 마치 동심원과 같은 사회였습니다. 그러나 고려사회는 사상과 문화의 다양성을 토양으로 통일성을 추구한 사회, 곧 다양한 이치와 원리로서 모든 것을 꿰뚫는 이른바 '다이관지多以貫之'의 원리로 운영된 사회였습니다. 동심원과 같은 조선사회를 떠받치는 원심력이 '종속의 원리'라면, 벌집구조와 같은 고려사회를 떠받치는 원심력은 '평행의 원리'였습니다. 평행의 원리는 다양한 사회조직망을 떠받치기도 하지만 그것에 의해 유지되기도 했습니다.

고려사회가 무신정변과 농민항쟁, 거란과 원나라의 침입 등 '내우외환'의

11월 태조, 서경에 감. | 932(15) 10월 견훤의 해군, 고려의 예성강 부근을 공격. 11월 고려, 후당에 사신을 파견. | 933(16) 3월 후당의 사신이 고려에 옴.

위기에서도 쉽게 무너지지 않고 사회적 통합력을 복원할 수 있었던 것은, 평행의 원리를 유지케 한 다원적인 사회에서 우러나오는 특유의 유연성과 탄력성이 관성적으로 작용했기 때문입니다. 민족사에서 고려왕조가 차지하는 역사적 의의는 바로 여기에 있습니다. 개인과 집단의 다양성을 인정하되 그것을 사회적으로 통합시켜 새로운 민족의 저력을 발휘하는 사회적 통합력의 복원은 오늘날 우리 사회의 당면과제입니다. 고려의 역사경험에서 우리는 그 대안을 찾을 수 있습니다. 그것이 바로 제3의 역사학이 성립하는 토대가 되며, 고려 역사에 주목해야 하는 이유에 대한 해답이기도 합니다.

다원사회의 특성의 하나로 개방성과 역동성을 앞에서 설명했습니다. 특히 개방성 문제는 오늘날 우리사회의 당면 과제인 세계화의 문제를 고찰하는데도 참고가 되리라 생각합니다. 여기서는 고려왕조에서 나타나는 개방적 내지 국제적 성격이라 할까 하는 요소들을 좀 더 구체적으로 살펴보기로 하겠습니다.

해양국가의 특성을 지닌 고려왕조

한국사의 역대 왕조들은 전통적으로 농업생산에 의존한 농경국가의 성격을 갖고 있으며, 고려왕조 역시 예외는 아니지요. 그러나 고려왕조는 농경국가의 성격과 함께 해양국가의 성격을 갖고 있습니다. 이 점은 고려왕조의 또 다른 특성이자, 고려왕조의 개방적 성격을 뒷받침해주는 좋은 예가 됩니다. 해양국가란, 사전의 의미를 따르자면, 국토의 전체 또는 대부분이 바다에 둘러 쌓여있는 국가를 말합니다. 사전에서는 이같이 지리적 특징을 말하지만, 바다를 국가 운영의 한 수단으로 하는, 즉 대외무역이나 교역을 통해 부를 축적하거나 그를 위해 외국에 대해 개방적인 정책을 추구하는 국가를 해양국가라 할 수 있지요.

농경국가의 생산 기반은 토지입니다. 인간의 모든 삶이 토지에 묶여 있고, 따라서 이동보다는 정착생활이 주가 됩니다. 그에 따라 토지소유에 기반 한 폐쇄적인 자연 공간, 자급자족적인 생산 단위, 지리적으로 가까운 공동체와의 연대를 통한 인적 물적인 네트워크가 형성됩니다. 이러한 네트워크는 개별 공동체의 유지에 보다 더 큰 목적을 둔 보수적이고 폐쇄적인 성격을 지향합니다. 농업 기술발전이 더디고 농산물의 상품화기 미약할수록 이러한 네트워크는 상대적으로 더 보수적이고 폐쇄적인 양상을 띠게 마련입니다. 농경국가는 이러한 바탕 위에 있기 때문에 대외적으로 개방적인 성격을 기대하기는 어려운 것이 사실이지요.

해양국가는 취약한 토지생산을 보충하기 위해 바다를 통한 대외교역과 유통에 관심을 가지게 되며, 그를 위해 원거리 지역으로의 이동은 불가피하며, 이에 따라 보다 넓은 범위의 네트워크를 형성하게 됩니다. 또한 그러한 네트워크를 유지하기 위해 다른 집단이나 공동체에 대해 개방적인 태도를 취할 수밖에 없지요. 특히 바다를 통한 원거리 무역은 생산지와 유통과정의 가격 차이 때문에 생겨나는 이윤 발생의 가능성은 때로는 예측 불가능할 정도로 클 경우도 있습니다. 상품의 직접 생산과 판매가 아닌, 타인의 생산품에 대한 유통과 중개를 통해 이윤이 발생할 수 도 있습니다. 이러한 여러 이유 때문에 해양국가는 언제나 외부 세계에 관심을 갖고 개방적인 자세를 유지합니다.

고려왕조가 역대 어느 왕조보다도 적극적인 대외 개방정책을 펴게 된 것은 해양국가로서의 성격을 지니고 있기 때문입니다. 한편으로 당시 고려왕조를 둘러싼 몇 가지 대내외적인 환경도 개방정책이 나오게 된 또 다른 요인 됩니다. 이에 대해 살펴보기로 합시다.

바다상인이 왕조를 건국하다

우리 역사에서 해상海商활동의 전형적인 예는 통일신라기 장보고의 활동입니다. 중국 당나라의 상업 장려책과 맞물려 중국과 우리나라를 비롯한 동아시아 국가들과 멀리 아라비아 서남아시아 여러 국가 사이에 활발한 교역이 통일신라기 때 이루어집니다. 당나라를 이어 송나라 역시 대외무역의 장려를 통해 재정수입을 확대하는 정책을 취합니다. 송나라와 밀접한 관계를 가진 고려왕조는 그 영향으로 통일신라기 해상海商활동의 전통을 그대로 이어가게 됩니다. 그러나 보다 근본적인 원인은 고려왕실 자체에서 찾을 수 있지요.

고려왕조를 건국한 태조 왕건의 조상들은 원래 개경을 기반으로 한 해상海商세력입니다. 《고려사》의 첫머리에 고려 왕실의 역사를 기록한 《고려세계高麗世系》에 태조 왕건의 할아버지 작제건作帝建은 고려왕조의 국조國祖로 기록되어 있는데, 그 아버지는 당나라 숙종肅宗이라 합니다. 이는 왕실의 조상을 미화美化하려는 상징 조작 정도로 보는 것이 사실에 가까울 것입니다. 당나라 숙종이 배를 타고 개경의 길목인 예성강으로 들어오다 썰물로 배가 늪에 빠지자, 배에 실은 동전을 뿌려서 밟고 상륙했다고 합니다. 그 때문에 그곳을 돈으로 덮인 포구라는 뜻의 '전포錢浦'라 불렀다고 합니다. 실제 지리지 기록에도 그렇게 되어 있습니다. '전포錢浦'라는 지명이야 말로 예성강을 중심으로 활발한 무역을 통해 수많은 재화가 오간 당시의 정황을 상징하는 적절한 표현이라 여겨집니다. 예성강 포구의 중심에 '돈 냄새'가 물씬 풍기는 바다 상인 출신인 왕건의 조상이자 고려왕실의 조상이 자리 잡고 있습니다.

한편 작제건은 성장하여 아버지를 만나려 상선商船을 타고 중국으로 가다, 풍랑을 만나 바다 속으로 들어가 서해 용왕龍王의 딸인 용녀龍女와 결혼해서 태조 왕건의 아버지 용건龍建(혹은 융隆)을 낳습니다. 이 설화에도 고려 왕실의 조상들이 바다를 떠나서는 그 어떤 사실도 미회할 수 없는 바다 상인 출신의 냄새를 고스란히 풍겨주는 설화입니다.

태조 왕건이 태봉국 황제 궁예의 결정적인 신임을 받아 승승장구하는 결정적인 계기는 후백제 견훤의 근거지인 지금의 나주지역 점령입니다. 당시 그는 해군대장군海軍大將軍이었습니다. 바다 상인 출신의 후예답게 태조 왕건이 해군 장수로서 천하 통일의 첫 걸음을 내디딘 사실도 매우 상징적이라 생각합니다. 태조 왕건이 개성지방의 강력한 성주城主에서 궁예의 장수로서 큰 공을 세워 고려왕조를 건국하는데 조상 때부터 바다 상인의 활동으로 축적된 자본은 큰 힘이 되었을 것입니다.

공식 외교보다 더 활발한 상인 활동

해상세력 출신의 후예가 왕조 건국의 주역이 되었으니, 왕조가 이후 개방적인 대외정책을 취한 것은 당연하다고 볼 수 있지요. 다음의 통계는 그러한 사정을 잘 드러내 주고 있습니다. 960년 송나라가 건국된 이후 약 260여 년간 고려에서 송나라에 사신이 파견된 횟수는 57회, 반대의 경우는 34회 입니다. 그에 비해 송나라 상인이 고려에 온 횟수는 120회로서 3~4배 정도 나 더 많습니다. 이 때 온 상인의 숫자는 최소한 5,000명 정도입니다. 공식 외교를 통해서만 교역을 허락했던 조선왕조와는 상당히 다른 상황임을 알 수 있지요. 이 수치도 상인들이 고려 조정에 물건을 바쳐 기록에 남은 경우 이며, 기록에 없지만 무역거래의 관행상 송나라 상인에 못지않은 많은 고려 상인이 송나라를 방문했을 것입니다. 이같이 고려와 송나라 사이에 상인의 교류는 우리가 생각한 것 이상으로 빈번했다고 보아야 할 것입니다.

또 하나의 예를 들겠습니다. 거란전이 끝난 이후 문종 후반까지 약 50년 간 고려와 송나라는 외교관계가 단절되었습니다. 문종 12년(1058) 문종이 송나라와의 외교 관계를 재개하려 하자, 당시 신하들은 다음과 같은 이유 로 반대합니다.

> "지금 우리나라는 문물과 예악이 번성한지 이미 오래되었습니다. 상선商船이 줄을 이어 우 리나라에 들어와서, 진귀한 물자가 매일 매일 들어오고 있습니다. (이제야 외교관계를 맺어) 송나라에 도움을 받을 일이 있겠습니까? 만약에 거란국과 우호관계를 영원히 끊지 않을 바에야 송나라와 외교관계를 맺는 일은 마땅하지 않습니다."《고려사》세가 문종 12년 기록)

신하들이 이같이 외교관계 재개를 반대한 것은 국왕에게 정국 주도권을 뺏기지 않으려는 뜻도 있지만, 실제로 외교관계의 재개가 거란을 자극할 뿐만 아니라 현재의 대외무역을 통해 외국의 물자가 풍부하게 고려에 공급 되고 있어 별다른 실익이 없다는 현실적인 계산도 깔려 있었던 것입니다.

(忠州)·원주(原州)·광주(廣州)·공주(公州)·양주(梁州)·전주(全州)·광주(光州)·춘주(春州)를 두고 주(州)·부(府)·군(郡)·현(縣)의 이름을 고침.

이로 미루어 보아 당시 고려왕조는 대외무역을 통해 경제 상황이 매우 번성했음을 알 수 있지요. 이러한 상황은 약 170년이 지난 1220년 벽란도의 모습을 그린 이규보(1168~1241)의 시에도 잘 나타나 있습니다.

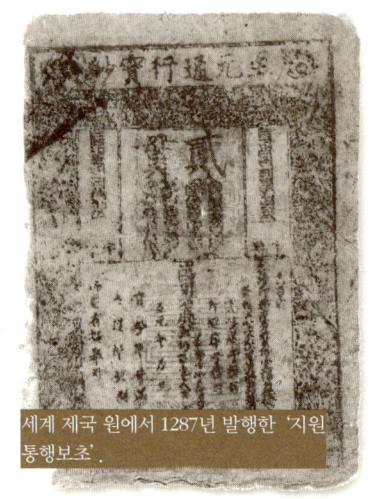
세계 제국 원에서 1287년 발행한 '지원통행보초'.

"조수가 밀려왔다 다시 밀려가고, 오가는 뱃머리 서로 잇대었도다.

아침에 배가 이 누樓(예성강에 있는 정자) 밑을 떠나면, 한 낮이 못되어 남만南蠻에 이르도다.

사람들은 배를 물 위의 역마라고 말하는데, 바람처럼 달리는 준마駿馬도 이만 못하네.

만약 돛단배 바람 속에 달리듯 한다면, 순식간에 봉래 선경仙境에 이르리니

어찌 달팽이 뿔 위에서 아옹다옹 다투리요, 배 타면 어딘들 가지 못하랴"(《동국이상국집》권16에서).

이 시는 수많은 배들이 끊임없이 드나드는 예성강 포구의 벽란도를 실감나게 그리고 있습니다. 멀리 남중국 등지에서 고려로 드나드는 무역선으로 소란스럽고 번성한 항구를 바라보면서, 배를 타고 머나먼 타국으로 나가려는 생각은 이규보만의 생각은 아닐 것입니다. 무신정변이 일어난 지 50년이 지난 시점이지만, 벽란도를 중심으로 한 대외무역은 여전히 개성을 풍요로운 도시로 만들었던 것이지요.

개경의 이러한 모습은 원 간섭기인 14세기에도 변함이 없습니다. 다음

의 노래는 당시 수도 개경에 많은 외국인들이 살고 있다는 증거를 보여주는 좋은 예가 될 것입니다.

> "쌍화점雙花店(만두 파는 가게)에 쌍화(雙花; 만두) 사러 가 있는데
> 회회回回(이슬람계 서역인)아비가 내 손목을 잡습니다.
> 이 말이 이 가게 밖에 나고 들면
> 다로러거디러(*흥을 돋우는 장단) 조그만 새끼광대 네 말이라 하리라
> 더러둥셩 다리러디러 다리러디러 다로러거디러 다로러(*흥을 돋구는 장단)
> 그 자리에 나도 자러 가리라
> 위 위 다로러거디러(*흥을 돋우는 장단) 그 잔 데같이 지저분한 곳이 없다."

이슬람 계통의 상인들이 만두 장사를 하면서 고려의 여인과 정을 통하는 노래가사이면서 활발하면서도 자유로운 당시 고려 수도 개경의 저자거리의 모습을 적절하게 그리고 있지요. 나아가 외국 상인들이 고려에서 자유롭게 상행위를 할 정도로 고려 사회의 개방적인 모습을 위의 노래가사는 상징적으로 보여주고 있지요.

개방은 국경을 넘는 국제성을 지닌다

수도 개경의 관문 벽란도는 송나라 · 거란 · 여진 ·

경주 분황사에서 출토된 청동 추. 당시 중국과의 교역으로 중국의 저울을 받아들였다. 1275년(충렬왕 2)에는 저울제도를 원나라에 맞추기도 했다.

사신을 보내어 낙타 50필을 줌. 태조, 거란의 사신 30명을 섬에 귀양보내고, 낙타는 만부교(萬夫橋) 아래에서 굶겨 죽임.   943(26) 4월 태조

일본 사람뿐만 아니라 아라비아 상인까지 와서 무역을 할 정도로 고려의 관문이자 당시 국제 무역항이었지요. 고려 문화가 절정을 이룬 시기는 바로 대외무역이 가장 활발했던 12세기입니다. 그 결과 13세기 초 개경의 호수는 10만호, 즉 인구 50만을 헤아릴 정도로 번성했습니다. 외국에서 우리나라를 호칭하는 용어 '코리아Korea'는 '고려'에서 유래한 것은 잘 알려진 사실이지요. 기록상으로는 13세기 중반 몽골제국을 방문했던 프랑스인이 중국 동쪽에 '카울레Caule('고려'의 중국식 발음 까오리를 옮긴 것)'라는 나라가 있다고 쓴 것이 서양 최초의 기록입니다. 이는 고려왕조가 대외무역을 장려한 개방정책의 상징적인 용어이기도 합니다.

고려왕조의 개방적인 성격을 잘 보여주는 또 다른 예는 팔관회 행사입니다. 불교 행사인 연등회燃燈會와 함께 팔관회八關會는 고려의 가장 큰 명절이자 축제 행사입니다. 매년 11월에 양대 도시인 개경과 서경에서 열리는 팔관회는 국토를 수호하는 여러 산천의 신, 하늘과 바다의 신에 대한 제의祭儀 행사를 하고, 음악과 무용을 비롯한 각종 형식의 오락을 통해 나라의 안녕과 평안을 기원하는 행사입니다. 국왕과 관리는 물론 지방 수령들이 참석하는 일종의 추수감사제 내지 국가 전체의 축제행사이지요.

특히 이 행사가 열리면 탐라를 비롯해 멀리 여진족 거란 송나라 일본 상인들도 참석하여 국왕에게 특산물을 바칩니다. 이들 외국인이 팔관회에 참여하여 국왕의 축수祝壽와 만세萬世를 비는 일은 공식적인 의례로 자리잡고 있지요. 외국의 상인들은 의례의 형식으로 특산물을 국왕에게 바치는 한편으로 행사기간 중에 그들이 가져온 물건을 판매하거나 필요한 물품을 구입하는 상행위를 하기도 합니다. 이러한 팔관회의 모습은 고려왕조가 동아시아 국제질서의 중심 국가의 하나임을 보여주는 한편으로 개방적이고 국제

박술희(朴述希)를 불러 〈훈요십조〉를 내림. 5월 태조, 병이 들어, 태자 무(武)에게 정무를 맡김. 태조 죽음(877~943), 혜종 즉위.   혜종(惠宗) 943년

적인 면모를 보여주는 좋은 예가 됩니다. 개경의 벽란도가 국제무역항으로서 번성한 데에는 이같은 팔관회 행사도 한 몫을 했다고 할 수 있지요.

지금 대한민국은 수출과 수입액으로만 따진다면 세계 10위권의 무역 강국입니다. 그것이 가능한 것은 세계적인 첨단 산업기술이 뒷받침하고 있기 때문이지요. 선진 기술문명을 수용하기 위해 일찍부터 많은 인재들이 해외로 유학을 가거나 해외의 우수한 기술 인력과 산업을 유치하는 등 앞선 문명과 문화에 대해 개방적인 자세를 가졌기에 가능한 일이었지요. 대외무역이 성행했다는 사실만으로 고려왕조의 개방성과 국제성을 설명하기에는 아무래도 부족합니다. 고려왕조 역시 대외무역과 같은 개방정책을 통해 주변의 선진 문명과 기술을 수용했던 것입니다. 바로 이 점이 개방성이 지니는 또 다른 특성이기도 하지요.

《고려사》 기록에 화풍華風이라는 용어가 많이 나타납니다. 화풍은 글자 그대로 중국의 문물과 제도를 뜻하는 용어입니다. 태조 왕건은 〈훈요십조訓要十條〉에서 이를 '화화華夏' 즉 중국의 제도라 했으며, 또는 당나라의 문물과 제도를 뜻하는 당풍唐風이라 했습니다. 성종 때 최승로崔承老가 올린 〈시무28조〉의 상소에서 그는 군신君臣과 부자父子의 도리와 예악禮樂과 시서詩書의 가르침 등 가치와 사상과 같은 정신문명은 중국의 것華風을 받아들여 우리나라의 비루하고 낡은 것을 혁파하되, 거마車馬 의복衣服제도와 같은 물질문명은 고려의 전통적인 제도, 즉 토풍土風을 유지하자고 제안했습니다. 결국 화풍은 유교이념에 입각한 법제와 문물제도입니다. 고려왕조의 개방정책은 무역을 통한 부의 축적뿐만 아니라 선진 문물과 제도를 수용하여 고려왕조의 면모를 일신하는 역할을 했습니다. 선진 문물과 제도의 수용에 관해서는 다음 2장에서 언급할 것입니다.

5월 ~ 945년 9월 │ 945(2) 왕규(王規), 혜종의 아우인 요(堯)·소(昭)를 참소하고 혜종을 시해하려 함, 왕규, 박술희(朴述希)를 죽임. 9월 혜종 죽음

시간 속의 고려왕조

이번에는 시간 속의 고려왕조, 즉 5백여 년 간 존속한 고려왕조가 건국된 역사적 의미와 고려왕조의 역사적 전개과정을 어떻게 보아야 할 것인가 하는 문제를 살펴보기로 하겠습니다.

지방세력이 세운 실질적인 첫 통일왕조

먼저 고려왕조 건국의 의미를 살펴보기로 하겠습니다. 고려가 건국되기 전 신라 하대에 중앙에서는 왕위계승 등 권력쟁탈을 둘러싼 진골귀족의 분열이 매우 심했고, 지방에는 성을 쌓고 주민을 무장시켜 독자의 영역을 구축한 채 성주城主 · 장군將軍을 칭하는 반독립적인 수많은 지방세력이 존재했습니다. 이처럼 통일신라의 지배력이 미친 경주 일대를 제외하고 나머지 지방사회는 그야말로 대분열 상태였습니다. 이런 상태가 40~50여 년이나 계속되었으니, 후삼국시대라 불리는 이 시기는 한국사에서 그야말로 대분열의 시대이기도 했습니다. 이러한 분열의 시대를 극복하고 통일신라기 진골귀족에게 소외된 지방세력이 세운 최초의 실질적인 통일왕조라는 점이 고려왕조 성립의 첫 번째 의미라 할 수 있습니다.

고려왕조가 지방세력이 세운 왕조였다는 구체적인 예를 하나 들겠습니다. 고려는 신라가 태조 18년(935) 자진 항복한 이듬해에 후백제 신검군과 지금의 경북 선산 지역 일리천一利川에서 최후의 전투를 치릅니다. 당시 전투를 위해 편성된 고려군은 모두 8만 7천 5백 명인데, 이 중에는 중앙군 외에 각 지방의 성주나 장군이 이끄는 군사가 상당히 많았습니다. 기록에 보면 군사를 지휘한 장군으로 거명된 장군과 성주는 모두 38명이고, 군사 수는 약 6만 3천 명이라고 되어 있습니다. 전체 군사의 70퍼센트 정도가 지방세력이 거느린 군사였으며, 왕건이 직접 장악한 중앙군사는 매우 적은 수준에 불과했습니다. 이러한 군대 편성의 예를 통해 태조 왕건이 후삼국을 통합해서 왕조를 건국하는 데 지방세력의 역할이 절대적이었음을 알 수 있습니다. 이러한 사실은 고려가 지방세력에 의해 세워진, 최초의 실질적인 통일왕조라는 의미를 잘 보여주는 예가 됩니다.

이와 같이 여러 세력들을 통합하는 과정이 바로 고려왕조의 건국 과정이었습니다. 사실 통일신라의 삼국통합은 정치적인 통일에 불과했을 뿐 고구려나 백제의 다양한 인적 자원이나 문화적인 요소를 통합하는 데는 실패했다고 할 수 있습니다. 이에 비해 고려왕조는 삼국시대 말기보다 훨

공민왕릉에 있는 무인석상.

남측 출입국사무소CIQ에서 본 비무장구간DMZ과 독일 베를린 장벽에 쓰여 있는 조국은 하나다. 통일은 단순히 지역통합의 의미를 넘어, 다양한 문화와 경험을 통합하는 과정이 되어야 한다. 그런 관점에서 볼때 고려사회는 끊임없이 지방세력을 중앙으로 흡인하면서 다원적인 사회를 형성했다는 점에서 역사적 의의를 찾을 수 있다.

씬 복잡다기한 사회를 실질적으로 통합했다는 점에서 통일신라에 비해 통일왕조로서 더 큰 의미를 갖고 있습니다.

병환. 아우 소(昭)에게 선위. 광종 즉위. 정종 죽음(923~949).　　광종(光宗) 949년 3월 ~ 975년 5월　　949 8월 주현 세공(歲貢)의 액수를 정함.

42 새로 쓴 5백년 고려사

민족문화의 원형은 고려로부터

우리는 흔히 고려의 국교는 불교, 조선의 국교는 유교라는 말을 많이 합니다. 이는 아마도 고려왕조 연구자보다는 조선왕조 연구자들이 조선의 법제나 제도가 성리학에 기반한 데 근거해, 불교가 중요한 역할을 한 고려왕조를 그렇게 규정한 것에서 비롯되지 않았나 생각됩니다. 그러나 한마디로 이 말은 잘못되었습니다. 고려시대 화폐유통, 정치·경제개혁이 언급될 때마다 그 개혁의 타당성을 가늠하는 주요한 잣대가 되는 이른바 태조의 〈훈요십조〉에 따르면, 태조는 불교가 고려 건국에 큰 역할을 했음을 지적하고 있습니다. 하지만 그런 한편으로 태조는 함부로 사원을 짓거나 승려가 정치에 참여하는 것을 경계하는 등 불교가 낳을 수 있는 폐단을 아울러 언급하고 있습니다. 나아가 태조는 풍수지리·제천행사·유교윤리에 입각한 제도의 확립을 강조하였습니다. 이러한 사실은 고려왕조가 조선왕조와는 달리 매우 다양한 종교와 사상을 수용할 수 있는 길을 열어주었음을 보여줍니다. 실제 고려왕조의 공식적인 종교행사에서는 불교뿐만 아니라 도교·유교·제천의식이 아무 거리낌 없이 시행되었습니다.

최치원崔致遠은 우리나라의 고유한 종교를 풍류도風流道라 하면서, 그것을 유교·도교·불교가 습합해서 이루어진 것이라 했는데, 이러한 지적은 적어도 그가 살던 신라 하대에는 조선왕조처럼 어느 한 종교나 이념이 독주하지 않았음을 알려주고 있습니다. 이러한 시대 분위기가 통일신라 이후 삼한이 하나가 되어야 한다는 '삼한일통론

건국 초의 유공자들에게 미곡을 지급.　956(7) 후주의 쌍기(雙冀) 귀화. 이 해 노비안검법(奴婢按檢法) 시행, 대목왕후(大穆王后), 노비

三韓一統論, 즉 '일통의식'이 유행한 원인이 되었고, 이런 의식은 고려 초기에도 계속됩니다.

우리가 상식적으로 알고 있는 것과 달리 고려왕조는 매우 다원적인 사회였습니다. 중앙에 외척이나 문벌집단과 같은 폐쇄적인 정치집단이 존재하면서도, 끊임없이 향리와 같은 지방세력을 중앙으로 흡인하여 새로운 관료집단인 사대부집단을 형성해 다양한 정치사의 전개가 가능했습니다. 또한 군현 지역과 부곡 지역 등 복합적이고 차별적인 지방제도를 통해 민에 대한 국가의 지배력을 강화해나가는 한편, 청자와 불화로 대변되는 고도의 질을 추구하는 고급문화와 거대한 불상·성황신앙·향도신앙 등 지방세력의 독자적인 지방문화가 병존하는 사회였습니다.

고려가 이처럼 다원적인 사회를 형성할 수 있었던 것은, 고구려와 백제의 인적·문화적 자원을 흡수하여 최초의 실질적인 민족통일을 완성했기에 가능했습니다. 고려왕조 성립의 두 번째 의미는 이처럼 통일신라, 고구려, 백제의 다양한 문화와 경험을 통합해서 새로운 민족문화를 건설했다는 점입니다.

고려 전기 역사의 전개

고려왕조를 건국한 주역은 지방의 호족세력입니다. 태조 왕건도 개성 출신의 지방 세력에 불과하다 해도 과언이 아니지요. 그러나 국왕으로 즉위한 그는 국왕으로서의 지위와 권위를 유지하기 위해서는 먼저 왕조 건국에 협조했던 지방 호족세력을 어떤 형식으로든 왕조의 지배질서 속에 포섭시키는 일이 시급한 과제였습니다. 이는 후삼국 통합전쟁으로 분열된 지역과 민심을 수습하여 통일왕조로서의 기틀을 다지는 일이 됩니다. 한 편으로 중국의 선진적인 제도를 수용하여 왕조의 면모를 일신하는 정책도 필요했지요. 이 두 가지 정책을 바탕으로 하여 고려 전기의 지배체제가 완성됩니다. 또한 이러한 역사과정이 고려전기 역사의 주요한 전개과정이 되지요. 자세한 내용은 다음의 여러 장에서 다루게 될 것이기 때문에 여기서는 큰 방향만 지적하기로 하겠습니다.

고려왕조는 먼저 50여 년간의 후삼국 전란으로 분열된 지역과 민심을 수습하여 통일왕조로서의 체제를 확고하게 하기 위해 왕조 건국에 협조한 지방 호족세력을 중앙 관료나 지방 향리로 흡수하여 지배질서 속으로 편제시키려 했습니다. 태조 때부터 이 정책은 시행되기 시작했지요. 지방 세력의 근거지를 본관本貫으로 삼고 그들에게 성씨姓氏를 부여해주어 그들의 권위를 인정하는 등 자율성을 최대한 보장해주었지요. 이를 통해 중앙정부는 그들의 협조를 얻어 영역 내 주민들의 유망을 방지하고 전란으로 황폐화 한 토지를 개간하여 향촌사회를 안정시키는 한편, 조세와 역역力役을 안정적으로 수취해 왕조의 재정기반을 확보하고자 했습니다. 한편 각각의 본관을 다시 정치 경제 군사 교통의 중요성에 따라 경 목 도호부 등의 주현을 설치하고 주변의 영세한 군현을 속현으로 묶어 주현에 예속시켜 군현영역을 편제했습니다. 또한 국가가 필요로 하는 각종 물품 생산과 지역 개발을 위해 향 소 부곡 등의 부곡영역을 편제했습니다. 성종 때에는 각 영역의 향리들에 대한 직제를 새로 만들거나 개정해서 그들을 국가의 지배질서 속에 편제시키는 작업도 병행했습니다.

한편 중국의 선진 문물과 제도를 수용하여 동아시아 세계의 중심국가로

삼음. ┃ 959(10) 10월 쌍기의 아버지 쌍철(雙哲)이 오자, 좌승(左丞)으로 임명. ┃ 960(11) 3월 백관의 공복(公服)을 정함. 개경(開京)을 황도(皇都),

서 왕조의 면모를 일신하는 일이 필요했습니다. 이는 후삼국 통일전쟁의 승자로서, 마침내 천하를 통일했다는 자부심의 표현인 황제국 체제에 걸맞은 제도와 문물을 정비하는 일이기도 했습니다. 구체적으로 광종 때 과거제를 실시하여 새로운 지배 엘리트를 충원하여 지배세력의 교체를 꾀했습니다. 또한 후삼국 통합 직후의 전시과田柴科와 같은 토지제도, 성종 때 3성 6부제의 중앙 정치제도 및 2군 6위의 군사제도 등 관료체제를 정비하여 등 집권체제의 제도적 기반을 마련하고자 했습니다. 이 과정에서 혜종 정종 광종 경종 대에는 지방 세력의 반발로 인해 대대적인 숙청 작업 등 커다란 정치적 격변을 치르기도 했습니다.

성공적인 지방지배와 함께 중국의 선진문물의 수용을 통해 왕조의 면모를 일신하는 주도적인 역할을 했던 국왕과 관료집단이 점차 정치를 주도하게 됩니다. 그런 가운데도 지방사회와 세력들도 일방적으로 해체되지 않은 채, 각 영역을 단위로 고유한 의례儀禮와 교화를 통해 결속을 다져나가는 등 나름대로 독자성을 유지해나갔습니다. 이같이 고려 전기 지배질서는 중앙이 지방을 일방적으로 지배하는 형태가 아니라, 중앙과 지방이 공존하는 형태였지요. 정치뿐만 아니라 사상과 문화에서도 중국의 선진문물을 수용하려는 화풍華風과 고려의 전통과 풍속을 유지하려는 국풍國風 사조가 서로 충돌하지 않고 공존했습니다. 불교 유교 도교 풍수지리 사상도 큰 충돌이 없이 공존했지요. 현종 대(1010~1031)를 거쳐 문종 대(1047~1082)에 고려 전기역사의 주요한 뼈대가 되는 고려적인 지배질서가 완성됩니다.

서경을 서도(西都)로 고침. 연호를 준풍(峻豊)이라 함. 오월왕(吳越王), 천태(天台)의 교권(敎券) 구함. 체관(諦觀), 오월(吳越)로 감. 체관, 《천태사교의(天台

무신정변을 어떻게 이해해야 하나

그동안 우리 학계는 관행적으로 고려왕조(918~1392)를 전기와 후기의 두 시기로 나누고, 무신정권武人政權이 성립된 1170년을 전기나 후기의 분기점으로 생각해 왔습니다. 실제로, 1170년은 시간적인 면에서도 고려왕조 전체의 절반에 가까운 시점이기도 합니다.

그러나 고려왕조를 전기와 후기로 나누어 보는 것은, 고려왕조의 다양한 역사를 너무 단순화시킬 우려가 있습니다. 조선 초기 역사가들도 《고려사》를 편찬하면서, 무신정권을 중심으로 전기와 후기로 시기를 구분했습니다. 그들은 무신정권 이후의 후기 사회를 문란한 사회로 서술하면서 그것을 극복한 새로운 왕조의 건국을 합리화하고자 했고, 그와 함께 상대적으로 무신정권 이전의 전기 사회를 매우 긍정적으로 기술했습니다.

현대 역사 연구자들은 1170년 무신정변의 원인을 흔히 '숭문억무崇文抑武' 정책, 즉 문신을 숭상하고 무신을 억누르는 정책 때문이라고 보고 있습니다. 구체적으로 《고려사》의 다음과 같은 기록에 근거한 것이지요. 의종이 개경 근교 보현원普賢院에 행차해서 문신 환관과 함께 술과 오락을 즐기는 사이에 추위와 허기에 굶주린 무인들이 분개해서 쿠데타를 일으켰다고도 하고, 문신 김돈중金敦中이 무신 정중부鄭仲夫를 얕보고 그의 수염에 불을 붙여 무신들의 분노를 사서 쿠데타가 일어났다고도 합니다. 하지만 무신정변이 일어난 원인에 대해 이런 식으로 이해하는 것은 올바른 접근법이 아닐 것이며, 좀더 거시적인 관점에서 볼 필요가 있습니다. 한편 무신정변을 기점으로 고려왕조를 전기와 후기의 두 시기로 구분하는 일도 고려왕조의 역사를 너무 단순화 시킬 우려가 있습니다.

1백년간 지속된 무신정권(1170~1270)의 등장은 국왕과 그를 보좌한 관료 집단으로 구성된 왕조국가의 전통 지배체제인 왕정王政체제의 급격한 변동을 가져다 준 사건이자, 우리나라 역사에서 그 유례를 찾을 수 없는 특이한 역사현상임이 분명합니다. 그러나 이러한 특이한 정권이 등장하게 된 배경에 대해 정치 사회 경제의 여러 측면에서 합리적인 설명이 부족합니다. 무신정권 이후를 후기라 했을 때, 전기와 후기 사이에 나타나는 각각의 특성이나 두 시기 사이의 차별성도 현재 제대로 찾아볼 수 없지요. 또한 전기와 후기는 각각 250여 년을 하나의 시간단위로 하는데, 이를 하나의 동일한 시기로 보기에는 시간의 단위가 너무 큰 것도 사실입니다. 이 기긴 동안에 각각의 시기 내부에 다양한 편차를 지닌 역사 사실들이 서로 복합적으로 얽혀 있는 것도 부인할 수 없지요. 따라서 무신정권의 성립을 중심으로 그 전후의 시기를 각각 전기와 후기로 보는 시각은 단순히 시간의 순서에 따라 편의적으로 시기를 구분했다는 비판을 면하기 어려울 것입니다.

무신정변의 전사前史

무신정변이 일어나기 전에 커다란 정변이 두 차례나 일어납니다. 무신정변은 1170년 갑자기 일어난 사건이 아니라 다음에 설명할 두 차례의 커다란 정변과 같이 12세기 이래 일련의 역사적 과정을 통해 축적된 여러 모순의 산물인 것입니다. 때문에 무신정변의 전사前史에 대한 이해가 필요하지요. 두 차례의 정변은 바로 1126년 개경에서 일어난 이자겸李資謙의 난과, 10년 후 1135년 서경 지역에서 일어난 묘청의 난입니다. 인종의 즉위에 공

5 · 16 쿠데타 이후 서울시청에 모습을 드러낸 박정희. 고려시대 역사의 분기점이라 할 수 있는 무신정변은 고려 전기 질서의 변동을 지배층이 제대로 수습하지 못해 일어났다.

헌헌 인종의 장인 이자겸이 점차 권력을 독점하자, 인종은 측근을 시켜 이 자겸을 제거하려다가 도리어 그의 반격을 받아 왕궁을 점령당하고 왕위조 차 위협받게 되었습니다. 결국 이자겸이 제거되어 왕권이 회복되었지만, 이로 인해 정치는 크게 어지러워졌습니다. 이를 틈타 1135년에는 서경 출 신 승려 묘청이 개경의 문벌정치를 타파하기 위해 인종을 설득해서 서경천 도 운동을 일으킵니다. 천도 운동이 실패하자 묘청 일파는 금나라 정벌을 명분으로 난을 일으킵니다. 이 두 사건으로 인해 정치세력은 크게 분열 ·

동요되었습니다. 무신정변이 일어나기 불과 30여 년 전 일입니다.

현재 연구자들은 이자겸의 난, 묘청의 난, 무신정변 등 일련의 사건을 각각 별개의 사건으로 이해하고 그 원인을 달리 보고 있습니다. 그러나 이들 사건은 불과 50년 동안 지배세력 내부에서 벌어진 사건이라는 점에서 동일한 성격을 갖고 있습니다. 마치 50년 전 해방 전후에 일어난 일련의 역사를 이해하지 않고는 오늘날의 우리 현실을 제대로 이해할 수 없듯이, 이들 사건 역시 별개가 아니라 상호 연결되는 사건인 것이지요.

12세기 후반 일어난 무신정변이 이자겸의 난, 묘청의 난 등 일련의 정치적인 사건과 무관하지 않다면, 더 거슬러 올라가 숙종肅宗이 왕위에 오른 계기가 된 이자의李資義의 난(1095)과 같은 일련의 지배층 내부의 갈등과 대립에서 무신정변의 싹은 이미 잉태되고 있었다고 할 수 있습니다. 외척 인주 이씨가 어린 헌종獻宗을 내세워 권력을 독점하려 하자, 뒷날 숙종으로 즉위하는 헌종의 숙부 계림공鷄林公 희熙가 이들을 제거하고 왕위에 오릅니다. 사실상 숙종의 쿠데타로 보이는 이 사건을 《고려사》에서는 이자의의 난이라 했습니다.

숙종의 쿠데타와 신법新法

이같이 12세기에 접어들면서 지배층 내부에서 갈등과 대립이 점차 노골화하기 시작합니다. 특히 쿠데타로 즉위한 숙종(재위 1095~1105)과 그 아들 예종睿宗(재위 1105~1122)의 정책은 매우 주목할 만합니다. 잘 알려진 대로 숙종은 1104년에 1차 여진정벌을 단행하고, 그 아들 예종은 1107년에 2차 여진정벌을 단행합니다. 사실 이 정벌은 실패한 것이지요.《고려사》에서도 당시 사령관 윤관에게 '패군敗軍의 죄'를 묻고 있습니다. 그러나 사실 숙종과 예종의 목표는 정벌을 통해서 문벌들의 정치적 기반을 와해시키는 것이었습니다. 또한 비록 실패하기는 했지만 두 사람은 화폐 유통책을 추진해 전국의 유통권을 국가가 장악하여 문벌들의 경제적 기반을 와해시키려고 했습니다. 그리고 숙종은 남경으로 예종은 서경으로 각각 수도를 천도하려한 것 역시, 개경에 정치적 기반을 갖고 있던 문벌을 약화시키려는 의도였지요.

숙종과 예종이 취한 이러한 일련의 정책은 신법新法이라 기록되어 있는데, 이는 당시 송나라에서 왕안석王安石을 중심으로 추진된 신법정책과 비교할 수 있습니다. 송나라 왕안석의 신법정책은 적극적인 대외경략과 부국강병책을 말합니다. 숙종과 예종의 정책을 신법으로 표현한 것도 이와 유사한 정책이기 때문일 것입니다. 곧 기존의 문벌세력을 누르고 국왕 중심의 정치력을 회복하기 위해 선택한 일련의 정책이었습니다. 그러나 외척의 지원 아래 즉위한 인종은 다시 이자겸 등의 문벌세력이 발호하는 계기를 마련했고, 이로 인해 이자겸의 난 등과 같은 지배층 내부의 갈등과 대립이 격화되면서 끝내는 무신정변이 일어났다고 할 수 있습니다.

한편 하부구조에서는 이 무렵 '열 집 가운데 아홉 집이 비었다'는 표현에서 알 수 있듯이 하층민들에 의한 전국적인 규모의 유망流亡 현상이 나타났습니다. 유망은 자기 거주 지역을 벗어나 다른 지역으로 도망함으로써, 국가의 조세와 역역체계에서 벗어나버리는 소극적인 저항 형태입니다. 이런 현상이 더 발전하면서 무신정권이 성립한 이후 대규모 농민항쟁이 일어납니다. 이런 점에서 12세기는 커다란 변동기라 할 수 있습니다.

즉 이때부터 고려 전기 질서가 크게 변동된 것이죠. 다시 말해 지배층 내부의 대립과 갈등, 국가적 위기의식의 고조, 하층민의 이반 현상이 광범하게 일어났으나 지배층이 이를 제대로 수습하지 못해 무신정변이 일어났다고 보는 것이 역사를 이해하는 순리라고 할 수 있습니다.

12세기, 고려 중기의 시작

이렇게 볼 때 무신정변의 원위은 12세기부터 시작된 민의 대규모 유망 현상과 같은 밑으로부터의 동요, 그리고 이자의 · 이자겸 · 묘청의 난과 같은 지배층 내부의 대립과 갈등에서 찾을 수 있습니다. 이처럼 12세기는 고려 전기 질서가 점차 변동되어가는 변동기의 특성을 지니고 있고, 그 점에서 12세기는 고려사 내부에서 시기 구분의 한 단위가 됩니다. 이로부터 몽골과의 전쟁이 종식되고 다시 국왕과 문신 관료집단이 정치를 주도한 왕정복고王政復古가 이루어진 13세기 중반까지를 고려 중기라고 합니다.

이상과 같이 고려 중기에는 왕실과 혼인을 한 외척을 중심으로 한 문벌門閥가문이 등장하여 왕권을 제약하기도 했습니다. 또한 무신정권이 성립한 후 인사권과 군사권을 장악한 정방政房 · 중방重房 · 교정도감教定都監과 같은 새로운 정치기구가 등장하고, 무신권력자의 무력집단인 사병私兵이 등장하고 토지제도인 전시과 체제가 무력화 되고 농장과 같은 대토지 소유형태가 발달하는 등 여러 특징적인 모습들이 나타납니다.

정치 경제 군사 등의 여러 부분에서 나타난 이러한 일련의 현상들은 사적私的 영역에 속하는 것입니다. 이는 고려 전기 왕정王政체제 중심의 공적

(956~981), 성종 즉위. 성종(成宗) 981년 7월 ~ 997년 10월. 981 이 해 송나라, 반거란동맹 체결 요청. 982(1) 3월 관제 개정(내의성

公的 영역과는 다른 모습들로서 고려 중기에 나타난 특징적인 현상이라 할 수 있지요. 이에 따라 두 영역 사이의 충돌에 따라 여러 가지 사회모순이 나타면서 고려 중기는 커다란 변동을 겪게 됩니다. 고려왕조를 부정하는 삼국 부흥운동 등 하층민의 유망과 항쟁이 대대적으로 일어난 것은 이러한 현상의 결과라 할 수 있지요. 무신정권기에는 하층민 출신이 권력의 정상에 오르는 등 신분제도도 크게 변동합니다. 또한 강력한 군사력을 지닌 몽골군이 침략하는 등 이른바 '내우외환內憂外患'이 겹친 시기이기도 했습니다. 고려 중기를 변동기라 한 것은 바로 이 때문입니다.

고려 후기, 개혁의 시대

고려 후기 사회는 충렬왕이 즉위한 이후의 원 간섭기와 공민왕 이후 고려 말까지의 두 시기로 나눌 수 있습니다.

원 간섭기는 1273년부터 공민왕이 즉위하는 1352년까지 약 80여 년 간으로, 이때 충렬왕 · 충선왕 · 충숙왕 · 충혜왕 · 충목왕 · 충정왕 등 모두 6명의 국왕이 재위하였습니다. 당시 국왕은 원 공주와 혼인하고, 태어난 왕자들은 원에서 교육을 받은 후 고려에 와서 왕으로 즉위하였습니다. 고려 국왕은 원의 승인과 지원 아래서 즉위하고 왕권을 행사할 수 있었기 때문에, 대부분 중간에 폐위됐다가 다시 복위하는 현상이 나타납니다. 이를 한 국왕이 거듭 왕위에 오른다 하여 중조重祚 현상이라 합니다. 이는 원의 고려 지배가 국왕을 통해 이루어졌음을 뒷받침하는 예가 됩니다. 원 간섭기의 본질은 여기에 있습니다.

500년 고려사

한편 14세기 중반 공민왕이 즉위할 무렵 원이 쇠퇴하면서 고려에 대한 영향력이 크게 약화되고, 이와 함께 명나라가 건국되면서 대외정세와 환경도 크게 변화합니다. 또한 원 간섭기 측근정치 대신 이색·조준·정도전 등 사대부와 이성계 일파의 무장세력이 새로운 정치세력으로 등장하면서 정치질서도 크게 변화합니다.

원과 고려 지배층의 합작품, 원 간섭기 개혁

고려 후기 사회를 특징짓는 역사 현상은 개혁정치改革政治의 전개입니다. 원 간섭기에도 충선왕 이후 충숙왕·충목왕 등이 이른바 '개혁정치'를 시행하였고, 고려 말에는 공민왕의 반원개혁, 신돈辛旽의 개혁, 이성계·정도전 일파의 사전私田개혁을 예로 들 수 있습니다. 그래서 흔히 우리 역사에서 고려후기를 개혁정치의 시기라 합니다. 그렇다면 왜 고려 후기에 개혁정치가 이렇게 계속되었을까요?

이는 고려 국왕이 다른 왕조의 국왕과 달리 하나의 정치세력으로서 정치에 개입하는 빈도가 높았기 때문이기도 하지만, 그 외에 또 다른 요인이 있습니다. 고려사회는 이미 12세기 후반 무신정변과 농민항쟁으로 사회 모순이 크게 드러나기 시작했습니다. 민심의 이반과 정치세력의 자기 분열로 위와 같은 사건이 나타난 것이지요. 그러나 최씨정권의 강압적인 진압책과 곧이어 벌어진 몽골과의 전쟁으로 그런 사회모순을 해결할 기회가 없었습니다. 전쟁이 수습되고 원 간섭기가 시작되면서 당시의 지배세력은 이러한 민심을 수습하지 않으면 존립 자체가 위태로울 수밖에 없었습니

에서 공부하게 함. 983(2) 1월 처음으로 원구(圓丘)에서 기곡제(祈穀祭)를 올림. 태조의 신위, 원구에 모심. 2월 12목(牧)을 설치하고, 지방관을 파견.

54 새로 쓴 5백년 고려사

원의 대도에서 온 공문서. 다리가 긴 행서체의 티베트 문자로 쓴 '대원 울루스명령문'. 원나라 불교계의 최고 권위자인 제사가 고려 수선사의 원감국사 충지에게 보낸 공문서이다.

5월 3성 6부 7시(寺) 설정. 12월 주·부·군·현의 이직을 정해, 호장(戶長) 등을 둠. 6월 주·현·관·역(州縣館驛)의 공수전(公須田)·장전(長田)·지전(紙田)

다. 원나라 역시 고려의 누적된 사회·경제적 모순을 제한적인 수준에서나마 완화시키지 않으면 고려 지배 자체가 불가능하다는 것을 잘 알고 있었습니다.

원 간섭기 개혁정치는 이같이 고려의 지배층과 원나라의 정치적 이해관계가 합치되어 시행된 것입니다. 따라서 당시 개혁은 토지소유 관계나 수취제도를 전면적으로 개편하기보다는 원의 고려 지배에 편리하게 일부 관제나 군사제도를 개편하는 등, 부분적인 제도개편이나 보완에서 그치는 대단히 개량적인 차원에서 이루어졌습니다. 흔히 이때의 개혁을 '반원개혁'이라고 이해하고 있지만 사실 당시의 개혁은 원의 지원과 조종에 의해 이뤄졌던 것이지요. 그것이 당시 개혁의 본질입니다. 이처럼 원의 지원과 의도가 반영된 개혁이라는 점에서 원 간섭기의 개혁정치를 반원적인 개혁이라고 하기는 힘듭니다.

개혁에서 조선의 건국으로

그러나 원의 요구가 없더라도 지배세력 나아가 왕조의 존립을 위해서 개혁 자체는 불가피했습니다. 특히 공민왕은 원의 영향력이 쇠퇴하는 정세변동을 계기로 본격적인 반원개혁을 시도합니다. 공민왕 이후 일련의 개혁을 통해 성리학으로 무장한 신진 사대부세력이 개혁의 추진세력으로 결집하게 되고, 이들은 1388년 위화도 회군을 계기로 이성계를 중심으로 한 무장세력과 결합하면서 전제田制개혁을 비롯하여 전면적인 개혁을 시도하였습니다. 그 결과 마침내 새로운 왕조 조선이 건국된 것이지요.

고려 말 신진 사대부와 이성계 일파에 의한 개혁은 우리 역사에서 가장 성공적인 개혁의 모델이었습니다. 비록 원 간섭기 개혁은 개혁 추진세력의 취약성과 원의 간섭으로 실패했으나, 개혁을 하나의 역사적 대세로 자리잡게 했으며, 고려 말 신진 사대부에 의한 개혁의 토대를 마련했다는 점에서 의미를 가집니다. 이같이 원 간섭기 충선왕·충숙왕·충목왕 등에 의해 시작된 고려 후기 개혁정치는, 원의 영향력이 현저하게 약화되고 성리학이 수용된 14세기 후반에 크게 추진력을 얻어 새로운 왕조의 성립으로 마무리됩니다.

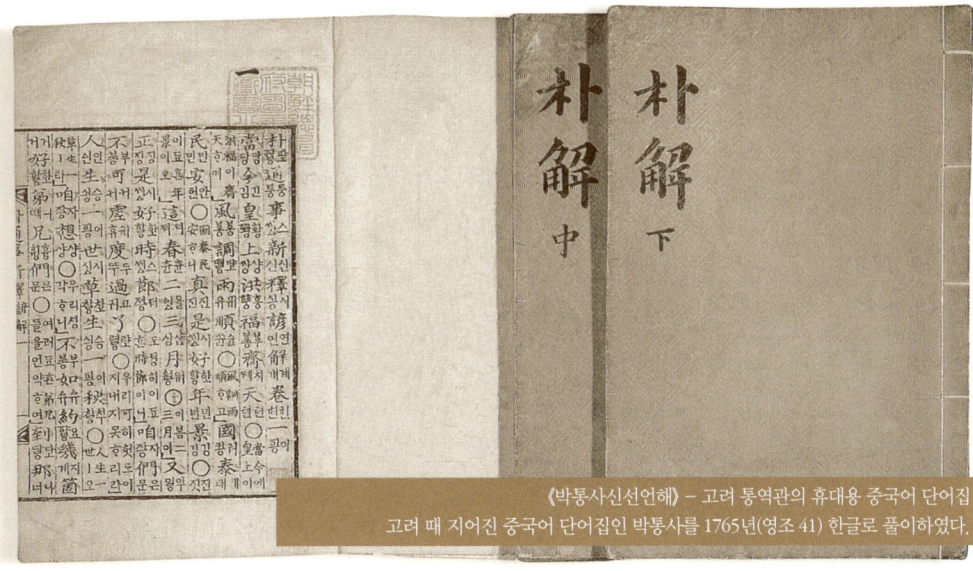

《박통사신선언해》 - 고려 통역관의 휴대용 중국어 단어집
고려 때 지어진 중국어 단어집인 박통사를 1765년(영조 41) 한글로 풀이하였다.

특히 14세기 성리학의 수용은 개혁의 방향과 목표를 분명하게 설정하는 계기가 되었습니다. 성리학은 치자治者 즉 지배층의 도덕적 각성과 경세經世의식을 제고시켰습니다. 탈점과 수탈의 주체인 권세가에 대신하여 유교 경전에 밝고 행동거지가 제대로 닦인 '경명행수經明行修' 즉 도덕성과 책임의식을 가진 인물이 이상적인 관료로서 부각되었습니다. 그러한 관료를 선발하기 위해 불법적인 인사의 온상인 정방政房을 혁파하고, 문무文武의 인사를 이부吏部와 병부兵部에 되돌려 주어야 한다는 개혁의 방향과 목표가 설정되었지요. 이와 함께 전민田民 탈점으로 형성된 사전私田을 혁파하고 새로운 관료층의 경제기반을 마련하기 위해 과전科田을 복구해야 한다는 개혁의 방향과 목표도 설정되었던 것입니다. 따라서 13세기 후반 시작된 원 간섭기와 공민왕 이후 14세기 후반은, 12세기 이래 고려사회가 겪은 내외의 변화와 그로 인한 사회모순을 극복하는 과정이었다는 점에서 고려후기라는 동일한 성격의 시기로 묶을 수 있습니다.

이렇게 본다면 고려왕조 5백 여 년은 3시기로 나누어 볼 수 있습니다. 고려 전기는 10세기와 11세기로 고려적인 제도가 정착·완성되어간 시기였습니다. 이 시기 광종대 과거제 개혁(958)·성종대 관제개혁(983)·현종대 지방제도 개혁(1012)이, 문종대 관제개혁과 전제개혁의 완성으로 마무리되면서 고려적인 질서가 형성되었습니다. 그 후 12세기부터 시작된 고려 중기는 큰 변동기로, 이 시기 민의 유망과 항쟁·무신정변과 무신정권의 성립·원과의 전쟁 등 내우외환으로 고려사회의 모순이 크게 드러났습니다.

이어 원 간섭기가 시작되는 이후의 시기가 고려 후기 사회에 해당합니다. 이 시기는 고려 중기 이래의 제반 사회모순을 개혁하는 시기이자, 새로운 정치세력의 대두와 성공적인 개혁의 진전으로 고려왕조의 몰락을 재촉하고 새로운 왕조의 길을 닦는 시기였습니다. 이같이 고려 역사를 크게 전기, 중기, 후기의 세 시기로 나누어 보는 것이 고려사를 이해하는 데 효과적인 접근방법이 될 것입니다.

2장
고려왕조를 이끈 사람들

청동양각용수전각문경. 용과 나무, 집이 그려진 청동거울은 고려시대 대표적 동경이다.

국왕의 세계

평균 14년 재임의 고려 국왕

475년 간 지속된 고려왕조의 경우 태조에서 공양왕
까지 34명의 국왕이 배출되었습니다(〈표 1〉 참고).
국왕의 평균 재위기간은 13.97년으로 대략 14년
이 됩니다. 적절한 비유가 될지 모르나 지금 대
통령의 임기는 5년 단임제이지요. 그러나 우리
현대사에서 박정희 대통령이 18년간 재임한
사실에 비추어 볼 때, 고려 국왕의 평균 재위
기간은 결코 짧다고 볼 수 없을 것입니다.

고려 국왕의 호칭도 매우 다양합니다. 우리가
흔히 부르는 세종 · 세조 등 전통적인 국왕의 호
칭은 국왕이 죽은 뒤에 붙입니다. 재위기간에 덕

록강 남쪽에 성을 쌓고 통로 열자고 제의. 거란의 연호 사용. 4월 거란에 사신 보냄. 6월 송나라에 거란 협공 제의. 거절하자 송나라와 국교 단절. 이 해

이 있었으면 '종宗'을 붙이고, 국가를 창업한다든가 나라를 위기에서 구한 공이 있으면 '조祖'를 붙였습니다. 조선시대에는 태조 이성계를 비롯하여 단종을 몰아내고 왕위에 오른 세조, 반정 후 왕위에 오른 인조, 그 다음에 영조·정조·순조 등 '조'로 추존된 국왕이 제법 있습니다. 그러나 고려왕 조는 '조'라는 칭호에 매우 인색해 오직 태조 왕건 한 사람밖에 없으며, 23 명의 국왕이 '종'으로 불렸습니다. 한편 조선시대와 달리 '왕'으로만 호칭 된 국왕도 10명이나 됩니다. 특히 원 간섭기의 국왕 6명은 모두 '왕'으로 불린데다가 그 앞에 '충'자까지 붙였습니다. 즉 충렬忠烈 왕에서 충선忠宣·충숙忠肅·충혜忠惠·충목忠穆·충정忠定 왕 등이 그러한 예입니다.

원래 '종'이나 '조'의 칭호는 천자에게 붙이고, '왕'은 천자보다 격이 낮은 제후에게 붙이는 칭호입니다. 원나라는 자기들이 천하의 중심이고 고려는 제후국가라고 생각했기 때문에 위와 같은 칭호를 붙였던 것이지 요. 게다가 원의 지배를 충실하게 받으라는 뜻에서 '충'자까지 붙였습니 다. 심지어 원은 원 간섭기 이전의 고종과 원종의 호칭을, 뒤에 충헌忠憲 왕·충경忠敬왕으로 고쳐 부르기까지 했습니다. 그럴 경우 모두 8명의 국 왕이 영광스럽게도(?) '충'자와 '왕'자를 원으로부터 선물받은 셈이 됩니 다. 원은 유교적인 명분론을 앞세워 '조'와 '종'을 없애버렸지만, 실제 의 도는 국왕들의 이름 앞에 '충'자를 붙이고 원의 공주와 혼인하게 함으로 써, 국왕을 통해 고려를 실질적으로 지배하기 위해서였습니다.

원의 간섭이 끝난 고려 말기에 '충'자는 없어졌지만 공민왕·우왕·창 왕·공양왕 등 네 명의 국왕도 '왕'으로 불렸습니다. 공민왕은 반원개혁 을 추진해 원의 간섭으로부터 벗어나려는 노력을 많이 했는데도 시호에 '종'자나 '조'자가 붙지 않았습니다.

태조 왕건 청동상. 1992년 태조 왕건릉인 현릉을 복원·정비하는 과정에서 출토되었다.

'공민왕恭愍王' 이라는 시호는 명나라가 붙여준 것입니다. 공민왕이 피살된 후 즉위한 아들 우왕은 명나라와의 관계 개선을 통해 피살 정국을 수습하고 자신의 즉위를 정당화하기 위해 명나라에 시호를 요청했습니다. 원나라로부터 벗어나기 위해 반원개혁을 했던 공민왕이지만, '왕' 이라는 호칭은 그렇게 해서 다시 붙어지게 된 것입니다. 그러나 공민왕 이후 4명의 국왕이 '왕' 으로 호칭된 근본 원인은 조선왕조 건국을 합리화 하려는 조선 초기 역사가들의 명분론과 얽혀 있습니다.

1388년(우왕 14) 요동정벌에 나섰던 이성계 일파는 압록강의 위화도에서 회군하여 개경으로 돌아와 우왕을 폐위시키고 아들 창왕을 즉위 시킨 후 각종 개혁을 단행합니다. 창왕이 개혁에 적극적으로 응하지 않자 창왕마저 폐위시킵니다. 두 왕을 폐위시킨데 부담을 느낀 이성계 일파는 폐위의 명분으로 가짜를 폐하고 진짜 왕씨王氏를 세운다는 이른바 '폐가입진廢假立眞'의 논리를 내세웁니다. 즉 우왕과 창왕은 공민왕의 자식이 아니라 신돈의 자식으로서 왕씨의 혈통이 아니라는 것이지요. 위화도 회군 직후 우왕을 폐위시킬 때 이러한 명분을 내세웠다면 설득력이 있었겠지요. 우왕의 아들이라 해서 세운 창왕을 다시 폐위시키는 명분으로는 그야말로 궁색하기 짝이 없지요. 그러니 그들의 부왕인 공민왕에 대한 평가도 옳을 리 없지요. 《고려사》에 따르면 공민왕은 말년에 향락생활에 빠져 정치를 그르쳤다고 비난받았지요. 우왕과 창왕의 재위 기록은 다른 국왕처럼 《고려사》〈세가世家〉편에 싣지 않고, 신하들의 기록을 실은 〈열전〉편에 실려 있습니다. 세 국왕은 이성계 일파의 집권과 조선왕조의 건국을 정당화하는 과정에서 희생된 셈이 되었지요.

마지막 국왕 공양왕은 고려가 망하자 유배되었다가 죽게 되죠. 요즘 홍

9월 전국을 10도 128주 449현 7진으로 편제. 이 해 적현(赤縣) 6개와 기현(畿縣) 7개를 설치해 개성부에서 관할. 서희, 여진 축출. 안의진(安義鎭)·흥화진

길동을 두고 서로 자기 지역 출신이라고 다투듯이, 공양왕의 묘도 경기도 고양과 강원도 삼척 두 곳에 있으며, 서로 자기 지역의 묘가 진짜라고 주장하기도 합니다. 이처럼 망국의 군주 공양왕은 죽어서도 편안하지 못한 비운의 왕입니다. 어쨌든 위 네 명의 국왕이 모두 '왕'으로 불리게 된 것은 왕조 교체기라는 특수한 정치정세 때문이었습니다. 이런 점에서 고려 국왕의 칭호는 조선과 달리 매우 다양하고 이색적이라고 할 수 있습니다. 고려왕조의 역사 변동이 이같이 국왕의 칭호에도 잘 반영되어 있다고 하겠습니다.

평균 4~5명의 왕비와 자녀

그럼 이제 고려 국왕의 가족관계를 살펴보도록 합시다. 다음의 〈표 1〉을 참고하여 설명하겠습니다.

34명의 국왕이 거느렸던 왕비는 모두 135명이나 됩니다. 1명의 국왕이 평균 3.97명, 대략 4명의 왕비를 거느렸다고 할 수 있습니다. 그 중에서도 태조는 가장 많은 29명의 비를 거느렸습니다. 국왕 1명당 거느린 비의 평균 수치가 높아진 게 태조 때문이라고 할 수 있을 정도로 태조는 매우 특이한 경우입니다. 그런가 하면 비가 없는 국왕도 있었습니다. 선종의 아들인 헌종의 경우가 그러합니다. 헌종은 어린 나이에 즉위한 지 얼마 되지 않아 숙부인 숙종이 쿠데타를 일으켜 왕위를 빼앗겼죠. 충목왕, 충정왕, 창왕도 어릴 때 왕위에 올랐고 재위기간이 짧아서인지 모두 비가 없습니다. 이처럼 비가 없었던 4명의 국왕을 제외하면 평균 4.5명이 되므로 고려

〈표 1〉 고려 역대 왕의 가족관계

대	묘호	재위 년수	부인	자녀 (아들/딸)	대	묘호	재위 년수	부인	자녀 (아들/딸)
1	태조	26	29	34(25/9)	18	의종	24	2	4(1/3)
2	혜종	2	4	5(2/3)	19	명종	27	1	3(1/2)
3	정종	4	3	2(1/1)	20	신종	7	1	4(2/2)
4	광종	26	2	5(2/3)	21	희종	7	1	10(5/5)
5	경종	6	5	1(1/0)	22	강종	2	2	3(2/1)
6	성종	16	3	2(0/2)	23	고종	46	1	3(2/1)
7	목종	12	2	0	24	원종	15	2	5(3/2)
8	현종	22	13	13(5/8)	25	충렬왕	34	3	4(2/2)
9	덕종	3	5	2(0/2)	26	충선왕	5	6	2(2/0)
10	정종	12	5	4(3/1)	27	충숙왕	25	5	3(3/0)
11	문종	36	5	20(13/7)	28	충혜왕	7	4	2(2/0)
12	순종	1	3	0	29	충목왕	4	0	0
13	선종	11	3	5(2/3)	30	충정왕	3	0	0
14	헌종	1	0	0	31	공민왕	23	5	0
15	숙종	10	1	11(7/4)	32	우왕	14	9	1(1/0)
16	예종	17	4	3(1/2)	33	창왕	1	0	0
17	인종	24	4	9(5/4)	34	공양왕	4	1	4(1/3)

* 《고려시대 사람들은 어떻게 살았을까 2》(한국역사연구회 편, 청년사, 1997)에서 재인용했으며, 재위년수는 저자가 추가한 것임.

공민왕과 노국공주의 능. 왕과 왕비가 함께 거려한 첫 예다. 능 앞에서는 문인석, 무인석 두 쌍이 있으며, 1365~1372년에 공민왕이 직접 조영하였다.

장릉에서 출토된 인종옥책. 옥책은 고려시대 국왕의 생활상을 아는 데 중요한 자료로 쓰인다. 국왕·왕비 등에게 존호를 올리는 문서인 옥책문에는 올리는 사람·일시·존호, 그리고 존호를 받는 사람을 칭송하는 송덕문이 간략하게 쓰여 있다.

국왕은 대체로 4~5명 정도의 비를 두었다고 볼 수 있습니다.

그렇다면 자녀는 얼마나 두었을까요? 34명의 국왕이 낳은 자녀 수는 총 164명으로 평균 자녀 수는 4.8명입니다. 이 중 4명의 국왕이 비가 없었으므로 실제로는 평균 5.5명 정도입니다. 비를 두고서도 자녀를 낳지 못한 국왕은 목종, 순종, 공민왕입니다. 이 정도면 많다고 해야 할까요?

화려한 궁궐에서 맛있는 음식을 먹고 당시로는 가장 충분한 의료혜택을 받았던 국왕의 자녀가 네 명 정도에 불과하다는 것은 달리 생각해볼 문제인 듯합니다. 이를 위해 당시 관료들의 평균 자녀 수와 한번 비교해봅시다. 관료들의 평균 자녀 수는 그들이 남긴 묘지명墓誌銘을 통해 알 수 있습니다. 고려시대에는 화장을 하건 매장을 하건 죽은 이의 무덤에 가족관계나 평생의 일대기를 적은, 주로 돌로 만든 묘지명을 묻는 풍습이 있었습니다. 현재 320여 개가 확인되었는데, 이 가운데서 생년월일과 자녀 수가 확인되는 것은 220여 개 정도입니다. 묘지명을 남긴 이들은 주로 왕족, 관료

태후(千秋太后) 섭정. | 목종(穆宗) 997년 10월 ~ 1009년 2월 | 998(1) 10월 서경을 호경(鎬京)으로 개칭. 12월 개정전시과(改正田柴科) 설치.

68 새로 쓴 5백년 고려사

나 승려들입니다. 이들의 평균 자녀 수는 3.97명입니다.

평균 숫자만 본다면 5.5명의 국왕이 일반 관료보다는 자녀를 많이 두었다고 할 수 있죠. 그 중에서도 숙종은 한 명의 비에게서 가장 많은 11명의 자녀를 낳았습니다. 쿠데타를 통해서 집권한 숙종은 재위기간 동안 여진을 정벌하고 남경南京, 즉 현재의 서울로 수도를 옮기려고 했으며 화폐를 주조하는 등 대단히 의욕적인 국왕이었습니다. 또 대각국사 의천義天, 윤관尹瓘과 같은 훌륭한 인물이 그를 보좌했죠.

그에 비해 태조는 29명의 부인에게서 34명의 자녀를 낳았으니, 평균 1명의 비가 1명의 자녀를 낳은 셈입니다. 태조의 경우가 평균치에 가깝다고 할 수 있습니다. 국왕들은 평균 3.97명의 비에 5.5명의 자녀를 두었으니 결국 1명의 비가 1명의 자식을 낳은 셈이지요. 뒤에서 자세하게 다루겠지만 고려시대는 일부일처제의 단혼 소가족 형태였습니다. 따라서 당시 관료들의 평균 자녀 수 3.97명은 1명의 부인에게서 낳은 자녀 수입니다. 이렇게 보면 당시 국왕들의 출산율은 관료들에 비해 매우 낮았다고 할 수 있습니다.

왕실의 출산율이 낮은 이유

도대체 고려왕실의 출산율은 왜 이렇게 낮았을까요? 이는 왕실의 혼인이 근친혼近親婚이었다는 사실과 관련시켜 보아야 할 것 같습니다. 조선시대 국왕들은 모두 다른 가문과 혼인을 했습니다. 이와 달리 고려 국왕은 34명 중 19명이 같은 왕족 출신과 혼인을 한 근친혼이었고, 여기에서 출산한 자녀 수는 19남 22녀로 모두 41명입니다. 이를 도표로 정리하면 다음의 〈표 2〉와 같습니다.

〈표 2〉에 따르면 무신정권 이전에는 거의 모든 국왕이 근친혼을 했습니다. 태조·혜종·정종은 뒤에서 설명하겠지만 건국 이전에 혼인을 했거나 할 수 없는 처지에 있었기 때문에 제외될 수밖에 없었습니다. 그리고 헌종 등 혼인을 하지 않은 국왕도 역시 제외되었습니다. 그런데 원 간섭기 이후 원이 고려 국왕의 근친혼을 강력하게 반대했기 때문에, 이런 풍습은 〈표 2〉에 나타나듯이 후기로 갈수록 점차 소멸하게 됩니다. 또한 무신정권 이후부터는 근친혼의 범위도 7촌에서 24촌까지 넓어져, 근친혼 쟈체의 의미도 크게 약화되었습니다.

참고적으로 원의 강력한 반대로 고려왕실은 이성異姓 왕비를 받아들이는 가문을 아예 지정해서 이들 가문과 혼인을 하도록 하는데, 이러한 가문을 '재상지종宰相之宗'이라 합니다. 15개의 이러한 가문이 왕실과의 혼인을 통해 고려 후기 새로운 명문가문으로 발돋움합니다. 흔히 '권문세가權門世家'라고 하는 이 가문 출신이 고려 후기 정치 지배세력으로 활동하게 되는 것입니다.

어쨌든 앞서 살펴본 대로 1명의 비가 평균 1명가량의 자녀를 낳은 것은 전체적으로 근친혼에서 나타날 수 있는 유전적인 결함과 밀접한 관련이 있지 않나 생각됩니다. 몇 년 전 학술발표회에서 이런 문제가 나오자 가톨릭대학 의과대학의 모 교수가 왕실에서 근친혼을 한 경우, 혹시 신체 이상이나 결함을 가진 자녀에 관한 기록이 없냐고 질문한 적이 있었습니다. 왕실 기록에서 그런 사실을 남길 리 없지만, 지금까지 설명한 가족관계의 통계수치로 보아 충분히 가능성 있는 추정이라고 생각합니다.

우리가 흔히 쓰는 표현 중에 '남남북녀南男北女'라는 말이 있습니다. 저는 처음에 이 말을 듣고 '나는 고향이 남쪽이니까 남자로서는 괜찮은 편이

892 목종, 채충순(蔡忠順)·최항(崔沆) 등과 왕위계승에 대해 상의. 황보유의(皇甫兪義)를 신혈사(神穴寺)에 보내어 대량원군 순을 맞아오게 함. 2월 강조(康兆)의

왕대	왕명	후비순	후비명	부명	모명	왕과의 친등관계	자녀 수	王*
4	광종	1	대목(大穆)왕후	태조(太祖)	신정(神靜)왕후	2촌	2남3녀	⑤ 경종
		2	경화(慶和)궁부인	혜종(惠宗)	의화(義和)왕후	3촌		
5	경종	2	헌의(獻懿)왕후	문원대왕정(文元大王貞)	문혜(文惠)왕후	4촌		
		3	헌애(獻哀)왕태후	대종욱(戴宗旭)	선의(宣義)왕후	4촌	1남	⑦ 목종
		4	헌정(獻貞)왕후	대종욱	선의왕후	4촌	(1남)	⑧ 현종 (안종비)
		5	대명(大明)궁부인	원장(元莊)태자	흥방(興芳)궁주	4촌		
6	성종	1	문덕(文德)왕후	광종(光宗)	대목(大穆)왕후	4촌		
7	목종	1	선정(宣正)왕후	홍덕원군규(弘德院君圭)	문덕(文德)왕후	6촌		
8	현종	1	원정(元貞)왕후	성종(成宗)	문화(文和)왕후	5촌		
		2	원화(元和)왕후	성종	연창(延昌)궁부인	5촌	2녀	
		5	원용(元容)왕후	경장(敬章)태자	?	5촌		
9	덕종	1	경성(敬成)왕후	현종(顯宗)	원순(元順)숙비	2촌		
		3	효사(孝思)왕후	현종	원혜(元惠)태후	2촌		
11	문종	1	인평(仁平)왕후	현종	원성(元成)태후	2촌		
12	순종	1	정의(貞懿)왕후	평양공기(平壤公基)	?	4촌		
16	예종	1	경화(敬和)왕후	선종(宣宗)	정신(貞信)현비	4촌		
		3	문정(文貞)왕후	진한후유(辰韓侯愉)	?	4촌		
18	의종	1	장경(莊敬)왕후	강릉공온(江陵公溫)	김(金)씨	7촌	1남3녀	
19	명종	1	광정(光靖)태후	강릉공온	김씨	7촌	1남2녀	㉒ 강종
20	신종	1	선정(宣靖)태후	강릉공온	김씨	7촌	2남2녀	㉑ 희종
21	희종	1	성평(成平)왕후	영인후진(寧仁侯瑱)	연희(延禧)궁주	13촌	5남5녀	
22	강종	2	원덕(元德)태후	신안후성(信安侯珹)	창락(昌樂)궁주	12촌	1남	㉓ 고종
23	고종	1	안혜(安惠)태후	희종(熙宗)	성평(成平)왕후	6촌	2남1녀	㉔ 원종
24	원종	2	경창(慶昌)궁주	신안공전(信安公佺)	가순(嘉順)궁주	17촌	2남2녀	
25	충렬	2	정신(貞信)부주	시안공인(始安公絪)	?	9촌	1남2녀	
26	충선	3	정비(靜妃)	서원후영(西原侯瑛)	?	11촌		
31	공민	3	익비(益妃)	덕풍군의(德豊君義)	?	24촌		

* 정용숙, 《고려시대의 后妃》(민음사, 1992)에서 재인용.

군사, 궁궐 침입 목종, 귀법사로 피신 현종 즉위 목종, 충주로 향하던 중 피살(980~ | 현종(顯宗) 1009년 2월 ~ 1031년 5월 | 1010(1) 7월

고려 정궁인 회경전 모형

구나'라고 혼자 생각했습니다. 그러나 이 말은 남쪽 남자와 북쪽 여자가 최고라는 뜻이 아니라, 혼인은 되도록 먼 곳에 사는 사람, 다른 생활경험과 문화경험을 가진 사람과 하는 것이 좋다는 뜻입니다. 조선시대에 굳게 뿌리내린 '동성불혼同姓不婚'의 원칙도 다분히 유교의 영향이 담긴 말이면서, 동시에 근친혼에서 나타날 수 있는 유전적인 결함을 막자는 뜻이 내포되어 있었을 것입니다.

국왕의 평균수명, 44세

그럼 고려 국왕들은 얼마나 오래 살았을까요. 고려 국왕들이 몇 년에 태어나서 몇 년에 죽었다는 기록은 모두 남아 있습니다. 이에 따르면 국왕의 평균 사망 나이는 42.3세, 즉 42세 정도입니다. 무신정권기를 기준으로 그 이전은 평균 39.3세, 그 이후는 평균 49.79세입니다. 후기로 갈수록 평균수명이 길어지는데 이런 현상은 다른 연구성과에서 나타나듯이 고려 후기에 유아 사망률이 낮아지는 현상과 맞물려 있습니다. 이것은 고려시대 의술의 발달과 관련지어 해석할 수 있습니다.

고려시대 의술은 중기 이후에 크게 발달합니다. 현재 전해지는 가장 오래된 의학서적인 《향약구급방鄉藥救急方》은 무신정권기인 1235년에 간행되는데, 연구자들은 이런 의학서적의 간행이 의술의 발전에 큰 영향을 미친 것으로 이해

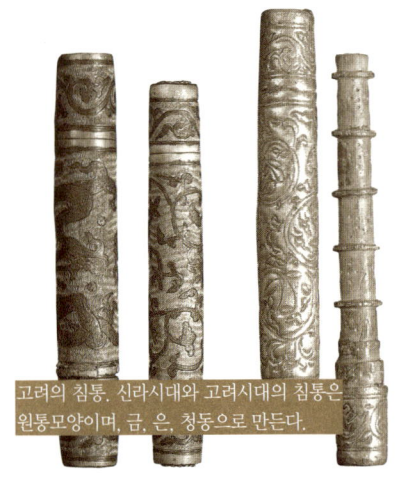
고려의 침통. 신라시대와 고려시대의 침통은 원통모양이며, 금, 은, 청동으로 만든다.

거란, 목종의 살해 연유를 추궁. 10월 강조, 30만을 거느리고 통주通州 ; 지금의 평북 선천에 주둔, 거란 방어, 거란 2차 침입 개시 11월 거란 왕, 보병

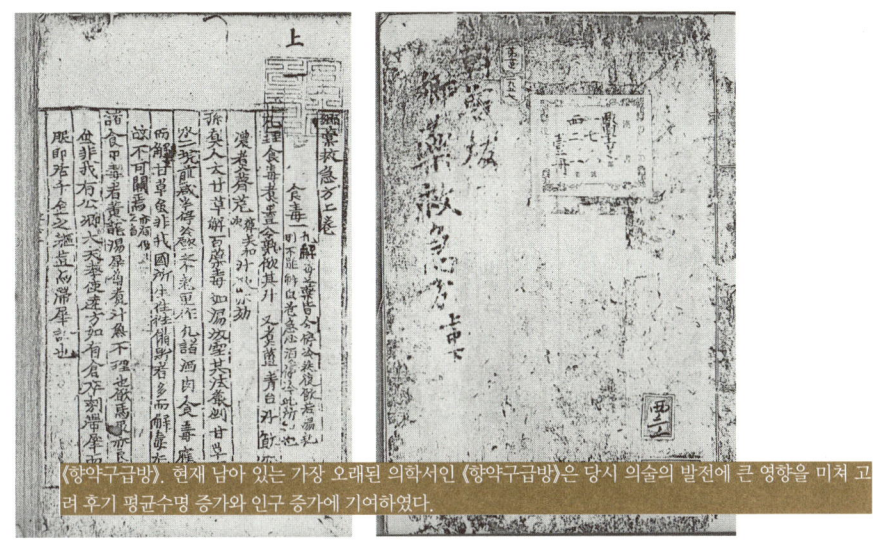

《향약구급방》. 현재 남아 있는 가장 오래된 의학서인 《향약구급방》은 당시 의술의 발전에 큰 영향을 미쳐 고려 후기 평균수명 증가와 인구 증가에 기여하였다.

하고 있습니다. 고려 후기에 국왕의 평균수명이 증가하고 유아 사망률이 감소한 것도 그러한 경향과 관련이 있다고 볼 수 있습니다.

그런데 앞서 소개한 묘지명에 따르면 고려시대 일반 관인층의 평균수명은 국왕에 비해 상당히 높습니다. 묘지명에 생몰년을 남긴 223명의 평균 사망 나이는 65.5세이고, 《고려사》에 나오는 인물 176명의 평균 사망 나이는 60.7세입니다. 그러나 평균 사망 나이는 사망 당시의 나이만을 평균한 것으로서, 유아 사망률 등을 종합하여 산출한 '평균수명'과는 다르다고 합니다. 현재의 연구결과에 따르면, 고려시대 평균수명은 39.7세이고, 참고로 지금 우리나라의 평균수명은 남자 79세, 여자 83세입니다.

고려 국왕 중에서 가장 오래 산 사람은 충렬왕으로 73세까지 살았습니다. 충렬왕은 고려 국왕 중 처음으로 원나라 공주를 비로 맞았고, 재위기

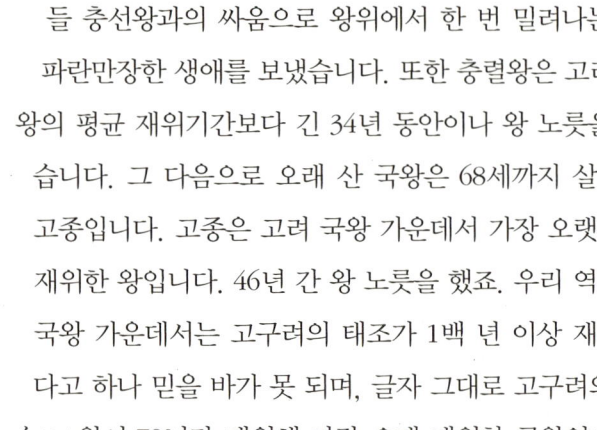

청자 약 절구와 '상약국' 명 약통이다. 상약국은 궁중에서 약재를 담당하던 관청이다.

간 동안 두 차례나 몽골군과 일본원정을 치렀으며, 아들 충선왕과의 싸움으로 왕위에서 한 번 밀려나는 등 파란만장한 생애를 보냈습니다. 또한 충렬왕은 고려 국왕의 평균 재위기간보다 긴 34년 동안이나 왕 노릇을 했습니다. 그 다음으로 오래 산 국왕은 68세까지 살았던 고종입니다. 고종은 고려 국왕 가운데서 가장 오랫동안 재위한 왕입니다. 46년 간 왕 노릇을 했죠. 우리 역사의 국왕 가운데서는 고구려의 태조가 1백 년 이상 재위했다고 하나 믿을 바가 못 되며, 글자 그대로 고구려의 장수長壽왕이 79년간 재위해 가장 오래 재위한 국왕입니다. 고려시대 고종은 장수왕과 52년간 재위한 조선의 영조 다음으로 우리 역사에서 오래 재위한 국왕이 됩니다.

그런데 한 가지 흥미로운 현상은 비교적 국세가 안정되거나 많은 치적이 이루어졌을 때, 비의 수나 자녀의 수도 그것에 비례하여 증가한다는 것입니다. 국세가 왕성하고 안정적인 고려 전기에는 한 국왕이 평균 5.2명의 비를 두었으나, 그렇지 못한 고려 후기에는 평균 2.5명밖에 되지 않아 현격한 차이를 보입니다. 특히 고려의 최전성기였던 현종·덕종·정종·문종 80년 간 4명의 국왕은 28명의 비를 두어, 평균 7명의 비를 거느렸습니다. 현종이 태조 다음으로 많은 13명의 비를 두었고, 나머지는 모두 5명씩의 비를 두었습니다. 이때의 평균 자녀 수는 약 10명 정도입니다. 이에 비해 원 간섭기 이후 국세가 크게 약화되었을 때는 평균 3명 정도의 비에, 평균 자녀 수도 1.6명에 불과합니다(〈표 1〉 참고). 물론 이런 현상을 일반화시킬 수는 없으나, 매우 흥미로운 사실임에는 분명합니다.

(河拱辰)을 보내 거란에 화친 요청. | 1011(2) 1월 거란군, 개경 침입. 거란군 퇴각. 현종, 전주에 도착. 양규 전사. 2월 현종, 전주를 출발하여 공주에

왕실 혼인의 관행, 근친혼

고려 국왕의 혼인 형태를 살펴봅시다. 혼인 형태는 왕실의 특성, 나아가 고려왕조의 특성을 잘 보여주는 사례입니다.

고려왕실의 혼인 형태를 대표하는 예가 앞서 언급한 근친혼입니다. 근친혼은 광종 때부터 본격화하는데, 먼저 그 이전 태조 · 혜종 · 정종의 혼인 형태부터 살펴보기로 합시다. 혜종과 그의 동생 정종의 혼인 형태는 부왕인 태조와 매우 유사합니다. 태조는 후삼국을 통일하기 전과 고려 건국 초기에는 지방의 부유층이면서 유력층인 가문과 혼인을 합니다. 이러한 층을 《고려사》에서는 '장자층長者層'이라 하는데, 태조는 이런 세력과 혼인관계를 맺으면서 세력기반을 확대해나갑니다. 구체적으로 태조의 제1비인 신혜왕후는 개경 근처 정주貞州의 부유층인 유천궁柳天弓의 딸이고, 제2비 장화왕후 역시 나주의 부유층인 다련군多憐君의 딸입니다.

그러다가 본격적인 후삼국 통합전쟁 단계에 가서는 각 지방 무장층의 딸들과 혼인을 합니다. 구체적으로 제9비는 태조의 후삼국 정벌에 결정적인 도움을 준 유검필庾黔弼의 딸이고, 제15 · 16비는 경기도 광주廣州의 무장세력으로 뒤에 혜종의 왕위를 위협하다 죽은 왕규王規의 딸들입니다. 이러한 혼인 형태가 후삼국을 통일하고 나서는 신라의 왕족과 혼인하는 형태로 바뀝니다. 구체적으로 제5비 신성왕후는 신라의 마지막 왕인 경순왕의 백부伯父 억렴億廉의 딸입니다. 태조는 정권기반이 취약했기 때문에 이와 같은 다양한 세력가와의 혼인을 통해 세력을 구축해나갔던 것입니다. 다시 말해 경제력이 있는 사람, 무력기반이 있는 사람, 그리고 신라 왕족과 혼인하는 방식으로 왕실의 정통성을 확보하고자 했습니다. 혼인을 정

도착. 김은부의 맏딸을 왕비로 삼음. 현종 환도, 수창궁(壽昌宮)에 머뭄. 4월 거란, 현종의 친조(親朝) 요구. 6월 거란에 사신 파견, 현종의 친조 요청을

치적으로 이용한 것이지요.

　혜종과 정종도 동일한 혼인 형태를 답습합니다. 그런데 혜종의 비에 경기도 광주 출신인 왕규의 딸이 있습니다. 앞서 말한 대로 혜종의 아버지인 태조의 제15·16비 역시 왕규의 딸이니, 태조와 혜종은 부자지간이면서

〈표 3〉 왕실 근친혼 사례

왕대	왕명	후비순	후비명	후비 부명	후비 모명	왕과의 친등관계	자녀 수	王*
4대	광종	1비	대목왕후 황보씨	테조	신정왕후 황보씨	2촌	2남 3녀	5대 경종
		2비	경화궁부인 임씨	혜종	의화왕후 임씨	3촌		
5대	경종	1비	헌숙왕후 김씨	신라 경순왕	낙랑공주 (태조 女)	고종 4촌		
		2비	헌의왕후 유씨	문원대왕 (광종 弟)	문혜왕후	4촌		
		3비	헌애왕후 황보씨	대종(대목 왕후 弟)	선의왕후	외4촌	1남	7대 목종
		4비	헌정왕후 황보씨	대종(대목 왕후 弟)	선의왕후	외4촌		
		5비	대명궁부인 유씨	원장태자 (태조 子)	흥방궁주 (태조 女)	고종 4촌		
6대	성종	1비	문덕왕후 유씨	광종	대목왕후	4촌		
7대	목종	1비	선정왕후 유씨	홍덕원군 (태조 孫子)	문덕왕후	6촌		

* 성종 1비 문덕왕후는 목종 1비의 부 흥덕원군과 초혼, 성종과 재혼.
** 경종 1비와 5비의 모는 자매간으로 광종의 친누이와 여동생임.
*** 성종은 경종과 4촌간이며, 대종의 아들임.

고려 동경에 보이는 남녀상열지사 장면.

동서지간이 되어버린 것이죠. 이런 혼인 형태는 태조의 아들이자 혜종의 배다른 형제인 정종의 경우도 마찬가지입니다. 정종은 견훤의 사위인 박영규의 두 딸을 비로 맞아들이는데 태조 역시 박영규의 딸을 제17비로 삼았습니다. 역시 부자지간이면서 동서지간이 된 것입니다. 오늘날의 상식으로는 도저히 이해할 수 없는 일이지요.

그렇다면 왜 이런 혼인 형태가 나타났을까요? 이는 당시 왕권, 나아가 왕실 자체가 대단히 불안했기 때문입니다. 지방 유력층과의 혼인을 통해 왕실을 보호하려는 목적에서 나온 특이한 혼인 형태인 것입니다. 태조는 29명의 비를, 혜종은 4명, 정종은 3명의 비를 그런 목적에서 맞아들였습니다. 그러다가 점차 왕족이 늘어나기 시작하자, 이제는 왕족끼리 혼인을 통해 왕실의 권위와 경제적 기반을 지켜나가려고 했습니다. 이렇게 해서 다음 왕인 광종 때부터 근친혼이 왕실 혼인의 관행으로 나타나게 됩니다. 그러나 태조 · 혜종 · 정종의 혼인 형태 역시 그 취지는 근친혼과 같다고 볼 수 있죠.

아버지 태조의 딸과 결혼한 광종

근친혼을 달리 '족내혼族內婚'이라고 합니다. 같은 혈족끼리 결혼한다는 뜻이니 쉽게 말하면 왕족끼리 혼인하는 형태이지요. 좀더 넓게 얘기하자면 같은 계급끼리 혼인하는 형태까지를 의미합니다. 이것을 달리 계급내혼內婚이라고 합니다.

태조의 아들로서 왕위를 계승한 국왕은 2대 혜종, 3대 정종, 4대 광종입니다. 혜종은 장화왕후 오吳씨의 소생이며 정종과 광종은 신명왕후 유劉씨의 소생입니다. 광종 이후 고려왕실의 근친혼 형태가 전형적으로 나타나는데, 특히 4대 광종에서 7대 목종대까지가 대표적인 사례가 됩니다. 근친혼 관계만을 정리하면 〈표 3〉과 같습니다.

광종은 아버지 태조의 딸과 형 혜종의 딸을 비로 맞이합니다. 각각 누이, 조카와 혼인을 한 셈이지요. 이 중 제1비 소생인 경종이 왕위를 계승합니다. 그런데 경종의 제1비는 아버지 광종의 친누이의 딸입니다. 곧 경종은 고종4촌과 혼인한 셈이 됩니다. 뿐만 아니라 제5비는 아버지 광종의 여동생의 딸로서 역시 고종4촌간이고, 제2비는 광종 친동생의 딸로서 4촌간이며 제3·4비는 광종의 제1비 대목왕후의 남동생인 대종의 딸로서 외4촌입니다. 성종의 경우 제2비와 3비는 왕실 밖의 이성異姓을 맞이했으나, 제1비는 광종의 딸입니다. 성종과 광종은 3촌간이니까, 결국 4촌을 비로 맞아들인 셈이죠. 한편 목종은 성종의 제1비가 성종에게 재가하기 전에 낳은 딸을 비로 맞이합니다. 목종은 성종의 조카이므로, 6촌과 혼인을 한 셈입니다.

그런데 위의 근친혼에서 공통적으로 나타나는 현상의 하나는 공주의 경우 부친과 상관없이 항상 어머니쪽 성씨를 가진다는 사실입니다. 같은 왕실의 일원이지만 어머니쪽 성씨를 취하여 그들의 출자出自를 밝히려 했던 것입니다. 한편 근친혼의 범위가 모두 태조의 비 가운데 충주 유씨와 황주 황보씨의 왕자와 왕녀 간에 이루어지고 있다는 사실입니다. 태조는 29명의 비 가운데 6명은 왕후라 칭하고, 나머지 23명은 부인이라 칭했습니다. 왕후와 부인의 칭호는 그 소생자가 왕위계승 자격이 있느냐 그렇지 않느냐에 따라 구분됩니다. 태조는 왕후의 소생자에게만 왕위계승 자격을 부여해서, 뒷날 왕위계승을 둘러싼 분쟁을 차단하고자 했습니다. 그러나 6명의 왕후 가운데 실제로 고려 초기에 왕위를 계승한 이들은 나주 오씨,

---

통주 침략. 흥화진 장군 정신용(鄭神勇)과 별장(別將) 주연(周演)이 격퇴. 11월 김훈(金訓)·최질(崔質) 등 반란, 장연우(張延祐)·황보유의(皇甫俞義) 귀양.

충주 유씨와 황주 황보씨 소생자뿐이었습니다. 구체적으로 혜종은 나주 오씨의 소생자이며, 정종과 광종은 충주 유씨의 소생자입니다. 또한 이후의 경종은 충주 유씨, 다음의 성종은 황주 황보씨, 목종은 충주 유씨 가계 출신으로 왕위도 이 두 가계에서만 교대로 계승되었고, 왕위가 다른 가계로 옮겨 가면 전왕 가계의 왕자를 사위로 맞아 왕위를 잇게 하였습니다. 고려 초기의 이러한 왕위교체와 이에 기초한 정치 형태를 '왕후족王后族 연합 형태'라 부르기도 합니다.

이런 경향에서 벗어난 것은 현종부터입니다. 현종은 13명의 비를 두었는데, 그중에서 제2비·3비·5비, 3명과 근친혼을 합니다. 이들은 성종의 딸(2비, 3비)이나 아우의 딸로서 현종과 4촌간이었습니다. 그러나 나머지 10명은 이성異姓, 즉 안산 김씨인 김은부金殷傅의 세 딸, 왕가도王可道 서눌徐訥의 딸 등 왕실 밖의 집안에서 맞아들였습니다. 현종 이후 이성후비異姓后妃와의 혼인이 확대되면서 근친혼의 범위나 사례도 점차 축소되었습니다(〈표 2〉 참고). 그와 함께 근친혼으로 낳은 자식보다 왕실 밖 즉 이성후비 사이에 낳은 자식들이 왕위를 계승하는 현상이 일반화되어가는 것도 매우 주목할 만한 현상이라 할 수 있습니다.

왜 근친혼을 했는가?

중국의 기록을 보면 신라시대에도 근친혼이 성행했다고 하지만, 고려왕실의 근친혼은 원 간섭기 때까지 계속됩니다. 물론 현종 이후에는 왕실 아닌 다른 가계에서 비를 맞이하는 경향이 확대되었지만, 역시 제 1비는 반

1015(6) 3월 김훈·최질 등 19명 처단. 거란군, 용주 침략. 이 해 거란군, 선화진(宣化鎭)·정원진(定遠鎭)을 함락하고 축성. 곽원(郭元)을 송나라에

드시 왕족과 근친혼을 합니다. 즉 제 1비는 왕족과 혼인하고 나머지는 이성 후비와 혼인하는 형태로 바뀌어간 것입니다.

그렇다면 왜 고려왕실에서는 근친혼이 성행했을까요? 고려의 국왕, 나아가 왕실 자체가 하나의 지방세력 내지 정치세력에 불과했던 당시의 사정이 그런 혼인 형태를 낳은 것은 아닐까요? 우리나라 고대 혼인풍속으로 취수혼娶嫂婚이라는 것이 있습니다. '형사취수兄死娶嫂'라고 해서 형이 죽고 나면 동생이 형의 부인, 바로 자기 형수를 부인으로 맞이하는 혼인 형태입니다. 고구려 때 고국천왕이 죽자 부인 우씨가 시동생인 연우와 발기 두 사람에게 누가 자신을 부인으로 취하고 왕위에 오르겠냐고 물으니까 발기는 거부하지만 연우는 받아들입니다. 그래서 연우가 산상왕으로 왕위에 오르게 됩니다.

고대사회의 이러한 혼인 형태는 역시 집단의 유지, 즉 정치·경제 기반을 유지하려는 데 목적이 있으며, 그 점에서 근친혼과 마찬가지라고 생각됩니다. 신라시대에는 잘 알려진 대로 선덕·진덕·진성여왕 등 여왕이 세 명이나 있었습니다. 이는 자기 집단의 세력에게 왕위를 계승시킴으로써 그 집단을 유지해나가려는 고육책에서 비롯된 것이죠. 고려왕실 역시 마찬가지였습니다. 그런 점에서 한 사회의 혼인 형태에는 그 시대의 정치상과 사회상이 잘 반영되어 있다고 할 수 있습니다.

취수혼 형태는 중동 지방과 아랍 지역에서 상당히 성행했습니다. 성경에도 그런 이야기가 나오죠. 사두개파 사람 한 명이 예수에게 이렇게 물었습니다. "모세는 형이 자식 없이 죽으면 동생이 형수와 결혼하여 형의 대를 이어야 한다고 했습니다. 우리 이웃에 일곱 형제가 있었는데 제일 위의 형이 죽으니까 그 부인이 둘째와 혼인을 했습니다. 그런데 또 둘째도 자식

없이 죽어 다시 셋째와 결혼을 하고, 그런 식으로 마지막 일곱째와도 결혼을 하게 되어서, 결국 7형제와 모두 살았다면 그 여자는 부활할 때 누구의 아내가 되는 것입니까?" 이 물음에 예수는 "부활하면 장가도 시집도 안 가고 다만 하늘에 있는 천사들과 같이 된다"고 답변했습니다. 그걸 보면 아랍 지역이나 중동 지역에도 취수혼이 있었다는 것을 알 수 있습니다.

한편 이외에도 유교이념이 보편화되지 못해 국왕의 존재가 초월적인 존재로 인정받지 못한 사상적인 풍토도 고려왕실의 근친혼을 부추긴 하나의 원인이 되었습니다. 고려왕조는 지방세력이 세운 왕조라고 해도 과언이 아닙니다. 태조 왕건 역시 지방세력 가운데 유력한 세력에 불과했습니다. 그렇기 때문에 왕실을 유지하기 위해 태조·혜종·정종은 지방의 유력한 세력과 혼인을 통해 세력기반을 다져나갔고, 점차 왕족의 수가 늘어나자 왕족끼리 근친혼을 통해 왕권을 유지하려고 했던 것입니다.

조선시대만 해도 국왕은 '천명지天命之', '즉 하늘이 명한 것'이라는 이른바 천명사상天命思想에 의해 스스로를 초월적인 존재로 이념화했습니다. 또한 국왕과 신하는 군신관계로서 양자의 출자出自를 근본적으로 다르게 구분하였는데, 유교이념이 이를 뒷받침해주었습니다. 그러나 고려왕조 성립기에는 그런 이념기반이 취약했기 때문에 근친혼을 통해 왕실의 세력기반을 강화하고자 했던 것입니다.

왕실의 울타리, 외척가문

앞서 말한 대로 현종 이후에도 근친혼은 계속되지만, 점차 이성 후비가

많아집니다. 왕실과 인척관계를 맺은 가문을 외척外戚가문이라 합니다. 현
종 때만 하더라도 13명의 비 가운데서 10명이 다른 집안 출신이고, 현종
이후 인종 때까지 고려 전기 비 가운데 족내혼을 한 왕실 출신의 비는 6
명, 이성異姓 비는 24명으로 상대적으로 족내혼의 수는 줄어듭니다. 이 역
시 유교이념의 확산과 관련이 있지만, 한편으로는 왕실이 그만큼 안정되
었음을 뜻합니다. 왕실이 안정되니까 유력가문의 딸을 맞아들여 외척으로
삼아 이들 가문으로부터 왕실을 보호받으려 했던 것입니다.

현종의 아들로서 왕위를 계승한 덕종, 정종, 문종은 이성 후비 소생의
국왕입니다. 이후 즉위한 국왕은 대부분 이성 후비 출신의 아들입니다. 이
로 인해 국왕을 배출시킨 이성 후비의 집안 즉 외척 가문의 정치적 입지는
점차 강해지기 시작합니다. 이를 계기로 고려 중기 이후 새로운 정치집단
인 문벌門閥이 등장합니다. 안산安山 김씨, 인주仁州 이씨, 정안定安 임씨 등
이 대표적인 예이지요. 인주 이씨의 경우 문종부터 시작해서 인종 때까지
무려 7대에 걸쳐서 왕실과 혼인관계를 맺습니다. 고려 중기 문벌화 경향
은 바로 이런 혼인 현상과도 관련이 있습니다.

이들 가문은 왕실과 인척관계를 맺어 정치적 입지를 강화하고 가문의
위세를 유지하려 했습니다. 한편 왕실은 유력가문과의 혼인을 통해 왕실
을 보호하고 왕권을 강화하고자 했습니다. 외척과의 혼인을 통해 왕실을
유지시키려는 목적이 있었던 것이지요. 유력가문과의 혼인으로 왕실이 보
호받을 수 있었다는 점에서, 그 유력가문은 왕실의 바깥에서 왕실을 지키
는 이른바 '외호外護'의 역할을 했다고 할 수 있습니다.

따라서 고려 중기 이자겸의 난 등을 들어 외척의 발호 때문에 정치가 문
란해졌다는 평가는 일방적인 해석입니다. 당시 거듭된 정쟁政爭은 유력가

침입 개시. 강감찬姜邯贊을 상원수上元帥, 강민첨姜民瞻을 부원수副元帥로 임명. 흥화진에서 거란군 격퇴. 거란군, 개경 향함. 강민첨. 자주慈州에서

문과 왕실의 이해가 충돌하면서 비롯된 점이 없지 않습니다만, 유력가문과의 혼인은 크게 보면 왕실의 세력기반을 유지하는 데 도움을 주었다는 점에서 근친혼의 연장이라 할 수 있습니다. 이런 점에서 고려왕조의 왕실은 조선왕조와 다른 특성을 갖고 있었던 것입니다.

근친혼을 어떻게 볼 것인가?

매 학기 강의를 할 때마다 태조 왕건이 29명의 부인을 두었다고 하면 학생들은 모두 웃으면서도 매우 흥미로워합니다. 아마도 오늘날의 윤리기준에 배치되기 때문에 그런 반응이 나오는 것이겠지요. 그러나 이어서 고려 초기 역사 배경을 자세하게 설명하면, 학생들은 당시 왕실의 혼인에 대해 의문 없이 모두 고개를 끄덕입니다.

그런데 한번은 모르몬교가 밀집된 미국 유타주에서 강의를 하며, 태조 왕건의 부인이 29명이었다고 하였는데, 우리 학생들과 달리 그들은 별로 놀라지 않았습니다. 모르몬교도들은 초기에 동부에 있다가 청교도의 박해를 받아 쫓기면서 서부 쪽으로 이동해 정착하는 과정에서 계속 남자들이 죽어가니까, 교세를 유지하기 위해 일부다처제를 채택했었습니다. 한두 세대 앞선 선조들의 그런 경험을 자세히 알고 있기 때문에 그들은 우리와는 다른 반응을 보였던 것입니다.

위의 예에서 과거 역사사실에 대한 관심과 이해는 현재 자신들이 축적해온 역사경험과 밀접한 관련이 있음을 알 수 있습니다. 물론 그에 대한 평가는 사건과 사실을 둘러싼 역사적 배경에 대한 충분한 이해 위에서 내

거란군 격퇴 | **1019(10)** 2월 강감찬, 거란군 대파(구주대첩). | **1020(11)** 8월 최치원(崔致遠)에게 내사령(內史令)을 추증하고 문묘(文廟)에 배향.

려져야 할 것입니다. 따라서 고려왕실의 근친혼도 윤리적 차원에서 평가해서는 안 된다고 생각합니다. 고려왕실 자체가 하나의 정치집단으로서 경제적인 기반을 유지하고 권력을 유지하려는 속성이 상당히 강했고, 그것이 근친혼의 형태로 나타난 것으로 이해해야 할 것입니다. 조선시대에는 종친부宗親府를 만들어 왕족에게 별도의 대우를 하면서, 일체 정치에 관여할 수 없게 했습니다. 이는 고려시대의 역사경험, 곧 왕실이 하나의 세력집단으로서 정치에 관여하는 것을 막기 위한 조치이기도 하지만, 한편으로는 유교이념의 발달과 밀접한 관련이 있다고 볼 수 있습니다.

식민사학자들은 '취수혼'이나 '근친혼'을 한국사의 후진성을 보여주는 한 예로 평가하기도 했습니다. 하지만 이러한 문제는 오늘의 기준으로 얼마나 윤리적이냐 후진적이냐 하는 식으로 평가할 것이 아니라 그 시대 상황과 관련시켜 이해해야 합니다. 고려왕실 자체가 이념적으로 국왕권을 보장받지 못하는 상황에서, 왕실의 정치·경제적인 기반을 유지하기 위해 그런 혼인 형태가 나올 수밖에 없었다고 보는 것이 올바른 해석일 것입니다.

초월적 존재인가? 정치세력인가?

고려 국왕의 특성을 꼽는다면 먼저 국왕권 자체가 초월적 지위로 보장받지 못했다는 점을 들 수 있습니다. 원래 국왕은 '천명지天命之', 즉 하늘이 명했다고 해서, 일반 관료와 달리 계보 자체에서 신성성神聖性을 보장받는 초월적인 존재입니다. 즉 국왕권은 유교사상에 기반한 천명사상에 의해 뒷받침 받았습니다. 그러나 조선시대 국왕과 달리 고려 국왕은 현실적으로

1022(13) 1월 설총薛聰에게 홍유후弘儒侯를 추증하고 문묘에 배향. 4월 주·부·군·현의 향리는 호장戶長, 향·부곡·진·역의 향리는 장長이라 부름.

초월적인 지위를 인정받지 못했습니다. 건국 당시 고려 국왕은 개경 지역의 해상세력 집단으로 지방세력의 일부에 불과했기 때문에, 근친혼과 같은 계급내혼을 통해서 왕실 집단을 유지·재생산해나가고자 했던 것입니다.

이처럼 고려 국왕이 초월적인 존재가 아니라 하나의 세력집단이었음을 보여주는 예로서 왕실이 독자적인 재정기구인 왕실창고를 소유했던 것을 들 수 있습니다. 고려왕실의 대표적인 창고인 요물고料物庫·내고內庫 등 네 개의 창고를 '사고四庫'라고 하는데, 이들 창고의 재정은 국가의 공식 예산 항목에 포함되어 있어, 공식적으로 토지가 지급되었습니다. 가장 대표적인 토지지목인 장처전莊處田이 왕실의 주요한 재정원이었고, 그 외에도 궁중의 토지인 내장전內庄田이라는 토지가 있었습니다. 이처럼 고려왕실에서는 일반 관청과 같이 독자의 재정기구를 갖고 있었는데, 이는 왕실이 하나의 독립된 정치세력 단위임을 뜻하는 것입니다.

개혁정치를 주도한 국왕

고려 국왕은 조선 국왕에 비해서 상대적으로 정책결정이나 정치개입에 자유로운 입장이었습니다. 언뜻 생각하면 유교의 천명사상으로 초월성·전제성을 보장받은 조선시대 국왕이 정책결정에서 훨씬 큰 재량권을 가졌을 것 같지만, 실제로는 고려 국왕이 정책결정이나 정치개입에 있어서 훨씬 더 자의성恣意性이 컸습니다. 그만큼 개입의 빈도나 재량권이 많았다고 할 수 있지요. 이는 앞에서 지적했듯이 근원적으로 고려왕실이 조선과 달리 처음부터 하나의 정치세력으로 출발했던 데서 비롯한 것입니다. 다음

1023(14) 2월 최치원을 문창후(文昌侯)로 추봉.   1029(20) 8월 발해 후손 대연림(大延琳)이 거란 동경에서 반란을 일으켜 흥요국(興遼國) 건설.

종묘 사당에 있는 공민왕과 노국공주의 초상. 공민왕은 충선왕·충숙왕 등 원 간섭기 국왕들과 함께, 고려 후기 개혁정치를 펼친 대표적인 국왕이다. 고려시대 개혁정치가 이처럼 국왕 주도로 이루어진 것은, 고려 국왕의 재량권이 그만큼 컸음을 의미한다.

에 언급할 고려의 독특한 정치 형태가 그런 사실을 뒷받침합니다.

조선시대 개혁정치의 주체는 대체로 신하들이었습니다. 정도전鄭道傳의 개혁, 조광조趙光祖의 개혁, 조선 후기 실학자實學者의 개혁정치가 구체적인 예가 됩니다. 그러나 고려시대에는 국왕들이 개혁을 주도합니다. 전기에는 광종의 과거제와 노비제 개혁, 성종의 관제개혁을 들 수 있으며, 가장 대표적인 개혁은 원 간섭기 충선왕·충숙왕·충목왕 등의 개혁, 그리고 유명한 공민왕의 개혁을 들 수 있습니다. 흔히 신법이라 불린 고려 중기 정치개혁도 숙종과 예종의 주도하에 이루어졌습니다. 이같이 고려시대 국왕이 개혁을 주도한 것은 정치개입이나 정책결정에서 상대적으로 국왕의 재량권이 컸던 사실과 관련이 있습니다.

내시기구에 의존한 측근정치

개혁정치와 함께 측근정치 또한 고려 국왕의 정치적 위상을 알려 주는 예가 됩니다. 고려시대에는 국왕의 정치를 뒷받침하는 내시內侍라는 기구가 있었습니다. 잘 알려진 대로 조선시대의 내시는 거세된 사람인 환관宦官을 뜻합니다만, 고려시대의 내시는 양반 자제들이나 과거에 합격한 신진기예들로 충당되었습니다. 물론 고려시대에도 거세된 사람인 환관이 있었습니다. 고려 의종 때 국왕의 총애를 받아 파행적인 정치를 일삼다 무신정변의 빌미를 제공한 정함鄭諴·백선연白善淵 같은 인물이 대표적인 예입니다. 그러나 고려시대에는 내시와 환관이 별도로 존재했습니다.

내시는 명가의 자손들이나 과거에 합격한 20~30명의 신진기예들로 충원되었으며, 이들은 내시기구에 별도로 편입되었습니다. 이 사람들이 왕의 정책에 조언하고 왕의 정책결정에 중요한 역할을 했던 것입니다. 고려 국왕이 정치에 개입하여 개혁정치를 하는 등 정책결정에 주도적인 역할을 하게 된 제도적 장치가 바로 이 내시기구입니다. 고려시대 사학을 만든 최충崔冲의 손자 최사추崔思諏, 예종의 측근으로 활약하다 외척가문 출신 이자겸에게 죽임을 당한 한안인韓安仁, 《삼국사기》를 편찬한 김부식의 아들 김돈중, 고려 후기의 안향安珦 등이 대표적인 내시 출신 인물입니다. 이들은 국왕과 항상 함께 행동하고 왕명을 초안하거나 국가의 중요한 업무를 관장했으며 국왕에게 유교경전을 강의하기도 했습니다.

이 때문에 고려시대 정치 형태를 측근정치側近政治라고 설명하기도 하는데, 유교의 입장에서 보면 이는 있을 수 없는 일이죠. 유교 원리에 따르면 국왕을 정점으로 그를 보좌하는 관료에 의한 정치, 즉 왕도정치王道政治가

500년 고려사

면서 고려에 다시 군사 요청 고려 거부. | 1030(21) 9월 흥요국 멸망. | 1031(22) 5월 현종 죽음(992~1031), 덕종 즉위. 8월 강감찬 죽음(948~1031).

2장 고려왕조를 이끈 사람들 87

안향 영정. 주자학 도입과 보급에 공이 큰 안향은 원종 때 직한림원으로 내시를 겸하였다. 안향과 같은 내시들은 국왕의 측근에서 정책결정에 큰 영향을 미치며 하나의 정치세력으로 존재했다.

이상적인 정치 형태입니다. 이 같은 왕도정치는 과거에 합격한 능력 있는 관료집단에 의해 이루어지는 것이므로 측근들에 의한 정치는 유교이념에서는 허용되지 않습니다. 그러나 고려 국왕들은 자신의 정책을 뒷받침하는 내시집단을 두고 이들을 측근으로 해서 정치를 이끌어갔습니다. 이 점역시 국왕과 왕족 등 왕실집단 자체가 하나의 정치세력으로 기능하였음을 보여주는 것이죠. 측근정치는 이런 배경 속에서 나왔습니다.

측근정치의 전형적인 형태로는 원 간섭기 고려 국왕의 정치 형태를 들수 있습니다. 당시 국왕은 원에서 태어나 원에서 교육을 받은 후 국왕으로 임명받아 고려에 왔기 때문에, 국내에 정치기반이 없어 원에 있을 때 함께지낸 시종侍從·신료臣僚들을 측근으로 삼아 정치를 하였습니다. 이보다 거슬러 올라가 12세기 숙종과 예종도 문벌정치의 폐해를 제거하기 위해 내시기구에 소속된 신진 유학자들을 측근으로 임명해서 정치를 주도하였습니다. 숙종 때 윤관과 대각국사 의천, 예종 때 한안인 세력, 인종 때 김부식, 의종 때 정습명鄭襲明·김돈중 등이 대표적인 측근정치인이었습니다.

이와 같은 측근정치는 고려국왕이 초월적·상징적인 존재로 인정받지 못했기 때문에 나타난 것이고, 그렇기에 국왕 역시 측근정치를 통해 정치에 깊이 개입해서 자신의 정치적 위상을 제고시키려 했던 것입니다. 측근정치는 정책결정에서 추진력과 신속성을 갖는 장점이 있지만, 공론보다는 특정 집단의 이해관계에 따라 정책이 결정됨으로써 정책의 투명성·공정성에서 한계를 가질 수밖에 없습니다.

문벌귀족 정치를 넘어서

이런 점에서 고려시대를 '문벌귀족제門閥貴族制' 사회라고 하기에는 주저되는 측면이 있습니다. 문벌귀족제 사회는 문벌귀족이 정치를 독점하고 그들의 이익에 맞게 움직여진 사회를 말하는데, 고려사회에서는 문벌귀족 못지않게 국왕도 중요한 정치집단이었습니다.

그런 점에서 무신정변의 발발 원인을 두고 종래에는 문벌귀족들이 정치를 독점했기 때문에 그에 반발해서 무신들이 쿠데타를 일으켰다고 보았지

《고려사》 열전에 실려 있는 김부식에 관한 기록. 고려시대 유학자·역사가·정치가·문학가이자 《삼국사기》의 편찬자로 널리 알려진 김부식은 고려시대 대표적인 측근정치인으로 손꼽힌다.

등 29인은 거란과 국교단절을 주장, 황보유의 등 33명은 반대. 왕은 서눌 등의 의견을 좇아 사신 파견을 중단.　1032(1) 1월 거란 사신 입국 거부.

만, 최근에는 국왕과 문벌귀족 간의 정치적 갈등이 군인이나 농민 등 하층의 불만을 불러일으켜 무신정변이 일어났다고 봅니다. 이처럼 국왕권의 존재를 새롭게 주목할 때 무신정변에 대한 해석도 달라질 수 있습니다.

그런데 이와 같은 정치 형태는 왕족이 정치에 깊이 관여하는 경향으로 나타나기도 합니다. 특히 왕위계승에서 왕족의 개입이 두드러지게 나타납니다. 고려 전기만 하더라도 목종 때 김치양金致陽과 천추千秋태후가 왕위를 노렸다든가, 이자의의 난을 진압하고 현종 대신 그 삼촌인 숙종이 왕위에 오른 일, 그리고 즉위 전 의종과 그의 형제 대령후大寧侯 경暻이 왕위계승을 둘러싸고 정치적 긴장관계를 빚은 일 등이 대표적인 예가 됩니다. 또한 전통적으로 왕위계승은 부자父子상속이 가장 바람직하다고 여겨져 온 것과 달리 고려시대에는 34명의 국왕 가운데 부자상속을 한 경우는 10명에 불과합니다. 이처럼 왕위계승의 기본 원칙이 확립되지 않아 왕위계승을 둘러싼 분쟁의 소지가 크게 열려 있었습니다. 여기에다 외척가문까지 분쟁에 개입하면서 고려시대 왕위계승 분쟁은 조선시대보다 훨씬 격화되었습니다.

천하의 중심을 자처한 고려 국왕

그럼 고려 국왕의 대외적인 위상은 어느 정도였을까요? 고려 국왕은 대외적으로는 중국의 천자를 인정하고 그 아래 제후의 지위를 갖고 있었습니다. 일본 연구자들은 대외관계에서 중국으로부터 책봉을 받았다는 사실을 들어, 한국사의 특성을 사대주의로 규정하기도 합니다. 그러나 대내외적으로 제후국에 걸맞은 제도와 격식을 갖춘 조선과 달리, 고려는 대외적

3월 왕가도(王可道)를 감수국사(監修國史), 황주양(黃周亮)을 수국사(修國史)로 임명. 《7대실록(七代實錄)》 편찬. 8월 천리장성(千里長城) 축조(1044년 완성).

으로는 책봉을 받는 등 제후국의 형식을 갖추었으나 대내적으로는 천자국의 위상에 걸맞은 제도와 격식을 갖추고 있었습니다. 이처럼 대내적으로 황제국체제를 지향하여 국왕이 천자로서 행세했다는 점이 조선과 다른 고려의 특성이기도 합니다.

이는 여러 측면에서 나타나고 있습니다. 예를 들어볼까요. 고려시대 정치체제는 중서성中書省·문하성門下省·상서성尚書省의 3성과 이吏·호戶·예禮·병兵·형刑·공工부의 6부六部체제였습니다. 이처럼 고려시대에는 이부·호부 등과 같이 '부部' 자를 사용했는데, 조선에서는 같은 기능을 가진 부서를 이조·호조 등과 같이 '조曹' 자를 사용해 6조六曹체제라 했습니다. 기능은 서로 비슷한데 왜 이렇게 달리 호칭했을까요? 관료의 경우와 마찬가지로 관청도 각기 관품을 갖고 있는데, '부'가 3·4품 정도의 관청이라면 '조'는 이보다 낮은 품계의 관청입니다. 그리고 3성의 '성'은 '부'보다 높은 1·2품에 해당하는 관청입니다. 유교 명분론에 입각할 때 '성'이나 '부'의 호칭은 천자국에서 사용하는 것으로 제후국가에서는 사용할 수 없는데도 고려는 천자국체제에 걸맞게 성과 부의 호칭을 갖는 정치제도를 둔 것이지요. 고려가 황제국체제를 지향했다는 사실은 여기서 찾아볼 수 있습니다.

원 간섭기에 원나라는 3성을 없애고 이들을 합쳐 첨의부僉議府라 하고, 6부 역시 4개의 사司로 합쳐버렸습니다. 원나라와 똑같은 호칭을 쓰지 못하도록 한 것이지요. '사' 역시 '부'보다 낮은 등급의 관청입니다.

저는 고등학교 때 역사 공부를 하면서 도병마사都兵馬使가 원 간섭기에 도평의사사都評議使司로 고쳐지면서 '사' 자가 겹쳐 사용된 것에 의문을 가졌습니다. 그런데 선생님께서는 이 점에 대해 충분하게 설명하지 못했습니다. 그때는 이상하다고만 생각했는데 나중에서야 도평의사사의 '사使'

태평 2년 명 마애약사상과 명문. 경기도 하남시 교산동에 있다. "황제만세원"이란 문구가 있어서 경종을 황제로 칭한 것으로 보인다. 오른쪽은 송악산을 배경으로 한 회경전 터.

12세기 개경 궁궐 및 관청 배치도

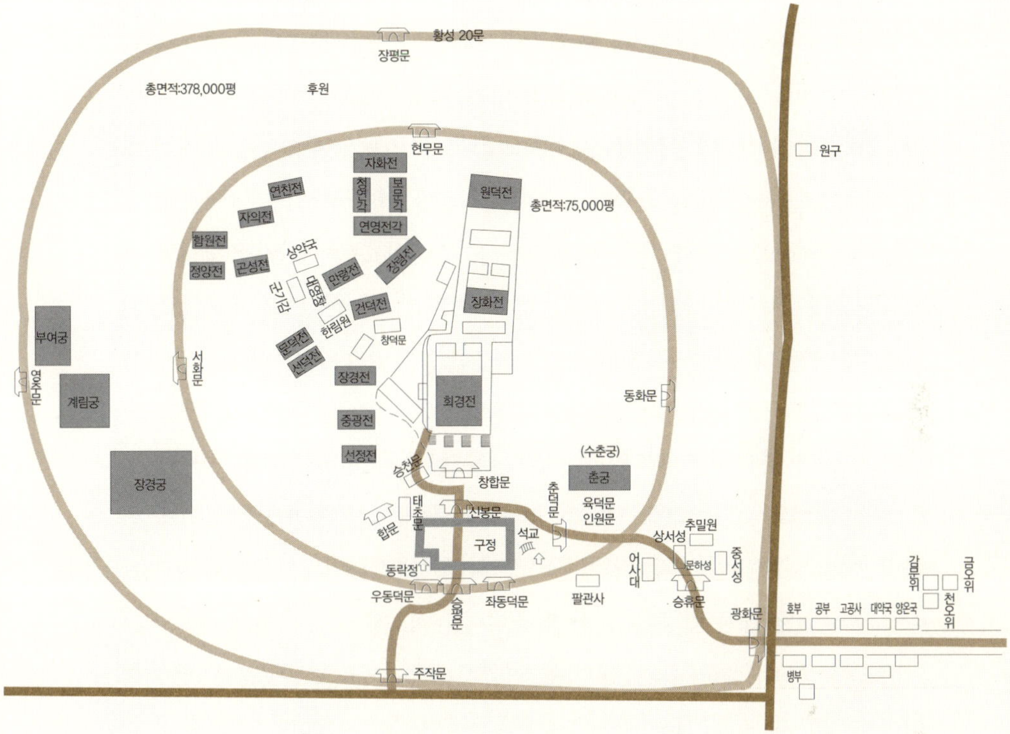

자는 제후국에서 사용할 수 없는 호칭이기 때문에 원에서 뒤에 '사司' 자를 붙여서 그렇게 만든 것임을 알았습니다.

이처럼 고려의 관청은 천자국체제에 걸맞은 용어를 사용했습니다. 이외에도 고려시대 국왕들은 제후국 국왕이 명령을 내릴 때 사용하던 '교서' 라는 용어 대신 천자의 용어인 '조서詔書' '제서制書' '칙서勅書' 라는 용어를 사용했고, 또한 고려 국왕은 스스로를 '짐朕' 이라 했습니다. 이같이 고려는 대외적으로는 제후국을 자처했으나, 대내적으로는 천자국체제로 운영되었습니다. 지금 남아 있는 기록 중 고려가 금나라에 보낸 국서를 보면 고려 국왕은 스스로를 황제라고 칭했음을 알 수 있습니다. '황제' 라는 용어는 중국의 전설적인 임금인 3황皇과 5제帝에서 유래한 것으로 '황' 은 빛난다는 뜻이 있습니다. 곧 황제는 하늘에 있는 천신天神을 대신해서 우주만물을 다스리는 사람이라는 뜻이므로 천신을 제외한 지상에서 최고의 신이며 따라서 한 사람밖에 없습니다. 그런데도 고려의 왕은 스스로를 황제라고 칭하고 아들은 제왕諸王이라 했습니다.

몇 가지 예를 더 들어보겠습니다. 이규보李奎報는 1209년(고종 5) 연등회의식에 대한 축시祝詩에서 다음과 같이 노래했습니다.

금 등잔 토한 불꽃 홍사초롱 밝혀주고

돋는 해 흩뿌린 광채 새벽놀 물들었네.

온 천하天下가 일가一家되니 천자天子의 성스러우심이라.

서광이 비추니 온갖 꽃 피어나리.

고려 국왕을 천하를 일가로 만든 중심적 존재로 본 것입니다. 또한 이승

1037(3) 12월 거란과 다시 외교 재개.   1040(6) 2월 도량형기 제정.   1044(10) 10월 장주(長州) · 정주(定州) · 원흥진(元興鎭) 축성(천리장성 완성).

94   새로 쓴 5백년 고려사

휴李承休의 《제왕운기帝王韻紀》에는 예전에 금나라가 고려에 보낸 조서에서 '대금 황제가 고려국 황제에게 글을 보낸다大金皇帝寄書于高麗國皇帝'라고 했던 구절이 인용되어 있는데, 이는 당시 고려가 천자국을 자처한 것을 금나라도 인정했음을 보여줍니다.

또한 고려에서는 수도인 개경을 황도皇都 혹은 황성皇城이라 부르곤 했습니다. 천자만이 거처하는 곳을 뜻하는 말을 자연스럽게 썼던 것이죠. 뿐만 아니라 팔관회八關會 행사 때 국왕은 천자만이 입는 황포黃袍를 입고, 중앙과 지방의 관료는 물론 송나라·여진·탐라·일본인들의 조하朝賀를 받았습니다. 고려 국왕이 천자라는 상징적인 모습이 팔관회 의식에 잘 나타나 있습니다. 또한 태조 왕건은 〈훈요십조訓要十條〉에서 팔관회를 하늘과 산천에 대한 제의祭儀 즉, 제천祭天행사라 했습니다. 그를 위해 황성에 격식을 갖춘 원구단圓丘壇을 만들어 제천祭天의식을 행했습니다. 사실 하늘에 대해 제사를 지낼 수 있는 권한은 우주 만물을 주재하는 황제만이 갖는 것입니다. 《고려사》에는 당시 국왕들이 원구단에서 행했던 의례儀禮가 자세하게 실려 있습니다. 때문에 조선시대에는 제후국의 격에 맞지 않는다는 이유로 원구단을 없애버립니다. 그러다 1897년 대한제국이 수립되어 고종이 황제가 되자, 원구단을 설치했지요. 그 유적이 지금 서울의 한 복판인 소공동에 있습니다.

고려 때 가장 큰 도시의 행정단위는 경京입니다. 개경·서경·남경·동경이 그 예입니다. 그러나 조선의 경우는 부府가 가장 큰 행정단위입니다. 한성부·평양부·계림부가 그 예가 됩니다. 경이라는 지방 행정단위는 천자국에서만 사용될 수 있는 단위입니다. 원나라 간섭기에 원나라는 개경을 개성부, 서경을 평양부, 남경을 한양부로 격하시켰습니다. 제후국 고려는 천자국인 원나라와 같이 경京이라는 행정단위를 둘 수 없다는 이유 때문이지요.

또 다른 예로 고려시대에 있었던 향직鄕職이라는 관직체계를 들 수 있습니다. 예전에는 이를 향리에 대한 관직체계라고 이해했으나 지금은 그렇게 보지 않습니다. 향직의 '향鄕'은 향악鄕樂의 '향'과 같은 뜻입니다. 향악은 당악, 즉 중국의 음악과는 다른 우리나라의 음악이라는 뜻입니다. 곧 향직은 고려를 천하의 중심으로 생각하는 사유체계에서 나온 고려의 독자적인 관직체계인 것입니다. 예를 들면 여진女眞의 추장酋長, 지방세력, 탐라耽羅의 왕, 왜인들에게 고려 조정이 내려준 일종의 고려식 작위爵位체계라고 할 수 있지요. 이를 통해 고려는 천하를 지배하는 천자국을 자처했던 것입니다.

그리고 고려시대에는 조선시대와는 다르게 봉작제封爵制가 시행되었습니다. 공작·후작·백작·자작·남작 등이 바로 그것인데, 이 봉작제 역시 천자국에만 있는 제도였습니다. 왕족뿐만 아니라 일반 신하들도 작위를 받았습니다. 왕족은 백작에서 출발하는 데 비해, 일반 신하들은 남작에서부터 시작하는 것이 달랐지요. 물론 유교 명분론에 대단히 충실했던 조선시대에는 이 제도가 없었습니다. 어쨌든 이러한 작위제도도 고려왕실의 대내외적 위상과 밀접한 관련이 있으며, 고려 국왕의 특성을 잘 보여주는 제도라고 할 수 있습니다.

문화적 자존의식은 어떻게 나왔는가?

그렇다면 고려가 천자국체제를 유지할 수 있었던 배경은 무엇일까요? 우선 고려인의 내면에 흐르고 있던 문화적 자존의식自尊意識을 들 수 있습니

에 군사시설 설치. 1055(9) 2월 성황신사城隍神祠 설치. 7월 최충(崔沖), 문헌공도(文憲公徒) 세움(사학의 융성 시작). 고려, 거란의 군사시설 철거 요구.

96 새로 쓴 5백년 고려사

다. 고려왕조는 문화적인 자존의식이 상당히 강한 왕조였습니다. 예를 들면 고려 중기 시인 진화陳澕는 "서쪽의 해는 지고 이제는 동쪽의 해가 뜨고 있다"고 했습니다. 서쪽의 중국 대륙의 국가를, 동쪽은 물론 고려왕조를 뜻하는 것이지요. 이런 자신만만한 시를 지을 수 있었던 것은 당시 고려인의 내면에 문화적 자존의식이 흐르고 있었기에 가능했습니다. 현재 미국인이 세계를 지배하는 1등 국가라고 자처하는 배후에, 최첨단 과학기술에 기초한 강력한 군사대국이라는 자존심이 자리잡고 있는 것과 마찬가지입니다.

한편으로 고려 국왕이 초월적인 존재로서 전제적인 권력기반을 갖고 있지 못했기 때문에 천자국체제를 통해 스스로의 위상을 강화하려는 정치적인 측면도 있었다고 생각합니다. 또한 50여 년 지속된 후삼국 통합전쟁의 승자로서, 사분오열된 민심과 지역을 통합해 마침내 천하를 통일했다는 자부심도 천자국체제를 갖춘 원인의 하나였습니다. 나아가 고려는 통일 이후 분열된 사회를 아우를 이데올로기로서, 삼한三韓이 하나로 통일됐다는 일통의식一統意識을 내세웠는데, 바로 이 일통의식이 고려의 국가체제를 천자국체제로 나아가게 한 원동력이었습니다. 다양한 독자의 지방세력을 아울러서 통일했으므로 각 지방세력들을 제후로 보고 고려 국왕은 이들 위에 군림하는 천하의 중심, 즉 천자라는 우월의식을 갖게 된 것입니다.

10월 씨족(氏族)에 등록되지 않은 자는 과거를 못 보게 함. | 1058(12) 8월 문종, 탐라와 영암의 목재로 선박을 만들어 송나라와 통교 시도, 신하들의

관료의 세계

전근대사회의 관료란 일정한 직능을 갖고 왕조의 지배질서에 참여하는 신분층을 말합니다. 고려시대 관료층은 관직제도의 정비와 함께 그 모습을 보이기 시작합니다. 물론 고려가 건국되어 광평성廣評省·내봉성內奉省·내의성內議省 등 3성 6부 체제의 근간이 마련되면서 관료층이 형성됩니다만, 역시 관료층이 본격적으로 확립된 것은 성종대에 내사문하성內史門下省과 상서도성尙書都省 제도가 성립되면서부터입니다. 이것이 문종대에 확립된 2성체제, 곧 중서문하성中書門下省과 6부로 구성된 상서성체제의 골격이 됩니다. 이 관직제도가 확립되면서 고려시대 관료층의

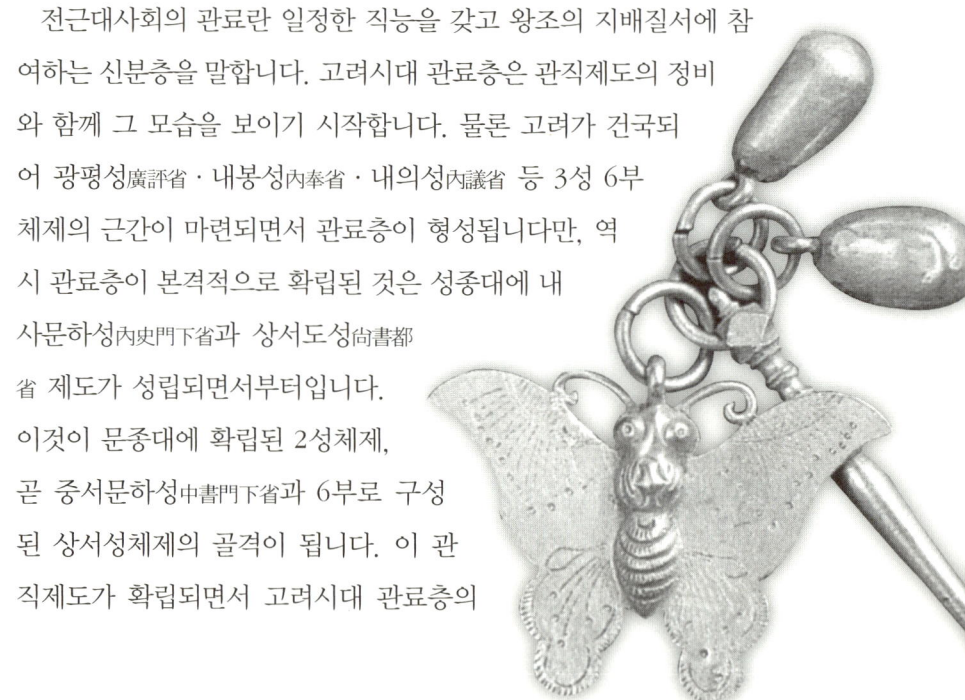

범위와 정원이 정해집니다.

이외에 관료층이 형성된 또 하나의 계기는 광종 9년(958)의 과거제 실시입니다. 과거를 통해 충원된 관료를 적재적소에 배치해서 행정적인 효율성을 높이기 위해 당나라의 3성 6부제를 참고하여 마련한 제도적 장치가 성종대 중서문하성과 상서성의 2성체제라 할 수 있습니다.

한편 관료층 가운데는 국가에 대한 공로, 가문의 배경, 왕실과의 혼인 등으로 관료 진출이나 관료생활에서 특권을 누린 상급 관료층도 존재했는데, 이를 문벌이라 합니다. 이런 점에서 고려시대 관료의 세계는 조선시대와는 다른 특성을 지닙니다. 먼저 일반 관료에 대해 살펴봅시다.

정원 4천 4백 명의 고려 관료

고려시대의 관료는 정1품에서 종9품까지 18품계로 그 지위가 구분되었습니다. 그렇다면 고려시대 전체 관료의 수는 얼마나 되었을까요?

고려시대 관료의 수는 《고려사》〈백관지百官志〉에 관직의 수와 정원이 기록되어 있어 어느 정도 유추할 수 있습니다. 11세기인 고려 전기 문종 때에 동반東班(혹은 문반文班)은 1품에서 9품까지 정원이 532명이고, 서반西班(혹은 무반武班)은 3,867명으로, 모두 합해서 4,399명입니다. 지금의 기준으로 보면 매우 적은 수이지요.

우리나라 관료의 전체 수는 2005년 현재 140여만 명이 됩니다. 이 가운데 교육 공무원 30여만 명을 제외하면, 실제 행정 관료는 110여만 명이나 됩니다.

권농사(勸農使)를 겸함. | 1067(21) 1월 흥왕사(興王寺) 완성. 8월 의천을 우세승통(祐世僧統)으로 삼음. | 1068(22) 최충, 9재학당(九齋學堂) 세움.

고려 귀족들이 사용한 금 귀이개.

〈아집도대련〉. 14세기 고려 작품으로 추정된다. 문사들이 정원에 모여서 시도 쓰고 그림
도 감상하며 풍류를 즐기는 모습으로, 고려의 문인관료들이 이상으로 삼은 생활상이다.

장양수 홍패. 위의 홍패는 장양수가 1205년(희종 1)에 치른 진사시험에서 병과에 합격하고 받은 합격증서이다.

《송사宋史》〈고려전〉에 고려 전기 인구가 2백만이라 했으나, 실제로는 4~5백만 정도로 추산하고 있습니다. 그렇다 하더라도 지금 인구의 10분의 1 정도인데, 이 비율대로라면 고려시대 관료의 정원은 최소한 10만 명가량이 되어야 하니, 현재와 비교할 때 고려시대 관료의 수는 매우 적었다고 할 수 있습니다. 조선시대의 경우에도 동반이 1,779명, 서반이 3,826명으로 모두 5,605명에 불과합니다. 그나마 조선 초기에는 4,690명에 불과했습니다. 조선 초기에 인구가 상당히 증가했음을 고려할 때, 오히려 고려시대에 비해 상대적으로 관료의 수는 더 적었다고 할 수 있습니다. 고려나 조선의 경우 그야말로 '저비용 고효율'의 매우 효과적인 정책을 시행했다고 말할 수 있지요.

요즈음 족보를 찾아보면 조상 가운데 관직 하나 갖지 않은 사람이 없을 정도여서 '흔해빠진 능참봉'이라는 얘기가 나오기도 하지만, 실제는 그렇지 않습니다. 고려시대 관직 가운데 서반의 경우 하위 관직인

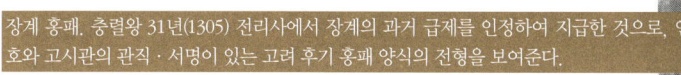

장계 홍패. 충렬왕 31년(1305) 전리사에서 장계의 과거 급제를 인정하여 지급한 것으로, 연호와 고시관의 관직·서명이 있는 고려 후기 홍패 양식의 전형을 보여준다.

정9품의 정원이 987명이고, 종9품은 1,974명으로 모두 2,961명입니다. 이 숫자를 빼면 동·서반 모두 합쳐봐야 1천여 명밖에 되지 않는 것이죠. 이처럼 고려시대나 조선시대에 관료가 된다는 것은 우리가 생각하는 것 이상으로 대단히 어려운 일이었습니다.

관료 아닌 관료, 동정직

그렇기 때문에 과거가 실시된 광종 9년 이후 매년 과거 합격자가 나오지만, 합격자 모두가 관료로 바로 임명될 수 없었습니다. 공무원 시험에 합격하면 거의 대부분 바로 발령이 나는 요즘과는 아주 다른 형편이었지요. 그래서 관료는 되었으나 관료로 임명되지 못한 이들에게 동정직同正職을 주어 관료 대우를 해주었습니다. 고려시대 관직 정원의 한계로 과거 합격자 등 예비 관료들의 불만과 인사 적체 현상이 심화되자, 이를 해소하기 위해 마련한 장치가 바로 이 동정직 제도인 것입니다. 예를 들어 '양온령 동정良醞令同正'은 '양온서良醞署'라는 술을 만드는 관청의 책임자인 7품직 '양온령'에 준하는 대우를 받은 관료입니다. 하지만 실제로 이 직에 근무하지는 않습니다. 그러니까 동정직은 실직實職, 즉 현직이 아닌 산직散職에 해당합니다. 그러나 동정직을 가진 관료 역시 현직 관료와 같이 전시과를 받고, 동정직으로 진급도 했습니다. 예를 들면 9품직에서 6품 동정직으로 승진하다가, 그때 현직을 받게 되면 6품 관료로 바로 진급하게 되는 것이지요. 요즘 교사 자격증은 있는데 교사가 되지 못한 사람을 고려식으로 표현하면 '동정직 교사'라고 할 수 있습니다. 그러나 지금의 교사는 자격증

송나라 의학 조교(助敎) 마세안(馬世安) 등 8명 옴. 1075(29) 4월 혁연정(赫連挺), 《균여전(均如傳)》 지음. 7월 요나라, 압록강 이동의 국경을 확정하자는

을 10년 동안 가지고 있었다 하더라도 발령이 나면 처음부터 시작해야 하고 물론 그 이전에는 급료도 없는 것과 달리, 고려시대 동정직을 갖고 있으면 약간의 급료도 나오고 일정한 시간이 지나면 진급도 하다가 현직에 발령을 받으면 경력을 인정받고 그 직급에 임명되었습니다.

동정직은 글자 그대로 정직, 즉 현직과 같다는 뜻에서 그렇게 이름 붙인 것입니다. 그리고 문반의 경우 5품, 무반의 경우 4품 이상은 동정 대신 '검교檢校'라는 명칭을 붙였습니다. 그러니까 '양온령동정'은 관품이 6품 이하라는 사실을 미루어 알 수 있고, '검교중추원사檢校中樞院使'라고 하면, 관품이 적어도 5품 이상임을 알 수 있습니다.

관료가 되는 여섯 가지 길

그러면 고려시대에 관료가 되는 길에는 어떤 것이 있었을까요? 고려시대에 관료가 될 수 있는 길은 여섯 가지 정도입니다. 가장 일반적인 방법이 과거와 음서제蔭敍制이며, 셋째는 재능이 있거나 유공자인 경우, 넷째는 말단 서리로서 연공年功으로 관료로 편입하는 길, 다섯째는 조종묘예祖宗苗裔, 즉 왕실의 원손遠孫으로 발탁되는 경우, 그리고 마지막은 국왕의 은총으로 직접 발탁되어 관료가 되는 경우입니다.

이 가운데 관리가 되는 가장 중요한 통로는 역시 과거입니다. 고려시대 신하들의 전기 기록인 《고려사》〈열전〉에 모두 650명의 인물이 실려 있는데 과거에 합격해서 관료가 된 자가 340명으로 가장 많습니다. 그 외 음서 출신자가 40명이고, 270명은 나머지 경우이거나 불확실한 경우입니다. 이로 보아 고려시대에는 과거가 관료가 되는 가장 보편적인 통로였음을 알 수 있습니다. 한편 태조부터 무신정변이 일어난 의종 때까지 관료 2천 5백 명에서 출신이 불확실한 2천여 명을 제외한 5백 명 가운데 과거 출신이 330명으로 가장 많고, 그 다음이 음서로 84명입니다.

음서蔭敍는 글자 그대로 국가에 공을 세운 조상의 음덕蔭德으로 그 후손이 관료로 진출할 수 있는 권한을 부여받는 것을 말하는데, 1년에 한 번씩 5품 이상 관료의 자제 가운데 1명을 관료로 진출케 하거나, 국가적 경사를 맞이해서 유공자나 그 자손에게 관료 진출의 혜택을 부여한 것입니다. 앞의 경우는 매년 1회씩 정기적으로 행했으나, 두 번째 경우는 부정기적이며 관품과 상관없이 음서의 혜택을 부여하였습니다. 음서제도는 조선시대에는 거의 시행되지 않았습니다.

그러나 사실 고려시대에 음서제로 관리가 된 사례는 실제로 매우 적습니다. 《고려사》〈열전〉의 음서 출신 40명 가운데, 다시 과거를 치른 사람이 9명이니 순수한 음서 출신자는 30명밖에 안 됩니다. 음서를 통해 관료가 된다 해도 다시 과거에 합격해야만 관료로 출세하는 데 유리했기 때문이지요. 그만큼 과거를 통하는 것이 관료가 되는 보편적인 방법이었습니다.

과거시험은 어떻게 치렀나?

고려시대 과거제도는 어떻게 치러졌을까요? 조선시대 과거제도와 비교해봅시다.

조선시대에는 예비시라 할 수 있는 생원시生員試와 진사시進士試가 있고

암자의 철거를 요청. 이 해 관제 개정. 양반전시과 제정. | 1083(37) 7월 문종 죽음(1019~1083). 순종 즉위. | 순종(順宗) 1083년 7월 ~ 1083년 10월

여기에 합격하면 성균관成均館에 들어가는 자격을 얻었습니다. 그리고 최종시험은 성균관 출신이나 지방에서 향시鄕試를 거쳐 온 7백 명 정도가 응시해서 치렀는데, 이를 문과文科 혹은 대과大科라고 합니다. 이때 최종적으로 33명을 뽑습니다. 대과(문과) 합격자에게는 합격증서로 붉은 바탕에 합격자의 인명과 등수 등이 적힌 홍패紅牌를 주고, 생원·진사 합격자에게는 흰 바탕의 백패白牌를 주었는데 홍패에는 '문과 갑과 제3인 합격자' '문과 을과 제7인 합격자' 라는 식으로 적혀 있었습니다. 문과 33명의 합격자는 다시 성적에 따라 3등까지를 갑과甲科, 4등에서 10등까지를 을과乙科, 11등에서 33등까지를 병과丙科로 분류했으므로 홍패에 적혀 있는 '갑과 제3인'이라는 것은 전체 3등을 뜻하며 '을과 제7인'은 전체 10등을 뜻합니다.

조선시대에 장원급제한 사람에게는 바로 6품을 주었고, 나머지 역시 성적순에 따라 관품을 차등 있게 부여했습니다. 성적이 좋을수록 그만큼 관료로 출발하는 데 유리했던 것입니다.

조선시대 대과에 해당하는 고려시대 과거시험은 제술업製述業과 명경업明經業입니다. 흔히 이를 두 가지 큰 시험이라 해서 양대업兩大業이라고도 합니다. 제술업은 글자 그대로 문장을 잘 짓는 자를 뽑는 시험으로 조선시대 진사시와 같은 형태이고, 명경업은 경서에 밝은 사람을 뽑는 시험입니다. 이 가운데 제술업이 더 중시되었습니다. 그리고 조선시대 잡과시험과 같이 기술관을 뽑는 시험을 고려시대에는 잡업雜業이라 했습니다. 잡업에는 법률 지식을 시험치는 명법업明法業, 회계나 재정 관계에 밝은 인재를 선발하는 명산업明算業, 의술에 밝은 자를 뽑는 명의업明醫業, 음양풍수의 전문가를 뽑는 지리업地理業 등이 있습니다.

한편 조선의 생원·진사시와 같은 예비시험을 고려시대에는 지방의 향시라 하였는데, 이를 달리 계수관시界首官試라고도 합니다. 그리고 향시에서 합격한 향공鄕貢과 국자감 출신자가 다시 조선시대 성균관에 해당하는 국자감에서 치르는 2차 시험을 국자감시國子監試 혹은 사마시司馬試라고 합니다. 그 다음 마지막으로 제술업과 명경업으로 인재를 뽑는 최종시험을 예부시禮部試 혹은 진사시進士試라고 합니다. 마지막 시험을 예부가 주관해서 치르기 때문에 예부시라고 한 것인데 이 예부시를 통과해야 비로소 관료가 될 수 있었습니다. 진사시가 때로는 국자감시를 가리키는 경우도 있습니다.

고려시대에도 과거 합격자에게 합격증서로 홍패를 주어, 제술업이나 잡과 합격자 모두 홍패를 받았습니다. 그러나 조선시대와 같이 예비시 합격자에게 백패를 주지는 않았고, 다만 고려 국왕이 직접 주관한 시험인 친시親試에 합격한 사람에게 황패黃牌를 주기도 했습니다. 홍패에는 응시자의 성명과 지위, 급제 등급, 당시 과거시험을 주관한 고시관인 지공거知貢擧 등의 명단이 실려 있었습니다.

한편 고려시대에도 급제시의 성적이 관료 진출과 승진에 매우 중요한 기준이 되었습니다. 무신정권기의 문장가 이규보는 최종시험인 예부시의 성적이 나빠 합격을 포기하고 다시 응시하려고 했으나, 부친이 전례에 없는 일이라고 만류하는 바람에 다시 응시하지 못했다고 합니다. 고려시대 과거 성적은 제술업과 명경업의 경우 갑과·을과·병과·동진사同進士의 4단계로 나누었으나, 나중에 갑과는 폐지되고 을과 3인·병과 7인·동진사 23인 등으로 나누었습니다. 한편 잡과 합격자의 등급은 1과·2과·3과 등으로 구분했습니다. 조선시대와 달리 고려시대에는 평균 2년에 한 번씩 과거를 치렀습니다.

(成陵)에 장사. | 1085(2) 4월 의천, 송나라에 감. 12월 양산(梁山) 통도사(通度寺)·밀양(密陽) 무안리(武安里)에 국장생표(國長生標)를 세움.

106　새로 쓴 5백년 고려사

18년을 기다린 이규보

고려시대에는 관리의 정원은 적고 과거 합격자는 계속 쏟아져 나왔기 때문에 과거에 합격해도 곧바로 발령받지 못했습니다. 그럼 과거에 합격하고 관료가 되는 데 실제로 어느 정도의 기간이 걸렸을까요? 여기서는 이규보의 예를 통해 살펴보기로 하겠습니다. 이규보는 14세에 일찍이 최충이 설립한 전통의 명문사학 문헌공도文憲公徒에 입학합니다. 그곳에서 2년 간 공부한 후 16세에 국자감시(혹은 사마시)에 처음 응시한 이규보는 세 번의 낙방 끝에 22세에 겨우 합격합니다. 그리고 그 다음해인 23세에 최종시험인 예부시에 합격합니다. 과거 공부를 시작한 지 만 9년 만에 관료가 되는 자격을 얻은 것입니다. 이 정도의 기간은 당시 과거 합격자의 일반적인 양상이라 보아도 좋을 것입니다.

그 과정이 응시자에게 얼마나 고통스러운 일인가는 이규보의 일화에서 잘 알 수 있습니다. 이규보는 예비시험에서 3번 낙방한 가운데 어느 날 꿈을 꾸었는데, 꿈에서 어떤 노인이 나타나 "당신은 이제 장원급제할 것이다"라고 하여, 깜짝 놀라 다시 그 노인을 만나러 가니 옆 사람이 말하기를 "이 사람은 문운文運을 담당하는 규성奎星"이라 했다고 합니다. 28개의 별자리 중에서 특별히 문운을 담당하는 별자리라는 말입니다. 이규보는 그 다음에 본 과거시험에서 과연 합격했습니다. 그러자 너무나 감격한 나머지 이규보는 '규성이 보답해줘 과거에 합격했다' 해서 이름을 규보奎報라고 바꾸었습니다. 그의 원래 이름은 지저之底입니다. 예나 지금이나 시험이 사람들에게 얼마나 고통과 번민을 안겨주는가를 적나라하게 보여주는 예화입니다.

1086(3) 5월 요나라의 압록강 각장(権場) 설치의 중지를 요구. │ 6월 의천, 송나라에서 돌아와 불경 1천여 권 바침. 흥왕사(興王寺)에 교장도감

그러나 과거에 합격한다고 곧바로 관료가 되는 것은 아니었습니다. 이규보는 23세에 과거에 합격했으나, 정식 관료가 된 것은 41세 때입니다. 그러니까 과거 합격 후 18년, 과거 공부를 시작한 지 27년 만에 비로소 관료의 길에 들어선 것입니다. 그 와중에 너무나 답답했던 이규보는 자신을 관리로 천거해달라고 요로에 편지를 썼는데, 그 내용을 보면 무신정권 당시 과거에 합격한 후 관리가 되는 데 28년에서 29년까지 걸린다고 되어 있습니다. 그것에 비하면 이규보는 18년 만에 관료가 되었으니 괜찮은 편에 속한다고 해야 할까요? 고려시대에 관료가 된다는 것이 정말 어려운 일이었음을 알 수 있습니다.

첫 발령은 지방관원

그러면 고려시대에 과거에 합격하면 어디에 배치되었을까요? 조선시대와는 이 점에서도 차이가 납니다. 조선시대에는 일단 과거에 합격하면 성균관, 예문관藝文館, 승문원承文院, 교서관校書館에 배치됩니다. 이를 사관四館이라 하는데 성균관은 요즘의 대학과 같은 교육기관이고, 예문관은 각종 문서를 작성하거나 도서를 관장하는 곳이며, 승문원은 외교문서를 짓는 곳입니다. 그리고 교서관은 경서나 각종 서적을 간행하는 곳입니다. 과거 합격자들은 대체로 본인의 자질과 능력에 따라 이들 기관에 배치되었습니다. 조선시대 과거 합격자의 첫 부임지가 사관인 것은 조선사회가 문치주의文治主義에 바탕하고 있어, 새로운 관료에게 필요한 자질로서 유교적 식견과 실무능력을 중시했기 때문입니다.

그러나 고려시대에는 과거에 합격하면 먼저 지방의 군현에 배치되었습니다. 속관屬官이라 해서 수령을 보좌하는 관원으로 발령받은 것입니다. 속관은 판관判官 · 사록참군사司錄參軍事 · 장서기掌書記 · 법조法曹 · 의사醫師 · 문사文師입니다. 과거 합격자 중에 아주 뛰어난 사람은 국왕의 측근인 내시로 바로 발탁되지만, 대부분은 지방의 속관으로 발령을 받았습니다. 속관들의 관품은 7품, 8품, 9품직으로 과거 합격 후 3년 간 지방에서 근무했습니다.

　　고려와 조선의 과거 합격자는 왜 이처럼 첫 임용지가 달랐을까요? 바로 이 점이 두 사회의 특성을 잘 보여줍니다. 조선시대 과거 합격자가 모두 유학과 밀접한 관련이 있는 관청에 임용된 것은 문치주의 사회의 특성을 잘 보여주는 것입니다. 과거에 합격한 자는 그야말로 엘리트로서, 유교적 소양과 지식을 풍부히 하여 미래 조선사회를 이끌어가야 한다고 생각했던 것입니다. 그렇기 때문에 바로 행정실무를 익히는 기능적 측면보다는 유교적인 소양과 덕목을 키워 장차 문치주의를 확립하는 인재로 키우고자 했던 것입니다.

　　이에 비해 고려시대에는 문치주의의 확립보다는 강력한 지방세력들을 통제하고 제어해서 집권력을 확대하는 일이 더 시급했습니다. 때문에 과거 합격자와 같은 신진기예들을 먼저 지방에 파견해서 지방의 실정을 파악하고 지방세력을 통제하는 일을 맡겼던 것입니다. 고려사회와

〈지장보살도〉에 등장하는 고려 관리의 모습. 한 사람은 복두를 쓰고 공복을 입었으며, 허리에 띠를 차고 홀을 들었다. 또 한 사람은 두 손으로 두루마리 모양의 기록물을 건네고 있다.

가서 대장경(大藏經)의 완성을 경축. | 1088(5) 2월 요나라에서 각장을 설치하려 이안(李顔)을 구주에 파견하여 국경을 수비하게 함.

조선사회가 당면한 역사적 과제는 이같이 신진기예인 과거 합격자를 어떻게 처우했던가 하는 사실에서도 잘 드러나고 있습니다.

한편 고려시대 관료들은 매년 6월과 12월에 인사발령을 받았는데 대체로 한 직책에서 30개월을 근무하면 승진이나 이동이 가능했고 말단 행정 실무자인 서리직은 90일을 근무해야 했습니다. 관료들은 원칙적으로 사시(巳時:오전 9시)에 출근해서 유시(酉時:오후 5시)에 퇴근하고, 해가 길 때에는 진시(辰時:오전 7시)에 출근하기도 했습니다. 또 매달 1일·8일·15일·23일은 정기 휴일, 그밖에 설날·입춘·한식·입하·칠석·입추·추석·추분·연등·팔관 등 연간 54일 이상은 특별 휴가였습니다. 그러나 연간 휴가는 1백 일을 넘지 못했습니다. 요즘에 비해 전체 휴가일은 많았다고 볼 수 있습니다.

한편 고려시대 관료는 크게 6품 이상을 참상參上, 그 이하 9품까지를 참하參下로 구분하였는데, 여기서 '참參'이라는 것은 6품 이상의 관료들이 국왕과 함께 국가의 중요한 문제를 논의하는 조참朝參과 조회朝會를 말합니다. 이처럼 조회에 참여할 수 있는 관료를 참상, 그렇지 못한 관료를 참하라고 하며, 참상직 중에서 다시 2품 이상의 관료는 재상宰相이라 하였습니다. 고려시대 과거 합격자는 지방에 내려가서 속관생활을 한 후 대체로 6품까지는 순조롭게 승진하였고, 그 다음에 5품이 되면 다시 지방에서 3년 간 수령을 거쳐야만 계속 승진할 수 있었습니다. 이같이 고려사회는 지방세력들의 발호를 억제하는 일이 매우 중요한 과제였으므로, 젊고 패기 있는 관료들을 먼저 지방사회에 파견해서 실무를 익히게 했던 것입니다.

9월 요나라에 각장 설치 계획 폐기를 요구. | 1090(7) 8월 의천,《신편제종교장총록(新編諸宗教藏總錄)》 3권 편수,《속장경》 조판.

110 새로 쓴 5백년 고려사

또 다른 관료, 향리와 서리

고려시대 관인층은 크게 문반文班·무반武班·이직吏職으로 구분됩니다. 그런데 고려시대에는 무과武科가 시행되지 않아 무반은 개인적인 능력, 즉 무예武藝가 있는 사람으로 별도로 충원되었습니다. 또한 고려 초기에는 후 삼국 통합전쟁에 참여한 직업적인 군인들이 상급 군인층인 무반으로 충원 되기도 했습니다. 이들은 군반씨족軍班氏族이라 해서, 전문적이고 세습적 으로 군역을 전담한 신분층이었습니다.

한편 이직에 종사한 관인층은 도필지임刀筆之任이라 불렀습니다. '도필刀 筆'은 종이가 없던 시절 대쪽에 글을 쓰고 지우던 칼과 붓을 말합니다. 따 라서 '도필지임'은 문서를 작성하고 관리하는 직책으로서, 관청에 소속된 하급 관리를 뜻합니다. 이속吏屬이라고도 불렸던 이들은 행정 말단의 실무 자로서 각종 문서나 전곡錢穀 등을 기술적으로 관리하는 직책에 있었습니 다. 이들은 과거를 통해 선발하지 않고 주로 이를 세습하는 신분층을 통해 충원되었습니다. 한편 음서를 통해 관직에 진출한 사람들의 경우 대체로 첫 발령지가 이직이었습니다.

이직 출신 관료는 지방에서 행정실무를 전담한 향리鄕吏층과 중앙 각 기관의 행정실무를 전담한 서리胥吏층으로 구성되어 있었고 하급 서리 층은 잡류雜類라고 하였습니다. 향리층은 다시 군현에 거주하는 호장戶長 층과 부곡 지역에 거주하는 부곡리部曲吏 등으로 나누어집니다.

무신정권의 실력자였던 최이崔怡는 조정의 관료를 평가하면서 문학에도 능하고 행정실무에도 능한 관료, 즉 능문능리能文能吏를 최고의 관료라 했 고, 문학에 능하나 행정실무에 능하지 못한 관료를 그 다음, 또 행정실무

1093(10) 7월 송나라에 간 고려 사신이 《침경(鍼經)》을 바치면서 책을 구함. 소식(蘇軾), 반대. 1094(11) 5월 선종 죽음 (1049~1094).

에 능하나 문학에 능하지 못한 관료를 그 다음으로 쳤습니다. 행정실무에 밝은 이속층을 그만큼 중시하였음을 알려주는 예가 됩니다. 고려시대 향리와 서리층은 이를 세습하는 특정한 신분층으로 구성되었다는 점에서 일반 관료층과 구분됩니다. 또한 앞에서 지적한 전문적으로 군역을 진 군반씨족층 역시 세습되는 신분층이라는 점에서 동일한 범주에 속합니다. 이처럼 향리·서리·군인층은 일반 관료와 다른 방식으로 충원되었으며, 일반 관료와 달리 담당 직역이 고정되고 세습되었습니다. 이들은 하층 관료층이면서도, 일반 양인층과 달리 지배계층이었기 때문에 이런 계층을 흔히 중간계층이라고 합니다.

관료들이 선망한 관직, 청요직

그러면 당시 관료들은 어떤 관직을 가장 가치 있고 명예롭게 생각했을까요? 고려시대 관료들이 선망했던 관직은 청요직淸要職이었습니다. 청요직은 글자 그대로 깨끗하고 중요한 관직이어서 이에 임명되는 것을 누구나 영예롭게 생각했습니다. 아마 오늘날 관료들이 가장 선망하는 관직은 돈과 권력, 정보를 관장하는 이른바 권력기관일 것입니다. 이에 비해 고려시대 청요직은 지금 우리가 생각하는 것과는 전혀 다릅니다. 구체적으로 청요직은 역사를 편찬하는 사관史官, 왕에 대한 간쟁이나 관리들의 비행을 담당하는 언관言官, 각종 외교문서나 국왕의 교서와 문장을 작성하는 문한관文翰官 등입니다. 조선시대도 마찬가지입니다. 요사이 가장 별 볼일 없는, 심지어 대학에서조차 외면받는 이른바 문사철文史哲, 즉 문학·역사·

철학과 관련 있는 관직이 당시 관료들이 가장 영예롭게 생각한 선망의 대상이었던 것입니다. 지금의 눈으로 본다면 놀라울 뿐입니다.

요즈음 세간에서 가장 선망받는 의사·변호사·외교관 등은 이 시기에는 잡과를 통해 뽑는 하급 기술 관료직에 불과했습니다. 《고려사》에 따르면 부곡인이나 하급 서리층인 잡류층은 청요직에 임명될 수 없었고, 그런 신분이 아니더라도 가계와 신분에 흠이 없어야 했습니다. 이처럼 이 직책에 임명된다는 자체가 신분·가계·개인생활에 흠이 없다는 것을 의미하기 때문에 더욱 관료들이 선망하고 영예롭게 여겼던 것입니다.

군대 통수권은 문반에게

고려시대에는 문반과 무반의 양반兩班제도가 운영되었습니다. 제도적으로 양자는 동일한 지위를 누렸으나, 실제로 문반이 무반에 비해 우월한 지위에 있었습니다. 전쟁이나 내란이 일어났을 때에도 군대 통수권은 문반이 가졌고, 무반은 전투에 직접 참가하는 기술적 실무자에 불과했습니다.

거란의 1차 침입 때는 시중인 박양유朴良柔가, 2차 침입 때는 이부상서吏部尚書·참지정사參知政事인 강조康兆가, 3차 침입 때는 역시 문관인 강감찬姜邯贊이 최고 지휘관으로 군 통수권을 장악했습니다. 여진정벌 때 역시 문관인 윤관尹瓘이 최고 지휘관이었습니다. 이같이 전쟁 시에 병마 지휘권, 즉 군 통수권은 문반이 장악했습니다.

그에 반해 무관이 문관직을 겸직한 경우는 흔하지 않습니다. 국난이나 왕실이 위기에 빠졌을 때 특별한 공로가 있는 무관이 문관직을 겸할 뿐이었고, 혹은 무반의 경우 3품인 상장군上將軍이 최고직이었으므로 여기서 승진할 경우 문관직을 겸직하기도 했습니다. 하지만 그렇더라도 상서성의 6부 가운데 유관직儒官職인 예부禮部나 문관의 인사를 담당한 이부吏部는 겸직할 수 없었고 최고 권력기구인 중서문하성이나 중추원의 관직은 더욱 겸직이 불가능했습니다. 이처럼 고려시대 관료는 문관이 주도하는 처지였고, 무관은 상대적으로 낮은 지위였습니다. 그러니 고려시대 관료의 역할과 위상은 자연 문반 관료의 역할에서 찾을 수밖에 없을 것입니다.

이제 고려시대 관료의 위상에 관해 살펴보도록 합시다.

과거제, 그 보편성과 특수성

고려시대 관료는 과거를 통해서 진출하는 것이 원칙이자 가장 보편적인 방식이었습니다. 이 점에서는 조선시대와 별 차이가 없습니다. 과거제도 자체는 기본적으로 능력주의에 기초하고 있으므로, 특정한 혈통이나 가계 출신이 관료가 되는 골품제 · 음서제와는 다른 원리의 관리 진출 방식입니다. 동시에 과거제도는 국왕권 내지는 집권체제를 유지하는 데 매우 중요한 역할을 했습니다. 국왕이 과거를 통해 관료를 선발한 것이 국왕권의 유지, 나아가 집권체제 유지에도 유효한 역할을 한 것입니다.

고려시대 과거의 이런 측면은 능력주의의 관철을 추구했던 과거제의 보편성이자 관료제도의 보편성이기도 하며 나아가 전근대사회 관료제가 지니는 보편성이라고 할 수 있습니다.

그렇다면 고려시대 관료제의 특수성은 무엇일까요? 고려시대 과거제는

숙종 즉위. 원신궁주(元信宮主) 이(李)씨와 그 아들 한산후(韓山侯) 형제를 귀양 보냄. │ 숙종(肅宗) 1095년 ~1105년 10월 │ 1097(2) 윤 2월 헌종 죽음(1084~1097).

조선 성균관 문묘. 유학의 성현을 모시는 사당은 성리학이 전래된 뒤 중시되었다. 고려의 성리학자들은 개경과 지방 향교에 대성전을 건립하고 공자 등을 모셨다.

실제로 조선시대와 같이 양인 일반에게 전면적으로 개방되지 않았습니다. 원칙적으로는 고려시대에도 양인 이상이면 과거에 응시할 수 있었지만, 현실적으로는 조선시대와 같은 개방성을 찾아볼 수 없습니다. 바로 이 점이 고려시대 관료제의 특수성이라고 할 수 있습니다. 특히 고려 초기에는 과거를 통해 진출한 관료들이 대체로 지방세력이거나 그 후손들이었습니다. 이는 고려왕조 성립의 특성에서 비롯된 것으로, 과거제 자체가 완강한 지방세력을 국가의 지배질서 속에 포섭하기 위한 하나의 제도적 장치로 기능했기 때문입니다.

실제 부호장副戶長 이상의 손자, 부호정副戶正 이상의 아들에게 과거 응시를 허락한다는 기록이 남아 있는데, 이는 고려시대 초기에 지방세력이나 그 후손들만이 과거에 응시할 수 있었음을 알려줍니다. 한편 과거에 응시할 수 있는 이런 계층을 백성百姓층이라 했습니다. 백성층은 국가로부터 지방 지배력을 인정받아 성씨를 부여받은 층으로, 이는 곧 국가의 지배질서에 참여할 수 있는 권한을 부여받았음을 뜻합니다. 이들은 군역이나 향리역 등 일정한 직역을 진 계층으로서 정호丁戶층이라 부르기도 합니다.

이처럼 고려시대 초기의 과거는 일반 양인 이상에게 완전히 개방되지 않고 왕조 성립에 일정하게 협조했던 지방세력이나 그 후손으로 충원되었습니다. 이 점에서 고려시대 과거제는 과거가 지니는 보편성인 능력주의의 관철과는 다른 측면, 곧 지방세력의 흡수와 통제수단이라는 특수성을 함께 갖고 있었던 것입니다. 과거제가 이같이 지방세력을 중앙에 흡수하기 위한 제도적 장치로서 기능했다는 사실이 고려시대 과거제의 특수성이라 할 수 있습니다.

살핌 1101(6) 2월 외방 관리의 읍록(邑祿)을 공수조(公須租)로 지급. 4월 주전도감(鑄錢都監)에서 주전(鑄錢)을 건의. 6월 처음으로 은병(銀瓶) 사용.

군신관계의 강화냐 사서관계의 강화냐

11세기 문종대에 이르러 고려사회가 안정기에 접어들면서 국왕과 과거로 진출한 관료 사이에 마찰이 일어납니다. 국왕은 정책을 결정하거나 인물을 등용하는 과정에서 군신君臣관계의 중요성을 강조하며, 엄격한 위계질서의 확립을 통해 신하의 불법과 월권행위를 방지하려고 했는데, 이는 국왕권의 강화와 직결됩니다.

이와 달리 신하들은 사서士庶의 구분을 강조하면서, 이에 기초한 국가질서와 제도의 확립을 주장합니다. 여기서 '사士'는 이른바 관료이며 '서庶'는 일반 민입니다. 곧 관료들은 일반 민과의 구분을 강조함으로써, 지배세력의 위상을 강화하고 자신들의 역할을 확대하고자 했던 것입니다. 이처럼 사서의 구분, 즉 국가 지배질서에 참여하는 계층과 그렇지 않은 계층을 구분하는 이념은 사민분업四民分業으로 발전됩니다. 사민四民은 구체적으로 사농공상士農工商을 뜻하는 것으로, 사士 이외의 계층인 피지배층을 서庶로 묶어 사의 위상을 높이고 지배질서를 확립하자는 것이죠. 이처럼 각각 군신관계와 사서의 구분을 강조하는 이데올로기가 11세기 이후 대두하면서, 국왕과 신하 간에 일정한 갈등과 대립을 보이게 되며, 이것이 나중에 이자겸의 난·묘청의 난 등 12세기 이후 정쟁이 격화되는 원인이 됩니다. 그리고 이러한 가운데 관료의 위상도 점차 강화되어갑니다.

앞 장에서 설명했듯이 고려는 개방정책을 펼치면서 대외무역을 장려하는 한편으로 외국의 선진 문물과 제도를 수용하여 왕조의 면모를 일신하고자 했습니다. 그러한 모습을 가장 잘 보여주는 부분이 실력과 능력 있는 외국인을 관료로 채용한 일입니다. 조선왕조 때에는 찾아볼 수 없는 사실

8월 원효(元曉)·의상(義相)을 국사(國師)로 추증하고 비를 세움. 9월 의천 죽음(1055~1101), 남경개창도감(南京開創都監)을 설치. 최사추(崔思謝)·임의(任懿)

로서, 고려왕조의 특성은 바로 이러한 사실들에도 잘 나타나 있지요. 이를 촉진시킨 계기는 광종 때 과거제도의 수용입니다. 이 제도는 지역과 무력을 기반으로 한 지방세력 대신에 능력과 실력을 갖춘 관료층의 대두를 가져와 고려 초기 정치지형을 크게 변화시켰습니다. 한편으로 유교 경전이 과거 시험과목이기 때문에 과거제의 시행은 유교 정치이념이 새로운 정치이념으로 뿌리내리는 계기를 마련합니다. 이는 바로 선진적인 중국의 문물과 제도를 수용하는 출발점이 됩니다.

국적을 가리지 않은 인재 등용정책

여러분도 잘 알다시피 광종 때 과거제 시행에 큰 역할을 한 이는 당시 고려에 사신으로 왔다 고려에 정착한 중국 후주後周의 관리 쌍기雙冀이지요. 그의 건의에 따라 과거제도가 처음 시행됩니다. 이로 인해 능력과 실력을 갖춘 새로운 관료집단이 대두하면서 지배세력의 대대적인 교체가 이루어집니다. 왕권 강화를 꾀했던 광종에게 이 제도는 더 없이 좋은 기회가 되었던 것입니다. 광종은 쌍기를 크게 신임했고, 그는 고려왕조에 귀화해서 고위직에 오르게 됩니다. 이를 계기로 많은 중국인들이 귀화해서 관리 생활을 합니다.

역시 후주의 관리였던 쌍기의 아버지 쌍철雙哲은 아들이 광종의 총애를 받고 있다는 소식을 듣고 고려에 귀화하여 재상까지 지냈습니다. 중국인 채인범蔡仁範은 광종 때 역시 고려에 사신으로 와서 관리가 됩니다. 그는 경전과 역사에 밝고 문장에 능하였습니다. 재미있는 사실은 그의 묘지명이 현재 남아 있는데, 고려의 묘지명 가운데 제작시기가 가장 빠른, 즉 가장 오래된 것입니다. 고려시대 일반 관인이나 승려들은 사후에 묘지명을 작성하여 무덤에 넣는 장례풍속이 일반화 되어 있는데, 이러한 묘지명 문화도 채인범의 사후 처음으로 고려에 소개된 것이 아닐까 하는 생각을 해 봅니다. 송나라 사람 주저周佇는 목종 때 고려에 와서 외교 문서 작성을 전담했고, 뒤에 재상까지 승진합니다. 고려 전기에 이들 외에도 많은 외국인들이 고려에서 관리가 됩니다. 《고려사》 기록에 나타난 관리의 숫자만 해도 30여 명을 헤아립니다.

요즈음 우리나라 대학은 세계화의 추세 속에 개혁으로 몸살을 앓고 있습니다. 이제 대학 평가의 잣대는 국내가 아니라, 세계의 유명 대학과 비교하는 방식으로 바뀌었지요. 진리를 추구하는 학문의 세계는 특히 그 속성상 인종과 국경을 뛰어 넘는 보편성과 세계성을 지닙니다. 따라서 진리의 전당인 대학이 외부 세계에 대해 어느 정도 개방적인 자세를 지니는가 하는 것이 예전과 다르게 대학을 평가하는 주요한 잣대가 된 것입니다. 우리나라 대학이 평가에서 높은 점수를 받지 못하는 이유도 바로 이 때문인 것이지요. 세계화 내지 국제화 비중 즉 외국인 교수의 채용과 외국인 학생이나 외국어 강의 비중이 낮다는 점입니다.

천 년 전 고려왕조가 외국인을 관리로 임용한 사실은 놀라운 일이 아닐 수 없으며, 지금의 기준으로 볼 때, 고려왕조는 국제화 세계화가 매우 성공적이었다는 느낌을 지울 수 없습니다. 그렇다면 고려왕조기에 많은 외국인이 관리가 된 것이 우연한 것이었을까요?

고려 전기 중국에서 고려에 귀화한 인물 약 40명 가운데 반 이상이 학자나 문인 계통의 인물이며, 이들은 대부분 고려에서 관리가 됩니다. 나머지는 상인 음악인 승려 역관譯官(통역) 의술 무예 점성술에 능한 사람입니다. 고려왕조는 이들에게도 능력에 따라 관직을 주는 등의 대우를 했습니다. 문종은 송나라 진사 출신인 장정張廷이 고려에 귀화하자, 그에게 벼슬을 내리면서 훌륭한 선비를 얻은 기쁨을 말하면서 '타산他山의 돌이라도 나에게는 쓸모가 있는 것이다'《고려사》 세가 문종 5년(1052) 6월조)라고 했습니다. 나라에 도움이 된다면 국적을 가리지 않고 등용한다는 문종의 생각은 왕조의 전성기를 이끌었던 국왕의 리더십을 잘 보여주는 대목이라 생각합니다. 나아가 문종은 '고려에 온 귀화인 가운데 재주와 기예를 갖지 않는 사람은 받아들이지 않는다'《고려사》 세가 문종 35년(1081) 8월조)라고 했습니다. 마치 오늘날 미국을 비롯한 구미의 선진 국가들이 자국의 이익을 위해 훌륭한 기술 지식과 자본을 가진 사람을 이민으로 받아들이는 이민정책을 연상케 합니다.

송나라 사람 서긍徐兢은 고려에 사신으로 왔다가 당시의 견문을 담은《고려도경高麗圖經》(1123)이라는 책을 남겼는데, 거기에 '고려에 항복한 거란의 포로 수만 명 가운데 10명 중 하나가 그릇과 옷을 만드는 기술을 가진 사람들이다.'라고 했습니다. 포로를 잡으면 노비로 만들어 전쟁에 참여한 사람들에게 분배하는 것이 일반적인 정황입니다. 포로 가운데 기술을 가진 자를 가려 그들의 기술을 활용하려 했던 고려왕조의 개방적인 태도를 우리는 위의 기록을 통해서 확인하게 됩니다. 고려왕조는 이같이 선진 기술과 인력을 받아들여 왕조의 면모를 일신하려는 개방적이고 적극적인 자세를 가졌던 것입니다.

물론 이러한 정책에 반발한 관료도 적지 않았습니다. 광종이 귀화인을 관리로 임용하고 집을 주고 혼인까지 시켜주자, 당시 재상 서필徐弼은 자신의 집을 반납하면서 귀화인 우대정책에 반발합니다. 서필의 아들은 성종 때 거란 장수 소손녕과 담판을 벌여 압록강 이동 280리 지역의 강동 6주 획득에 큰 역할을 한 서희입니다. 그 역시 거란 침입 때 국력을 결집시키기 위해 팔관회와 연등회의 부활을 주장했지요. 이같이 그는 고려의 전통을 강조한 인물로서, 화풍華風정책에 호의적이지 않은 인물입니다. 이같이 화풍정책에 대한 신료들의 반발이 적지 않았지만, 고려왕조는 초기부터 개방적인 대외정책을 통해 고려의 문물제도를 한 단계 업그레이드 시키는데 커다란 역할을 했습니다.

본관과 성씨를 받아 고려에 정착하다

이러한 정책은 고려 후기에도 계속됩니다. 특히 세계제국 몽골과의 강화講和 이후 고려는 원나라와 활발한 교류를 합니다. 충렬왕은 즉위 후 원나라 공주와의 혼인과 일본 원정을 자청하는 등 원나라에 일정하게 협력을 하면서 자신의 취약한 왕권을 강화하면서 고려왕조를 유지하려는 정책을 취합니다. 원나라에 기대어 왕조의 명맥을 유지하는 일이 내키지 않지만, 당시 최강국 원나라에 저항할 경우 왕조 자체를 유지할 수 없다는 현실적인 판단 때문이지요.

이로 인해 국왕과 혼인한 원나라 출신 공주가 고려에 거주하고, 원나라가 고려의 내정에 간섭하기 위해 설치한 정동행성征東行省과 같은 원나라의 각종 부속기관들로 인해 많은 원나라 사람들이 고려에 거주합니다. 그뿐아니라 국왕을 비롯하여 수많은 고려의 관리들이 수시로 원나라로 드나들

500년 고려사

파견. 9월 서경 용언궁(龍堰宮)의 옛터를 보게 함. | 1107(2) 12월 제2차 여진정벌. | 1108(3) 3월 윤관, 여진정벌 · 9성 구축. 4월 윤관, 오연총 개선.

2장 고려왕조를 이끈 사람들 121

었습니다. 또한 원나라의 선진 문물을 배우기 위해 많은 학자들이 원나라로 유학을 갑니다. 이같이 14세기에 고려와 원나라는 좋은 의미에서든 나쁜 의미에서든 서로 교류가 크게 확대되었지요. 예를 들면 1241년 몽골과의 전쟁 당시 몽골에 포로로 끌려간 고려인이 약 20만 6천 8백 명이라는 기록이 있습니다. 이들은 지금의 만주 심양瀋陽 등지에 집단적으로 거주했습니다. 이곳의 고려인을 통치하기 위해 원나라는 고려 국왕의 지위에 버금가는 심양왕瀋陽王을 두었습니다. 그만큼 원나라 안에 고려인이 많았기 때문이지요. 잘 알다시피 원나라는 나라와 민족을 가리지 않는, 능력 위주의 인재를 등용한 개방정책을 펼쳤습니다. 고려 역시 지금까지 설명했듯이 고려 전기부터 원나라와 비슷한 정책을 취했습니다. 두 나라의 개방정책이 상승작용을 하면서 두 나라 사이에 활발한 교류가 가능했던 것입니다.

이 무렵 원나라 출신의 왕비를 따라온 시종 신료들 가운데 고려에서 관리가 되어, 새로운 성씨와 본관을 받아 고려에 정착한 사람들이 기록에 많이 나옵니다. 대표적인 인물은 장순룡張舜龍과 인후印侯입니다.

장순룡張舜龍은 회회인回回人(이슬람 사람)이며 처음 이름은 삼가三哥입니다. 그는 충렬왕비 제국공주齊國公主의 겁령구怯怜口(개인 몸종)로 고려에 왔습니다. 그는 고려에 귀화해서 장군으로 승진하고, 성명을 장순룡으로 고쳐 해풍海豊(혹은 덕수德水) 장씨의 시조가 됩니다. 인후印侯는 몽고 출신으로, 처음 이름은 홀자석忽刺歹입니다. 역시 충렬왕비 제국공주의 겁령구로 고려에 와서 중랑장中郎將에 임명됩니다. 충렬왕이 그를 장군으로 임명하자 성명을 인후로 고칩니다. 그는 충렬왕이 원나라에 갈 때 항상 수행했으며, 두 나라 사이에 외교문제가 발생하면 고려의 사신으로 원나라에 가서 문제를 잘 해결했습니다. 특히 그는 동녕부東寧府(지금의 평양)를 원나라로

5월 여진, 웅주성雄州城 공격, 오연총吳延寵 구원. 7월 윤관, 여진 다시 정벌. 유망에 대비하기 위해 토산현土山縣 등 41개 현에 감무監務를 둠.

122 새로 쓴 5백년 고려사

부터 돌려받는데 공을 세웠습니다. 충선왕 때 재상과 공신이 되었으며, 그의 이름은 연안延安 인씨 족보에 수록되어 있습니다. 아들 인승단印承旦도 충목왕 때 재상이 됩니다.

원나라에서 학자와 관리로 지내다 전란을 피해 고려에 와 벼슬을 한 사람도 있습니다. 한복韓復은 원나라 사람으로, 처음 이름은 배주拜住입니다. 원나라 과거에 장원으로 급제하여, 고위 관료를 역임했습니다. 공민왕 19년(1370) 이성계가 만주 올라산성兀剌山城을 공격하자, 성이 함락되어 그는 포로가 됩니다. 그 때 그는 고려의 이인복李仁復과 함께 합격한 동년同年이라고 밝힙니다. 고려에 온 그에게 공민왕은 벼슬을 내리고 성명을 한복韓復이라 고칩니다. 그는 이성계를 따르고 섬겼으며, 이색李穡과 교우했습니다. 당시 과거를 보려는 사람들은 그에게 성리학을 배웠으며, 벼슬이 성균관 대제학에 이를 정도로 고려에서 저명한 학자로 활동했습니다.

설손偰遜의 처음 이름은 백료손百遼遜으로, 회골回鶻(중앙아시아 위구르) 출신입니다. 조상이 설연하偰輦河에 살았기 때문에 고려에서 성씨를 설씨로 했는데, 경주 설씨의 시조가 됩니다. 조상들은 원나라의 고위 관료였으며, 공민왕 7년(1358) 병란을 피하여 고려에 와서 관리로 정착합니다. 특히 아들 설장수偰長壽는 공민왕 때 과거에 급제하고, 명나라에 사신으로 가기도 했으며 뒷날 조선왕조의 개국공신이 됩니다.

변안열邊安烈은 중국 심양인瀋陽人으로, 원나라 말년 병란을 피해 공민왕을 따라 고려에 옵니다. 그는 공민왕 때 홍건적을 소탕하고 개경을 수복하여 공신이 되었고, 최영과 함께 제주도의 목호자牧胡子반란을 진압한 후 재상이 되었지요. 우왕 때 이성계 나세羅世와 함께 왜구를 토벌하고, 위화도 회군에 참여하여 공신이 되어, 원주原州를 본관으로 받게 됩니다. 그러나

500년 고려사

공양왕 때 우왕 복위운동에 연루되어 죽임을 당합니다. 나세羅世는 원나라 사람으로서, 공민왕 때 장수로서 홍건적을 쳐 공신이 되었으며, 우왕 때 역시 왜구를 토벌하는데 크게 공을 세웠습니다.

이와 같이 고려 후기에도 다양한 국적의 외국인들이 고려에서 관료와 학자로서 혹은 무장으로서 홍건적과 왜구를 토벌하는 등의 활동을 합니다. 이로 인해 고려에 정착하면서 새로운 성씨의 시조가 되어 그 후손들이 지금까지 이어지고 있습니다. 이같이 고려왕조는 실력과 능력이 있는 사람은 국적을 가리지 않고 등용하여 왕조의 문물과 제도를 한 단계 높이려는 적극적인 개방정책을 취했습니다. 고려의 외국인 관리들은 이러한 정책의 산물이지요. 한편으로 고려왕조의 사회와 문화가 대단히 국제적이고 개방적인 모습을 잘 보여주는 좋은 예라고 할 수 있지요.

고려시대 관료의 층위는 매우 다양합니다. 일반 관료 외에 앞서 설명한 바 중간계층이라 불리는 하급 관료층인 향리·서리가 있었고, 한편으로 상급 관료층인 문벌이 존재했습니다.

고려시대 문벌의 존재를 알려주는 기록은 중국 쪽의 고려 관계 기록에도 많이 나타납니다. 그 중에서도 서긍徐兢이라는 사람이 인종 때인 1123년 고려에 사신으로 와서 고려의 각종 문물과 제도에 관해 기록한 《고려도경高麗圖經》이 대표적인 자료입니다. 그 5년 후인 1127년 북송이 멸망하고 남송이 건국되는 걸로 보아, 아마도 서긍은 북송의 마지막 사신인 듯합니다.

그때는 카메라나 비디오가 없기 때문에 사신들은 직접 보고 들은 그 나라의 문물이나 제도를 그림으로 그려 기록으로 남겼습니다. 《고려도경》의 '도圖' 는 견문한 것을 그림으로 남겼다는 뜻이며, '경經' 은 그림에 대한 해설을 말합니다. 그런데 현재 《고려도경》은 '경' 부분만 남아 있습니다. 그림은 없어져버리고 그것을 설명한 글만 남아 있는 셈이지요. 아마도 1126년 금나라가 북송에 쳐들어올 때 도판 부분이 불타버린 것으로 보입니다. 만약 그 부분이 있다면 고려시대의 각종 의복제도·풍습 등을 알아내는 데 엄청난 도움이 될 것입니다. 물론 지금 상태로도 이 책은 고려사 연구에 아주 긴요한 자료로 쓰이고 있습니다. 사실 경 부분도 장개석 정부가 대만으로 쫓겨 가면서 대륙에서 가져간 자료 가운데 들어 있었기에 그나마 지금 우리들이 구해볼 수 있는 것입니다.

《고려도경》에 비친 관료 상층부, 문벌

《고려도경》에는 문벌에 관한 재미있는 기록이 남아 있습니다.

> "동남에 있는 오랑캐들 가운데서 고려의 인재가 가장 왕성하다. 나라에서 벼슬하는 자는 오직 귀신貴臣들로서, 족망族望으로 서로를 높인다. 나머지는 과거를 통해서 벼슬을 하거나 재물을 주어 관리가 되기도 한다."

이 기록에 나와 있는 '귀신'이란 존재를 통해서 고려의 관료 가운데 특별한 계층이 존재했다는 사실을 알 수 있습니다. 귀신은 그야말로 존귀한 관료, 유별난 사람이라는 뜻인데, 이들은 관료의 보편적 특성인 개인적인 덕망이나 능력보다는 '족망族望'을 중시한다고 되어 있습니다. 족망은 쉽게 얘기하면 유망한 족속, 즉 명문대족이라는 뜻이니 대단한 집안·명문 집안이라는 표현이 되겠죠. 《고려도경》의 또 다른 기록을 보면,

통의국대부인(通義國大夫人), 처 최(崔)씨를 조선국대부인(朝鮮國大夫人)으로 삼음. 7월 왕자지(王字之)·문공미(文公美), 송에서 대성아악(大晟雅樂) 등을 가져옴

"고려는 평소에 족망을 숭상하며, 국상國相은 훈척勳戚이 많이 맡는다."

라고 했습니다. 국상, 즉 재상은 족망이 있는 훈척이 많이 맡았다고 했는데, 여기서 훈척은 국가에 큰 공을 세웠거나 왕실과 혼인관계에 있는 가문을 뜻합니다. 한편 《송사宋史》 〈고려전〉을 보면

"고려의 선비들은 서로 족망을 높이고, 류씨, 최씨, 김씨, 이씨 네 성은 귀종貴種이다."

라고 했습니다. 귀종이나 귀신은 같은 뜻이니, 이 네 성씨의 가문은 고려시대를 대표하는 문벌이라 할 수 있습니다.

구체적으로 류씨는 정주貞州 류씨로서 태조의 첫 번째 부인의 집안이며, 최씨는 최충을 비롯하여 고려시대에 5대에 걸쳐 재상을 배출한 해주 최씨 가문입니다. 이씨는 잘 알려진 대로 이자겸 집안인 인주 이씨를 말합니다. 이 집안은 문종부터 시작해서 인종에 이르는 일곱 명의 국왕 중 다섯 국왕과 딸을 혼인시킨 대표적인 외척가문입니다. 그리고 김씨는 경주 김씨인 김부식 집안입니다. 태조 왕건의 여섯 번째 부인도 경주 김씨이고 현종에게 딸을 출가시킨 김원충金元冲 역시 경주 김씨입니다. 그리고 김씨 가운데 안산 김씨도 유력한 외척가문이었습니다.

12인의 재상

관료의 상층부인 문벌을 상징하는 대표적인 관료는 바로 재상입니다. 2

품 이상의 관료로서 중서문하성에 소속된 재신宰臣과 중추원에 소속된 추신樞臣을 흔히 재상이라 하는데, 고려 전기에 이들은 재신 5명과 추신 7명으로 모두 12명이었습니다. 이들 12명의 재상이 고려시대 관료의 최상층부를 차지했던 것입니다.

이들은 재추회의宰樞會議에서 국가의 중대한 문제를 논의하여 국왕의 최종 재가를 받거나, 국왕의 정책결정에 영향을 주었습니다. 재상은 6부의 장관을 겸직하고, 감찰기관인 어사대御史臺와 재정기관인 3사三司의 장도 겸직할 정도로 권한이 컸습니다.

고려 전기에 국한해서 볼 때 재상이 되는 자들은 앞의 여러 기록에서 나타나듯이 주로 외척가문 등 문벌 출신이었습니다. 고려사회를 흔히 '문벌귀족 사회'라고 한 것은 바로 이 때문입니다.

그렇다면 재상이 되는 데 어느 정도의 기간이 걸렸을까요? 고려 전기 최고의 문벌이었던 인주 이씨 출신 이자연李子淵은 22세에 과거에 합격한 후 23년 만인 45세에 재상이 되었고, 최고위직인 수상, 즉 문하시중門下侍中이 된 것은 그로부터 9년이 지난 53세 때였습니다. 이자연의 경우는 장인이 현종에게 딸을 출가시킨 유명한 안산 김씨의 김은부였으므로 문벌의 배경 덕에 승진이 빨랐다고 보아야 할 것입니다.

한편 무신정권기 이규보는 과거 합격 후 무려 45년 만에 재상이 되었습니다. 이자연보다 2배의 세월이 더 소요된 것입니다. 문벌의 배경이 없어서 그럴까요? 이규보는 문벌의 배경은 없었지만, 당시 몽골과의 항쟁 때 최씨정권의 문객으로 각종 외교문서를 전담했고 최씨정권을 옹호하는 글을 썼기에 그나마 재상이 될 수 있었습니다. 이자연과 이규보의 예로 미루어 보아 고려시대 과거에 합격한 후 정식 관료가 되기도 어렵지만, 재상이

청함. 이 해 의주성(義州城) 축성 │ 1119(14) 7월 국학에 양현고(養賢庫) 설치 │ 1122(17) 4월 예종 죽음(1079~1122), 인종 즉위 │ 인종(仁宗) 1122년

되기는 더더욱 어려운 일이었음을 알 수 있습니다. 그렇기 때문에 3품 관직을 재상의 길목, 재상의 아류라는 뜻에서 아상亞相이라 했습니다. 신라시대 6두품 출신이 오를 수 있었던 제6관등을 득난得難이라 한 것에 비유할 수 있습니다.

고려사회는 귀족제사회였나?

상층 관료 문벌의 존재 때문에 흔히 고려사회를 귀족제貴族制사회, 혹은 문벌귀족제 사회라고 얘기합니다. 국사 교과서에서도 고려사회를 지배한 사람을 문벌귀족이라 했습니다. 그러나 고려사회를 귀족사회라고 표현하는 것은 올바르지 않다고 생각합니다. 고려시대 '귀종'이나 '귀신'의 존재

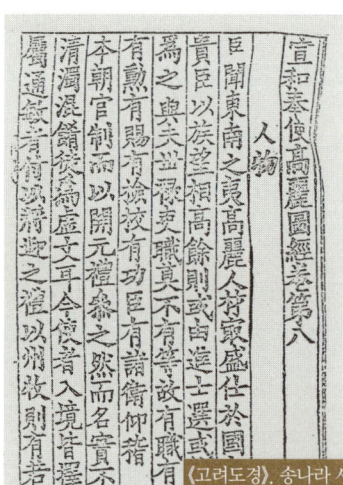

〈고려도경〉. 송나라 사신 서긍이 한 달 가량 고려에 머물면서 보고 들은 것을 귀국한 뒤 정리한 책이다. 송의 수도가 금나라의 공격으로 함락될 때 책이 없어져, 서긍의 집안에서 보관하던 것을 후손이 간행했다. 이 때문에 그림 부분이 전하지 않지만 12세기 초 고려사회의 풍습과 언어 등을 생생하게 전해주는 귀한 자료이다.

를 서양의 귀족 개념에 대입해서 귀족제사회라고 합니다만, 사실 서양의 귀족사회에는 몇 가지 기준이 있습니다. 첫째 귀족은 귀족가문끼리만 혼인하는 폐쇄적인 통혼권을 갖고 있고, 둘째 대대로 토지를 소유하며, 셋째 작위를 세습받습니다. 서양의 귀족가문은 이 세 가지 요소를 갖고 있습니다. 물론 고려의 경우도 5품 이상 관료는 국가로부터 공음전功蔭田을 지급받았고, 5품 이상 관료의 자식에게 관직 진출을 허용하는 음서제가 존재했습니다.

그러나 고려사회에 상층 관료 문벌이 존재하고, 서양 귀족제의 요소가 일부 나타난다고 해서 고려를 귀족사회라고 단정하는 것은 곤란합니다. 실제 귀족제를 뒷받침한다는 공음전이나 음서제의 성격을 다르게 보는 견해도 상당한 설득력을 갖고 있습니다. 공음전은 흔히 5품 이상에게 지급되었다고 합니다만, 여기서 '품'은 관품이 아니라 단계를 뜻하는 것입니다. 예를 들어 경종대 시정始定전시과田柴科는 1품에서 18품까지 있었는데 여기서도 품은 관품이 아니라 단계를 뜻합니다.

그 다음 서양에서는 아버지가 공작이면 아들도 공작을 세습하고 아버지가 자작이면 아들도 그 작위를 그대로 세습했지만, 고려시대 음서제도는 그것과는 다릅니다. 음서제의 혜택으로 음직을 받는다는 것은 과거 없이 관료가 되는 것에 불과할 뿐, 음서제가 이후 관료로서의 출세를 보장하는 것은 아닙니다. 대부분 음서로 관료가 된 사람들도 다시 과거시험을 치렀던 사실이 이를 뒷받침합니다. 결국 음서제도는 관직 진출을 위한 발판일 뿐, 관리로서의 출세는 개인의 능력에 달려 있었던 것입니다. 아버지가 재상이라고 해서 아들이 그대로 재상이 되지는 않았던 것이지요. 이 점에서 음서제도는 서양 귀족제의 관직 세습과는 거리가 있습니다. 물론 고려의 왕족들도 서양의 작위제와 같은 후작이나 백작의 직책을 받았지만 그것도 당대에 그쳤습니다. 대신에 그 자손들은 사도司徒·사공司空이라는 직책을 받았습니다. 족보에 '사공 아무개'라고 쓰인 것은 공작이나 후작 등 작위를 받은 사람의 자식이라는 뜻이지요. 작위체계가 서양과 같이 세습되지 않았다는 구체적인 예입니다.

조선시대와 달리 고려시대에 음서제도가 성행해서 유력한 가문의 자손이 관료로 진출하는 데 유리했던 것은 사실입니다. 그런 점에서 고려사회는 문벌이 좀더 중시되는 사회였고, 실제로 유력한 문벌 출신이 고려 전기에 재상으로 많이 진출했습니다. 이러한 사회를 '문벌사회'라 할 수 있습니다. 그러나 뒤에서 설명하겠지만 고려 후기에는 이런 원칙도 무너집니다.

문벌 우대책, 음서제

지금까지 이야기한 것을 토대로 문벌사회의 개념을 정리하면 이렇습니다. 문벌사회는 개인의 능력보다는 가문의 배경이 우선시되고 중시되어, 자손에 대한 우대책이 마련된 사회라고 할 수 있습니다. 예를 들어 음서제도도 서양의 작위제도와는 다르지만, 어쨌든 유력한 가문이나 문벌에 대한 우대책인 것만은 사실입니다. 그러나 이것을 귀족제와 혼동해서는 곤란합니다. 국가에 공이 있거나 유력한 가문 출신에게 관료 진출의 길을 열어준 우대책이 음서제의 본질인 것입니다.

그런 예는 더 찾아볼 수 있습니다. 국자학國子學에 입학하려면 4품 이상의 자제여야 하고, 태학太學에 입학하려면 5품 이상의 자제여야 하며 사문학四門學에 입학하려면 3품 이상의 자제여야 했습니다. 그러나 이러한 제도는 조선시대에 없어집니다. 이같이 가문, 문벌을 중시하는 풍토를 보고 중국인들은 "족망으로 서로 높인다"고 했던 것입니다. 곧 고려의 관료사회는 개인의 능력도 중시되었지만, 명망 있는 가문 출신이라는 사실만으로도 지위를 드러낼 수 있는 사회, 즉 문벌사회였다고 할 수 있습니다. 이는 고려사회가 조선 · 신라사회와 다른 특성입니다. 그런 점에서 완전한 귀족제, 예컨대 인도의 카스트제도 같은 엄밀한 의미에서 서양의 귀족제 같은 사회는 역시 통일신라의 골품제 정도가 해당되지 않을까 생각합니다.

태조 이성계의 호적(화령 개성부 1390년(공양왕 2)에 이성계의 고향인 함경도 영흥에서 작성된 것이다.

삼국시대부터 우리나라에서 성씨가 사용되기 시작했다. 고구려의 경우 3세기 말, 백제의 경우 4세기 후반, 신라의 경우 6세기 중반 무렵에 왕족을 비롯한 일부 귀족신분의 특권의 상징으로서 모두 20여 개 성씨가 사용되었다. 후삼국을 통합 한 고려왕조 초기 중앙정부가 지방 세력에게 성씨와 본관을 내려주고, 그들을 고려의 지배질서로 편입하는 과정에서 성씨 사용이 전국적으로 확산되기 시작했다. 고려 중기에는 일반 평민들도 성씨와 본관을 갖게 되었다. 1909년 민적법(民籍法)이 제정된 이후, 현재 대한민국 국민이면 누구나 법적으로 성씨와 본관을 갖도록 되어 있다. 2000년 통계청 조사에 따르면, 우리나라에는 286개의 성씨가 있다. 20여 개의 성씨가 사용된 삼국시대에 비해 엄청난 변화라 할 수 있다[이순근, 〈우리나라 최초의 성씨는?〉, 《삼국시대 사람들은 어떻게 살았을까》(개정판, 2005년)에서].

고려왕조의 특징, 본관제

이번에는 고려왕조가 실질적인 민족통합 국가를 이룩하여 5백 년 간 왕조를 유지할 수 있었던 제도적인 기반에 관해 살펴보기로 하겠습니다. 구체적으로 고려 건국에 참여했던 수많은 지방세력의 다양한 이해관계를 조절하여 사회적 통합, 즉 궁극적인 민족통합을 이루었던 고려의 제도장치가 무엇인가 하는 문제입니다. 저는 그러한 제도장치를 본관제本貫制에서 찾고자 합니다.

민족통합에 실패한 통일신라

먼저 통일신라와 고려왕조의 민족통합을 간단하게 비교해봅시다. 신라의 삼국통일은 단

불을 지름. 3월 이자겸, 인종을 자신의 집에 거처하게 함, 이어 수차례 왕을 시해하려 하였으나 왕비의 도움으로 모면. 4월 금에 사신을 보내어

순한 정치적·물리적인 통합일 뿐, 통합 후 새로운 질서를 창조한 그야말로 화학적인 통합은 아니었습니다. 고구려와 백제가 갖고 있던 인적·문화적 자원을 아울러 새로운 사회질서를 구축하여 통합에 걸맞은 새로운 민족문화를 창조하는 데는 실패했던 것입니다. 잘 알려진 대로 신라시대의 지배층이었던 진골귀족은 통일신라 이후에도 여전히 지배귀족이었고, 또한 문화적으로도 여전히 불교문화를 축으로 한 진골귀족 문화가 유지되었습니다. 그런 점에서 신라의 삼국통일은 민족통일의 출발점은 되었지만, 그야말로 통일된 민족문화의 원형, 곧 삼국 이전의 고조선과 삼한사회, 그리고 삼국의 문화를 아울러 새로운 민족문화의 바탕을 마련하지는 못했던 것입니다.

신라는 왜 그렇게 못했을까요? 결론적으로 얘기하면 삼국통일에 걸맞은 제도나 문화를 형성하는 데 실패했기 때문입니다. 정치적·물리적으로 통합하긴 했지만, 통합 이후 그것에 걸맞는 제도장치를 마련하는 데는 실패했던 것입니다.

그럼 고려의 통합에 눈을 돌려봅시다. 통합전쟁 당시 외형상 후삼국이 있었지만 실제로 지방에는 독자의 영역과 주민을 거느린 촌주·성주로 불리는 수천여 개의 지방세력이 독자적으로 존재했습니다. 삼국통일기의 상황보다 훨씬 복잡하고 어려운 상황이었습니다. 그런 상황에서도 고려는 지방사회에서의 극심한 세력갈등을 극복하고 통합국가를 이루어냈으며 또한 그에 걸맞은 제도장치를 마련한 것입니다. 바로 그 점이 고려의 통일이 갖는 역사적 의미라고 할 수 있습니다.

고려왕조에 대한 새로운 평가도 바로 이러한 사실에서 출발해야 합니다. 고려왕조는 한국사에서 실질적인 민족

신臣이라 칭하고 표문(表文)을 보냄. 이자겸, 내시 25명을 쫓아냄. 5월 인종, 척준경으로 하여금 이자겸을 치게 함. 이자겸 및 그 일당을 각지에 귀양 보냄.

안동 삼태사에 있는 검은색 복두.

삼태사묘와 유물들. 삼태사묘는 고려 건국에 공이 큰 안동 권씨의 시조 권행, 안동 김씨의 시조 김선평, 안동 장씨의 시조 장정필을 제향하는 사당이다. 태조는 고려 건국에 공이 큰 이들에게 성을 부여하고, 거주지와 영역에 대한 지배를 인정해주었다. 이곳에 보관중인 흑색 복두와 화려한 꽃무늬가 새겨진 가죽과대, 가죽신은 공민왕이 홍건적의 침입을 피해 안동에 머물 때 내려준 것이라 한다.

통합을 달성했고, 또 그러한 민족통합을 장기지속시킨 왕조였습니다. 고려왕조가 오늘날 다시 주목받는 이유 중 하나는 바로 이 글의 주제인 민족통합의 새로운 모델, 즉 본관제를 창조했다는 사실 때문입니다.

본관제란 무엇인가?

고등학교 때까지 역사를 배운 사람들에게도 본관제라는 용어는 매우 생소할 겁니다. 이 용어는 1980년대 이후의 연구에서 새롭게 제기된 역사용어입니다. 통합을 이루기까지 거의 50여 년 간 지역간·계층간 극심한 갈등을 겪었던 고려가, 통합 후 그러한 갈등을 수습하고 새로운 민족문화를

7월 송에서 함께 금을 공격하자고 제의하였으나 송에서 금을 제압한 후에 돕겠다고 회답. 9월 금, 송의 수도를 함락. 송, 항복을 청함. 10월 금에서 보주

창조하여 5백 년 간 장기지속할 수 있었던 제도장치가 바로 본관제입니다.

그러면 본관제란 무엇일까요? 우리나라 사람들은 모두 본관을 갖고 있습니다. 본관을 다른 말로 성관姓貫이라 하기도 합니다. 그런데 고려 초 본관제가 성립될 당시 일반 양인은 성의 사용과 관계없이 본관을 가졌습니다. 다시 말하면 오늘날에는 본관과 성관이 일치하나, 고려 초에는 성관과 본관이 꼭 일치하지는 않았던 것입니다. 이는 고려 초기 국가가 각 지역을 파악하면서 적籍을 작성해갈 때, 해당 지역을 본관으로 정했기 때문입니다. 이와 달리 조선 초기 지리지 등에 기록되어 있는 각 지역의 토성土姓은 해당 지역을 본관으로 하는 유력한 세력의 성관을 표시한 것이므로, 토성은 본관과 성관이 일치하는 경우에 해당됩니다.

후삼국 통합전쟁을 수습한 고려왕조가 각 지역을 장악하여 그 지역의 토지와 민의 적을 작성하고, 그 지역의 유력한 세력에게 성씨를 부여함으로써 지방사회를 국가의 지배질서 속에 편제시킨 정책을 토성분정土姓分定 정책이라 했습니다. 이 정책을 계기로 오늘과 같이 점차 성씨 사용이 보편화된 것이지요. 토성분정 정책은 태조 23년(940)에 시행되었는데, 주목되는 사실은 같은 해 고려시대 전시과의 원형인 역분전役分田제도가 시행되었고, 또 전국의 군현 명칭을 개정하는 군현 개편을 단행했다는 것입니다. 태조 왕건은 이처럼 같은 해에 세 가지 주요한 정책을 시행했습니다. 《고려사》에서는 이 사실들을 아주 간단하게 기록했지만, 고려 역사 전개 과정에서 이 시책은 내용적으로 서로 밀접한 관련을 지닌 매우 중요한 사실로 보아야 합니다.

태조가 당시 지방세력에게 성씨를 부여한 '토성분정' 정책에서 '토'는 지역·지연의 의미이고, '성'은 혈연이란 뜻입니다. 곧 전국의 중요한 지

(지금의 의주)를 고려에 양도. 12월 이자겸 죽음.　　1127(5) 3월 묘청(妙淸), 백수한(白壽翰) 등이 인종에게 권유하여 관정도량(灌頂道場)을 베풀게 함.

3장 민족통합의 모델, 고려왕조의 본관제　137

방세력들에게 성씨를 부여하면서, 성씨를 받은 지배세력의 거주지와 영역에 대한 지배를 인정해준 것이 바로 토성분정 정책인 것입니다.

구체적인 예로 고려 후기 유학자 이색李穡은 지금의 안동 권權씨의 유래를 다음과 같이 설명하고 있습니다.

> "권씨는 김행金幸으로부터 시작하는 신라의 대성大姓이었다. 김행은 복주(福州:지금의 안동)를 지켰는데, 태조가 신라를 치려고 복주에 왔을 때 김행이 천명天命이 그에게 돌아가는 것을 알고 그에게 읍邑을 들어 항복했다. 태조가 기뻐해서 권權이라 사성賜 姓했다."

결국 김행은 태조 왕건에게 협력한 대가로 권씨라는 성씨를 부여받고, 이 지역에 대한 지배력을 공식적으로 인정받은 것입니다. 이러한 일들이 태조가 후삼국을 통합하는 과정에서 시행되기 시작하여, 통합 후에는 '토성분정' 정책으로 제도화되었습니다. 따라서 '토성분정'은 고려 초기 본관제도가 시행되었음을 알려주는 하나의 중요한 기록이라 할 수 있습니다.

또 같은 해 전시과 제도의 원형인 역분전이 시행되었는데, 이는 인품人品에 따라서 토지를 지급했다고 합니다. 인품은 국가에 대한 충성도를 뜻하기도 하며, 한편으로는 왕조 건국에 협력한 지방세력의 크기, 즉 지방사회에 대한 지배력을 뜻하기도 합니다. 따라서 인품에 따라 토지를 지급했다는 것은 지방세력을 지배질서에 포섭하면서 그 세력의 크기에 따라 토지를 지급했음을 말합니다. 그 예로 태조는 자신의 휘하에서 장군이 되어 수많은 전공을 세운 평주 사람 박수경朴守卿에게 역분전으로 2백 결을 주

척준경과 그 일당을 귀양 보냄. 인종, 서경(西京)에서 유신지교(維新之敎) 15조를 반포. 4월 금, 송의 휘종(徽宗)·흠종(欽宗)을 붙잡아 감. 5월 송의 고종

었습니다. 역분전 제도가 시행된 구체적인 예입니다.

또한 태조는 이런 제도를 시행함과 동시에 교통의 요지나 전략적 거점, 지역적인 생산력, 그리고 지방세력의 비중에 따라 군현의 격을 정하고 그 명칭을 개정했습니다. 구체적으로 교통의 요지나 전략적 거점 지역은 격을 높이고, 그보다 못한 지역은 격을 낮추었으며, 중요한 물자의 생산 지역이나 개발이 필요한 지역은 소나 부곡 지역으로 편성하였습니다. 이러한 지방에 대한 재편 과정을 전국 군현郡縣의 명호名號를 개정했다고 표현했던 것입니다.

구체적인 예를 들겠습니다.

"울주蔚州는 고려 초에 지금의 이름으로 고쳐졌다. (중략) 태조 때 이 고을 사람 박윤웅朴允雄이 큰 공이 있어 하곡河曲 동진東津 우풍虞風 등의 현을 합쳐서 흥례부興禮府를 설치했다."

"천안부天安府는 태조 13년에 동·서 도솔 지역을 합해서 천안도독부天安都督府를 설치했다. 전하기를 술사術士 예방藝方이 태조 왕건에게 말하기를 '(천안 지역은) 삼국의 중심으로서 다섯 마리의 용이 구슬을 다투는 형세입니다. 만약 군현을 설치하면 백제가 스스로 항복할 것입니다' 하니, 태조가 산에 올라 두루 살펴보고 도독부를 설치했다."

"전조(前朝: 고려)에서 5도 양계五道兩界의 역자驛子·진척津尺·부곡인은 모두 태조 때 국가의 명을 거스린 자들이다. 모두 천한 역을 부담했다."

위 기록에 따르면 울주는 박윤웅이라는 이 지역 세력이 고려에 귀순한 대가로 설치되었고, 천안은 강력한 지방세력이 없었으나 지리적으로 전략적인 요충지였기 때문에 새로 군현이 설치되었으며, 부곡 지역은 태조에 협조하지 않은 지역이 재편된 것임을 알 수 있습니다.

그러니까 태조 23년에 취해진 각각 다른 내용의 세 가지 정책은 기본적으로 본관제 시행을 전제로 한 것이었다는 점에서 동일합니다. 그런데 이 정책들이 시기적으로 고려를 건국한 지 19년 만에, 후삼국을 통합한 지 4년 만에 시행되었다는 점에 주목할 필요가 있습니다. 곧 고려왕조는 통합 전쟁 후 곧바로 지역간·계급간 대립과 갈등의 후유증을 치유하여 명실상부한 민족통합으로 나아가기 위한 제도적 조치를 마련했던 것입니다.

본관제를 이해하는 세 가지 시각

이러한 본관제도를 종래에는 대체로 세 가지 방식으로 설명했습니다. 그 중 첫 번째 견해는 이른바 '신분적인 군현 편성', 쉽게 말하면 군현 지역에 거주하는 사람은 양인, 부곡 지역에 거주하는 사람은 천민으로 신분에 따라 주민의 거주지를 묶기 위해 본관제가 만들어졌다고 해석하는 경우입니다. 즉 주민을 신분별로 편성할 목적으로 본관제를 시행했다는 것입니다. 일본인 고려사 연구자들이 이렇게 이야기하는데, 그들은 고려 초기 사회를 노예제사회로 보고 그것을 뒷받침하는 이론으로 양인 신분과 천인 신분의 거주지를 구별하기 위해 만든 제도가 본관제라고 했습니다. 그러나 이처럼 역사발전을 낮추어 보는 견해는 지금의 연구 수준에서는 받아들일 수 없는 논리입니다.

　두 번째 견해는 개경에 근무하는 문벌귀족이 자기들의 문벌을 과시하고, 다른 가문과 구별하기 위해서 이른바 본관을 사용하기 시작했다고 보는 입장입니다. 이렇게 말하면 본관제도는 문벌을 과시하고 다른 가문과 차별을 두어 문벌귀족제를 유지하는 수단이 되겠죠. 이 이론에 따르면 본관제는 대단히 제한적인 의미가 됩니다.

　세 번째 견해는 신라 하대에 골품제가 붕괴되자 거기에 포함되어 있던 친족공동체가 분립分立하면서 자신의 아이덴티티(정체성)를 확보하기 위해 각각 본관을 달리하기 시작했다는 겁니다. 친족공동체라는 용어는 국사 교과서에도 나옵니다만, 참 설명하기 어려운 용어입니다. 어쨌든 경주의 중앙 진골귀족과 관련이 있던 지방 친족공동체들이 분립하면서 각기 본관을 사용한 것이 본관제의 기원이라고 보는 것입니다.

본관제의 새로운 해석

　대체로 이러한 세 가지 시각이 있으나, 저는 본관제를 좀더 적극적으로 해석할 필요가 있다고 생각합니다. 본관제는 고려 초기 중앙정부가 지방 세력에게 성씨와 본관을 주어 그들의 영역에 대한 지배권을 인정해주고, 지방세력의 자율성을 최대한 존중하고자 취한 정책이었습니다. 그리고 이를 계기로 그들을 국가의 지배질서에 편입시켜 그들로 하여금 민의 유망을 방지하고 조세와 역역을 수취하여 국가의 물적 기반을 확보하고 지방 사회를 안정시켜 지역적·계층적인 통합력을 제고시키려는 목적에서 시

1131(9) 8월 서경 임원궁(林原宮)에 성을 쌓고 팔성당(八聖堂)을 궁중에 설치.   1134(12) 5월 임완(林完), 묘청을 처형할 것을 상소. 9월 김부식

행되었습니다.

 고려는 통일신라와 같이 후삼국을 통합한 왕조이지만 왕조를 세운 주체
는 통일신라기 지배세력에서 소외되었던 지방세력이었습니다. 그렇기 때
문에 새로운 왕조가 건국되었지만 왕조 건국에 참여한 다양한 성향의 수
많은 지방세력을 통합해서 새로운 사회체제를 만들지 못하면, 필연적으로
붕괴할 수밖에 없었습니다. 이런 지방세력을 국가의 지배질서 속에 편입
하는 방식이 바로 본관제였던 것입니다. 본관제를 이런 차원에서 생각한
다면 앞의 견해와는 상당히 다른 의미를 갖게 되겠지요. 이상 본관제는 지
방세력을 지배질서 속에 포섭하여 후삼국 전쟁으로 크게 분열된 지역과
계층 간의 대립과 갈등을 치유하여 고려 국가와 사회의 통합이라는 정치
적 목표를 가지고 있지요. 한편으로 지방세력을 통해 민의 유망을 막고 지
방사회를 안정시키고, 왕조의 물질기반인 조세와 역역을 안정적으로 수취
하려는 사회경제적인 목표도 있었던 것이지요. 다음은 본관제를 시행하게
된 배경을 정치와 사회경제의 두 측면에서 좀 더 구체적으로 살펴보기로
하지요.

본관제 시행의 정치적 배경

 조선시대에는 역을 지는 사람을 모두 양인으로 편성해서 국가가 이들을
직접 지배했으나 고려시대에는 본관제를 통한, 즉 해당 영역 내의 지방세
력에게 지배권을 위임하여, 그들로 하여금 영역 내 농민의 유망을 방지하
고 조세를 수취케 했던 것입니다. 이러한 점이 조선왕조와 고려왕조의 민

서경 천도를 반대. 12월 황주첨(黃周瞻), 다시 칭제건원을 주장. 1135(13) 1월 묘청 등, 서경에서 반란을 일으켜 대위국(大爲國)을 건국. 서북 지역 농민

에 대한 지배방식의 차이입니다. 왜 이러한 지배양식이 고려왕조기에 시행되었을까요.

태조 왕건은 통일신라와 달리 외세를 빌리지 않고 통일을 이루었기 때문에 상대적으로 왕조 통합 후 권력행사에서 훨씬 자유로운 입장이었습니다. 그런데도 태조는 지방세력에게 '중폐비사重幣卑辭', 이른바 '많은 폐물과 공손한 언사'로 그들을 회유하고 달랬으며 또한 '취민유도取民有度', 즉 수취에 법도가 있어야 한다면서 민생을 고려한 정책을 즉위 때부터 취했습니다. 긴 내란을 평정한 승자의 특권과 오만은 찾아보기 어려울 정도입니다. 물론 어진 군주로 형상화하기 위한 의도적인 기록으로 볼 여지도 적지 않으나 태조 왕건은 당시 지방세력의 지배력을 인정하고, 그들을 통해 전국을 지배하고자 했던 것입니다.

구체적인 예를 들겠습니다. 지금 경북 성주 지역은 후삼국 전쟁기에는 벽진군碧珍郡이며, 고려시대에는 경산부京山府였습니다. 이곳은 이총언李悤言이라는 지방세력이 지배했습니다. 그가 아들과 군사를 보내 태조의 정벌에 협력하자, 태조는 그 보답으로 벽진군 주변의 정호丁戶 229호와 멀리 충주·원주·광주廣州·죽주竹州·제주堤州에서 생산되는 곡식과 소금을 주었으며, 그를 본읍本邑장군, 즉 벽진군의 장군으로 임명했습니다.

이처럼 태조는 정벌에 협조한 대가로 이총언의 경우에서처럼 그 주변 지역까지 지배영역으로 인정해주는 조치를 취했습니다. 태조가 '중폐비사'로 지방세력을 회유·귀순케 한 내용은 이총언의 경우에서 잘 알 수 있습니다. 성주 지역 토성으로 나타난 이李씨는 바로 이총언에게 내려진 성씨에서 기원한 것입니다.

이에 호응하여 봉기. 김부식, 원수元帥가 되어 서경을 침. 김부식, 정지상鄭知常 등을 죽임. 서경 반란군에 내분이 일어나 조광趙匡, 묘청을 죽이고

본관제 시행의 사회경제적 배경

한편 본관제 시행을 당시 고려의 사회 · 경제적인 수준에서 바라볼 필요가 있습니다. 조선시대만 하더라도 앞에서 설명한 대로 국가가 전국의 농민을 직접 지배했습니다. 이는 조선왕조의 지배력이 강화되었다는 일반론으로 설명할 수도 있지만, 당시 생산력 수준과도 밀접한 관련이 있습니다. 조선 초기 농업기술 수준은 상경연작농법常耕連作農法 단계로서, 매년 농사를 지을 수 있는 수준에 도달해 있었습니다. 또한 개발 수준도 높아 지역

강세황이 그린 개경의 남대문 그림(▲)과 1910년대 남대문의 모습(▶). 고려시대 군현의 발달은 주로 수령이나 지방 지배세력이 거주하는 관아를 중심으로 밀집되는 양상이었고, 그 외 경작지 주변이나 산간 · 계곡에 자리잡은 농민들의 취락지를 제외하면 거의 개발이 안 된 허허벌판의 미개간지로 채워져 있었다.

항복을 청함. 조광, 다시 반란을 일으킴. 2월 김부식, 서경 포위. 서경 함락. 1136(14) 3월 김부식을 수충정난정국공신(輸忠定難靖國功臣) 문하시중

간의 발전 격차도 크지 않았습니다. 농민들은 매년 농사를 짓고, 거기에서 일정한 생산량을 예측해 안정적인 가계를 유지할 수 있었으며, 조선 조정에서는 이러한 농업 조건 위에서 농민을 안정적으로 지배할 수 있었던 것입니다.

그러나 고려사회는 농업기술 수준이 완전한 상경농법 단계에 도달하지도 못했고, 이로 인해 지역간의 발전 격차도 매우 컸습니다. 이처럼 안정되지 못한 농업 조건과 지역간의 발전 격차로 인해 농민들은 안정적인 가계를 꾸리기보다는 개간을 위해 혹은 재해로 인해 다른 지역으로 이동할 여

(門下侍中)으로 삼음. 4월 김부식 개선. 서경의 관료를 줄임. 서경의 지방제도를 개편하고 6현을 둠.　1145(23) 12월 김부식 《삼국사기(三國史記)》 편찬

지가 컸고, 따라서 국가에서 민을 안정적으로 지배할 수 없었던 것입니다.

지역간 발전 격차는 지방사회의 가장 기초 단위인 촌락사회에도 잘 나타나 있습니다. 고려시대의 경우 군현의 발달은 수령이나 지방 지배세력이 거주하는 관아, 즉 치소治所를 중심으로 밀집되어 있는 양상이었습니다. 지방세력은 그들의 거주지인 관아 주변의 비교적 개발이 쉬운 지역에 경작지를 갖고 있었고, 농민들은 비옥한 치소 주변에서 제외되어 산간이나 계곡으로 들어가 개간을 통해 농지를 확보하는 실정이었습니다.

신라의 촌락문서를 보면 4개 촌락의 경작지 비율이 전체 촌락 면적의 4~7퍼센트에 불과합니다. 서기 7백 년대인 8세기 무렵의 상황이 이러했습니다. 사실 이후 약 1세기 간 신라 하대의 혼란과 후삼국 통합전쟁을 겪었으므로, 그 직후 성립된 고려 초기의 사정도 크게 나아진 상태는 아니라고 볼 수 있습니다. 곧 고려 초기 지방도시는 관아가 있었던 지역을 중심으로 발달하기 시작한 수준이었습니다. 경작지 주변이나 산간·계곡에 자리잡은 농민들의 취락지를 제외하면 군현과 군현 사이가 거의 개발이 안 된 허허벌판의 미개간지로 채워져 있는 실정이, 고려 초기 촌락발달 양상이었던 것입니다. 이같이 고려시기 지역 간 발전 격차는 촌락 간에도 나타나고 있었던 것이지요.

나아가 고려시대에는 군현과 군현 간의 경제력 격차도 대단히 컸습니다. 조선시대에는 360개가량의 군현이 있었으나, 군현의 규모에서 큰 차이가 없었고, 군현단위도 대체로 군과 현이 중심이었습니다. 그러나 고려시대에는 경京, 목牧, 도호부都護府, 지사부知事府, 방어군防禦郡, 지사군知事郡, 속군屬郡, 속현屬縣, 향, 부곡, 소, 처, 장 등 군현단위가 매우 다양하고 단위간 차이가 많았습니다. 왜 그랬을까요? 이 역시 경제적인 격차, 쉽게

1146(24) 2월 인종 죽음(1109~1146). 의종 즉위. | 의종(毅宗) 1146년 3월 ~ 1170년 9월 | 1147(1) 인종 장릉(長陵)에서 출토된 황통육년재명인종시책

말하면 지역간 발전 격차가 매우 컸기 때문입니다. 이 때문에 고려왕조가 제 아무리 강한 집권력을 가졌더라도 전 지역을 일률적으로 지배할 수 없었던 것입니다. 초등학생과 중학생, 고등학생과 대학생을 앉혀놓고 같은 주제의 강의를 할 수 없는 것과 마찬가지라고 할 수 있지요.

　이같이 본관제를 시행한 배경에는 당시 사회적 생산력 수준과 밀접한 관련이 있습니다. 이같이 고려왕조 성립기의 정치적 사회경제적 배경 속에 성립된 본관제는 결과적으로 후삼국시대 이래 크게 분열되었던 지방사회를 아울러 실질적인 민족통합 국가를 이룩하는 데 큰 역할을 했습니다. 민족통합의 모델로서 본관제가 지닌 역사적 기능은 여기서 찾을 수 있습니다.

본관제의 특성과 역사적 의의

이제 본관제의 특성과 그 역사적 의의를 살펴보도록 합시다. 본관제는 고려 전기 사회의 특성, 나아가 고려사회의 발전원리를 이해하는 매우 중요한 주제입니다. 그런데 이 문제를 가지고 고려사회의 특성을 이해하기 시작한 것은 1980년대 후반부터였습니다. 물론 그렇다고 해서 그 이전에 이 문제를 제대로 해석하지 못했던 것은 아니었습니다. 이는 역사와 문화를 바라보는 시각과 관련이 있습니다.

역사를 보는 추체험적 시각

예를 들어 일제시대 동경에 가서 아주 깨끗하고 번화한 거리와 높은 문명 수준을 본 유학생들이 '이래

김정순(金正純)·유필(庾弼)·김거공(金巨公)의 집을 각각 안창궁(安昌宮)·정화궁(靜和宮)·연창궁(連昌宮)·서풍궁(瑞豊宮)으로 삼음. 민가 50채를 헐어

서는 안 되겠다, 조선을 새롭게 발전시켜야겠다' 고 생각하는 것까지는 자연스러운 일입니다. 그러나 거기서 한 걸음 더 나아가 조선의 후진성을 기정사실화하고 그 원인이 잘못된 민족성에 있으니 민족을 개조해야 한다고 생각하는 것에는 문제가 있습니다. 조선은 근대문물의 수용에서 늦긴 했으나, 그 나름대로 문화를 꽃피우고 5백 년 간 왕조를 유지해온 문화적 독창성을 갖고 있었습니다. 따라서 당시 발전된 일본의 기준을 갖고 조선의 문화를 봐서는 안 되는 것입니다. 이런 인식이 잘못 발전하면 식민지 지배를 인정하는 패배주의로 나아갈 수 있습니다.

우리가 역사를 보는 시각도 마찬가지라고 생각합니다. 역사연구는 일차적으로 연구대상 그 자체의 발전논리를 찾아야 하고, 그런 다음 주변 문화나 역사와 비교하는 관점에서 연구대상을 바라보아야 합니다. 이를 다른 말로 하면, 역사를 볼 때 특수성과 보편성, 곧 주관과 객관의 입장을 가져야 한다는 것이죠.

앞에 들었던 비유를 서구 근대문명의 수용 과정이라는 보편성의 입장에서 본다면 1920년대 동경과 조선사회는 분명 차이가 있습니다. 그러나 그 차이는 단순히 우열의 관점이 아니라, 양국의 역사발전의 특성 등 다른 차원에서 접근해야 하는 문제입니다. 이를 특수성이라는 입장에서 보면 1920년대 조선은 식민지라는 역사조건에서, 그리고 동경은 식민제국의 중심지라는 차원에서 바라보아야 비로소 균형된 시각을 가질 수 있는 것입니다.

이런 관점을 한국사 전체로 확대해 보면, 한국사에서 세계사적인 보편성은 무엇이고, 한국사의 고유한 발전원리인 특수성은 무엇인가 하는 양날의 시각을 갖고 역사를 봐야 하는 것입니다. 그래서

건립. 그외 관란정(觀瀾亭)·양이정(養怡亭)·양화정(養和亭)·환희대(歡喜臺)·미성대(美成臺) 등 건립. 1167(21) 3월 중미정(衆美亭) 건립에

충북에서 발견된 사자 모양의 청동 도장. 원형의 밑변에는 '보수寶壽' 라는 글자가 새겨져 있다.

역사를 제대로 공부한 사람들은 한 인간을 보더라도 섣부르게 판단하지 않습니다. 먼저 그 사람의 입장에서 이해하고, 한편으로 다른 사람과 비교해서 그 사람의 입장을 헤아려야 한 인간에 대한 온전한 평가가 나올 수 있기 때문입니다. 추체험追體驗이라는 용어가 있습니다. 이는 내가 그 사람 속에 들어가서 그 사람의 입장에서 생각하고 다시 그 사람과 일정한 거리를 두고 다른 사람과 비교하는 인식행위를 말하는데, 역사를 보는 데도 이런 관점이 필요하다고 생각합니다.

조선시대 시각으로 본 고려사 해석의 오류

이런 태도는 특히 고려시대 역사를 연구할 때 요구되는 자세입니다. 지금까지는 조선시대 시각으로 고려사를 보아왔기 때문에 고려사회는 조선에 비해 후진적이고 미성숙한 사회로 혹은 조선사회로 발전하는 과도기 사회로 인식된 경향이 없지 않았던 것입니다. 이러한 인식이 만연하는 한 고려사회의 특성이나 발전원리는 제대로 밝혀질 수 없을 것입니다. 예를 들면 지금까지 언급한 본관제는 고려 특유의 사회조직 원리인데도, 이 문제를 조선시대 제도와 관련시켜 이해했기 때문에 그 의미는 적극적으로 해석하지 못한, 그야말로 취약한 인식 수준에 머물러 있는 실정입니다.

또 다른 예를 들자면 고려의 지방제도에 대한 이해입니다. 고려시대는 조선과 달리 속현이 광범위하게 존재하며, 전국이 8도체제로 단일화된 조선과 달리 양계 지역이라고 해서 함경도 지역의 동북면(동계)과 평안도 지역의 서북면(북계)으로 나뉜 군사 지역, 왕궁이 있는 개경의 경기체제, 그리고 개경 이남 지역의 5도체제로 구성되어 전국이 3원적인 체제로 행정 구획화되었습니다. 그런데 이런 행정구획과 지방관이 없는 속현이 많았던 사실을 들어 고려왕조의 지방제도가 미숙하다거나, 집권력이 대단히 취약하다는 식으로 얘기하곤 합니다. 그러나 이러한 시각은 근본적으로 조선시대의 시각으로 고려왕조를 본 결과에 불과합니다. 지방제도를 고려왕조의 자체 발전원리 속에서 그 특성을 밝히는 등 본격적으로 접근한 결과가 아닌 것입니다.

물론 조선에 비해 지방사회를 장악하는 강도가 약했던 것은 사실이나, 이것으로서 고려시대 지방사회 구조를 충분히 이해했다고 말할 수는 없습니다. 조선시대에는 어느 지역에 살고 있느냐는 사실만으로 그 사람의 사회·경제적 위상이나 처지를 판단하기 어려우나, 고려시대에는 본관이 어디냐에 따라 그런 사실을 어느 정도 알 수 있었습니다. 예를 들어 부곡을 본관으로 하고 있느냐, 군이나 현을 본관으로 하고 있느냐에 따라 그 사람의 신분 지위나 위상이 달라지는 겁니다. 그래서 본관제 자체는 계서적階序的, 즉 차별적인 의미를 갖습니다. 종래 일본인 연구자들이 말하듯이 부곡에 사는 사람은 천민이다, 군현에 사는 사람은 양인이다 하는 정도의 신분적 차이는 아니라 하더라도, 본관을 보면 그 사람이 무엇을 하고 사는 사람인가를 쉽게 구별할 수 있다는 것입니다.

본관제의 특성 (1), 복합적·계서적인 지방제도

이같이 본관제는 대단히 복합적인 사회구조를 형성시켰습니다. 크게 보면 군현제와 부곡제로 나뉘지만 군현 내부에서도 주현과 속현으로, 주현은 다시 경·목·도호부·군·현·진 등으로, 속현은 속군과 속현으로 구분되고 부곡제는 향·부곡·소·장·처·진津·역驛 지역 등으로 구분되는 등, 고려의 지방사회는 단위 자체가 다양한 층위의 차별성을 갖는 등차적인 사회구조로 구성되어 있습니다. 쉽게 이야기하면 본관과 본관 사이에도 일정한 차이가 있어 군현을 본관으로 하는 사람, 부곡을 본관으로 하는 사람, 또 군현을 본관으로 하는 사람 중에도 주현에 거주하는가 속현에 거주하는가에 따라, 그리고 부곡을 본관으로 하는 사람 중에도 향에 거주하는가, 부곡에 거주하는가, 소에 거주하는가에 따라서 지위가 달라지는 것입니다.

이같이 격을 달리하는 수많은 본관 단위가 지방사회에 벌집처럼 분포되어 있는 특이한 사회구조를 고려사회 구조의 특징이라 할 수 있습니다. 그렇기 때문에 고려사회를 '벌집구조의 사회'라고 부르기도 하는데, 이런 점이 조선시대와 다른 점이자, 고려사회의 특성을 규정하는 부분입니다. 조선에 비해 고려의 지방제도가 미숙한 것이 아니라, 도리어 그러한 점이 고려왕조의 특성이 되는 것입니다. 단순히 고려시대 지방사회는 대단히 미숙하고 중앙집권도가 낮다는 식으로 보는 것이 아니라 당시 사회·경제적인 생산력 수준 차이가 복합적이고 계서적인 지방 지배체제로 나타났다고 보는 것이 올바른 인식행위라고 생각합니다. 이런 점에서 본관제는 고려문화를 이해하는 중요한 틀이 될 수 있습니다.

본관제의 특성 (2), 영역규제

두 번째로 본관제의 특성은 본관을 영역 단위로 묶는 데 상당한 규제가 작용했다는 점입니다. 쉽게 말하면 일단 본관을 부여받은 사람은 직업 선택과 이동에 상당한 규제를 받았다는 것입니다. 과거에 합격해 관료가 되거나 군인이 되어 다른 지역에 거주하는 경우를 제외하고 고려시대 사람들은 거주와 이동에서 제한을 받았습니다. 조선시대에는 그렇지 않았지요. 조선시대에는 고려에 비해 거주나 이동의 자유가 있었습니다.

그러나 고려시대에는 만약 내가 오늘의 경기도 용인龍仁의 처인處仁부곡에 거주한다면, 특별히 과거에 합격한다든가 국가에 큰 군공을 세워서 신분이 향상되기 전에는, 자식에게까지 각종 역이 세습되면서 처인부곡민으로서만 살아야 합니다. 호적에도 본관이 기록되어 쉽게 이동할 수가 없습니다.

예를 들어 고려시대에 귀향형歸鄕刑이라는 것이 있었습니다. 이 형은 관료가 되어 개경에 가서 거주하던 사람이 부정한 행위를 저지르거나 큰 범죄를 저지르면 자기 본관으로 돌려보내는 것입니다. 이건 무엇을 얘기하느냐? 개경에 거주하면서 관료로서 누리는 특권을 박탈하는 것입니다.

이처럼 고려는 귀향형이라는 독특한 제도를 통해서 관료들의 거주와 이동을 제한했으며, 일반인은 본관을 이탈하려면 수령이나 그 지방 향리의 허가를 받도록 했습니다. 본관 자체가 하나의 규제 대상이 되었던 것이죠.

고려시대에 본관을 벗어나는 것은 신분상승을 통해서만 가능했습니다. 군인이나 향리가 되거나 과거를 통해서 관료가 되는 경우이지요. 고려사회를 흔히 문벌귀족제 사회라고 하는데 이 역시 본관제의 원리와 밀접한 관

500년 고려사

민의 봉기 발생 | **1172(2)** 6월 53개 현에 감무를 증치 | **1173(3)** 8월 김보당(金甫當), 의종을 복위시키려 반란(계사의 난). 9월 김보당 처형(?~1173).

3장 민족통합의 모델, 고려왕조의 본관제 153

련이 있습니다. 이 점에서 고려사회는 조선사회와는 상당히 달랐습니다.

또한 고려시대에는 농민항쟁이 일어나기 전에 유망 현상이 광범위하게 일어났는데 이는 자기 본관에서 벗어나 다른 지역으로 도망하는 것을 말합니다. 본관에 머물러 있으면 계속 역을 져야 하고 수탈당하기 때문에 본관을 떠나버리는 유망 현상이 농민항쟁 직전에 아주 보편적으로 나타난 것입니다. 이 역시 본관을 통해 영역을 규제하기 때문에 나타난 현상입니다. 농민항쟁으로 저항하기 전에 먼저 본관에서 이탈한 것이니, 이를테면 소극적인 형태의 항쟁이라고 볼 수 있지요. 이처럼 본관제를 토대로 했던 고려의 지방제도는 12세기 초 유망이 대거 발생하자 감무監務라는 새로운 형태의 지방관제도를 시행하는 등 지방제도와 대민지배 방식 자체가 변화됩니다.

이렇게 영역규제가 나올 수밖에 없었던 것은 근원적으로 신라 말·고려 초의 상황에서 비롯되었습니다. 지방세력들이 성주와 장군이 되고 그 밑에 배고픈 사람들이 들어오면 먹여 살리고 농사짓게 해주는 한편 유사시에는 군인으로서 영역을 지키게 했던 전통이, 결과적으로 고려시대에 와서 지방세력들의 거주지를 중심으로 하나의 본관으로 묶어 규제하는 제도, 즉 본관제로 정착된 것입니다. 귀향형이라는 것도 바로 그런 역사적 배경에서 나온 것입니다.

본관제의 특성 (3), 중앙과 지방세력 간 타협의 산물

본관제의 세 번째 특성을 살펴봅시다. 본관제가 전적으로 국가의 일방

적인 강제 속에서 시행되었는가 하는 문제입니다. 저는 본관제를 고려 정부가 지방에 대해 일방적으로 제도화시켰다고 보지는 않습니다. 본관제는 지방세력과 중앙정부 간의 상호 공생관계 혹은 상호 의존관계의 산물이라고 생각되며, 나아가 고려왕조 성립 과정상의 역사성이 반영되어 있습니다.

후삼국 통합전쟁은 견훤이 후백제를 건국한 892년부터 936년까지 거의 45년 간 지속된 정말 지긋지긋한 대규모 전란이었습니다. 한국사에서 몇 안 되는 장기간의 내란이었지요. 이를 수습한 고려 태조 왕건은 지방세력을 일방적으로 해체시키지 않고, 그들의 근거지를 본관으로 삼아 성씨를 부여하고 본관 영역에 대한 지배권을 일정 부분 인정했습니다. 또한 그러한 권한과 함께 한편으로는 본관 영역 내의 주민들에게 조세를 수취하고 역역을 징발하여 중앙의 지방지배를 보조하는 의무를 부여했으며, 농민들의 유망을 방지하고 재생산 기반을 확보하기 위해 농사를 권장하는 권농의 의무도 부여했습니다.

지방세력의 권리와 의무

특히 권리의 측면에서 지방세력에게 사성, 즉 성씨를 부여한 것은 바로 그 지역의 유력한 세력으로서 권위를 부여한 것입니다. 그래서 이 시기의 기록을 보면 지방세력이 스스로를 '족망族望'이라고 칭하는 것이 많이 나타나는데, 이 말은 유망한 족속이라는 뜻입니다. 이외에도 관족冠族·군망郡望이라는 말이 나오는데, '관冠'은 으뜸·최고라는 뜻이므로 관족은 지역 최고의 명족名族이라는 뜻이며, '군망' 역시 군에서 유망한 족속이라는 뜻으로 사용했던 말입니다.

중앙으로부터 성씨를 부여받은 것은 결과적으로 통일신라 하대부터 가졌던 지배권을 그대로 이어받는 것이므로 그만큼 지위가 공고해질 수 있었고, 그러한 자신감에서 스스로를 망족·관족·군망으로 표현한 것입니다. 한편 지방세력은 영역 내 농민들의 유망을 방지하면서 중앙을 대신해서 조세를 거두고 역역을 징발하여 중앙의 물적인 기반을 보완하는 의무를 가졌습니다. 상호 공생·의존의 관계는 바로 이 같은 권리와 의무의 관계를 살펴보면 잘 알 수 있습니다.

중앙정부에서는 이 사람들을 군망·망족·관족으로 인정하는 한편 과거제를 통해 이 사람들을 중앙관료가 되게 해서 토호적인 성격을 없애고자 했습니다.

또한 기인제도其人制度라는 것을 만들어 지방세력의 자제를 일종의 인질 형식으로 중앙에 데려오는 한편, 중앙의 관료들을 다시 자기 지방의 사심관事審官으로 임명해 지방통치를 보완하고자 했습니다. 고려왕조는 이와 같은 복잡한 장치를 통해 지방세력을 견제하는 한편 이들에게 관료가 되어 지배 신분을 유지하는 특권을 부여했던 것입니다. 오늘의 입장에서 보면 철저히 주고받기 식의 상호공존과 의존관계를 통해 왕조체제를 유지했던 것이지요.

청주 용두사지 철당간

조위총 공격. 윤인첨, 조위총군에게 패배. 12월 정균(鄭筠), 이의방 제거. 정중부를 문하시중으로 임명.　1175(5) 8월 남적(南賊) 석령사(石令史) 기병(起兵).

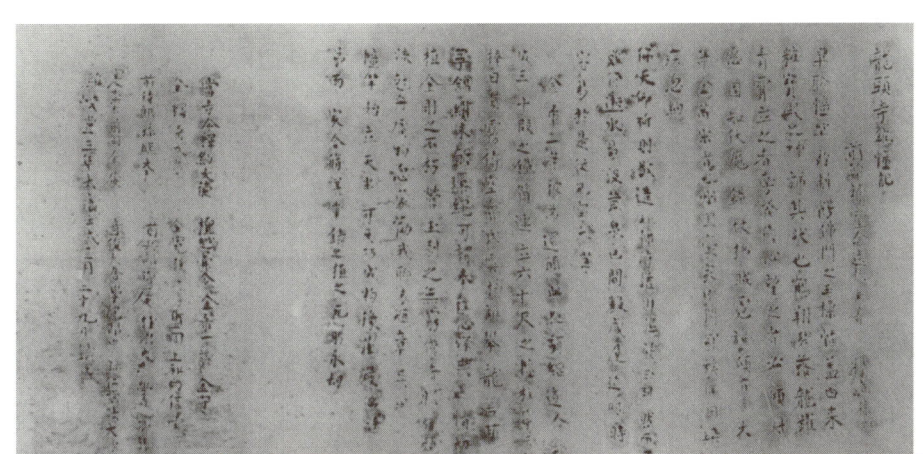

청주 용두사지 철당간 명문 탁본. 962년(광종 13)에 제작된 것으로 주리州里의 호가豪家 김예종 金乂宗이라는 사람이 염질로 인하여 철당간을 주조하게 되었음을 밝혀놓았다. 여기에도 '향여관 족鄕閭冠族'이라는 표현이 보인다.

그렇다면 중앙정부와 지방세력 사이에 왜 그런 관계를 맺어야 했을까요?

본관제의 역사적 의의

고려왕조의 탄생을 주도했던 지방세력이나 중앙의 권력가들은 수십 년 간의 전쟁으로 폭발 직전인 민의 불만을 어떤 방식으로든 잠재우지 않으면, 지배기반 자체가 송두리째 사라질 수도 있는 상황이었습니다. 민의 불만을 잠재우고 향촌사회를 안정화시키는 한편 자신들의 지배력과 경제력을 유지하려면, 본관제라는 장치를 통해 상호공생·의존의 관계를 지속할 수밖에 없었던 것입니다.

이처럼 승자로서 민에 대해 자신들의 일방적인 이익을 관철시키지 않았다는 점에서 본관제는 진보의 의미를 갖지만, 민에 대해 눈에 보이지 않는 또 다른 억압기구로 작용했던 것도 사실입니다. 본관제의 또 다른 역사적인 의의는 여기에 있습니다.

마지막으로 본관제하의 인재 충원방식이 다른 왕조와 비교해서 어떤 의미를 지니는가를 살펴봅시다. 통일신라는 진골귀족이 정치·경제력을 철저하게 장악하고 진골 혈통을 가진 후손만이 관료가 될 수 있었던 폐쇄적인 사회였으며, 조선사회는 비록 사대부들이 왕조를 건국했으나 모든 양인 신분에게 지배층이 될 수 있는 기회를 부여한 매우 경쟁적이고 개방적인 체제였습니다.

이에 비해 고려왕조는 통일신라사회의 폐쇄성을 극복하고 그동안 소외

(亡所伊) 봉기, 자칭 산행병마사(山行兵馬使). 공주 함락, 2월 정황재(丁黃載)에게 장사 3천 명으로 남적을 토벌케 함, 6월 공주 명학소를 충순현(忠順縣)으로

되었던 광범위한 지방세력을 축으로 성립되어, 신라 하대 이래 계속된 계층간·지역간의 분열상을 극복하고 새로운 사회통합을 이루어냈다는 점에서 발전적인 측면이 있었습니다.

그러나 지방세력을 백성층으로 묶어 이들을 중심으로 지배 신분층을 충원했다는 점에서 조선사회에 비해서는 상대적으로 덜 개방된 면모를 보인 독특한 사회라고 할 수 있습니다.

본관제는 그런 점에서 고려사회의 성립 과정상의 특성, 나아가 고려사회의 특성을 집약적으로 보여준다는 역사적 의의를 갖고 있습니다.

승격 조위총의 봉기 진압. 9월 남적. 예산현(禮山縣) 함락. 감무 죽임. 12월 적고(賊考) 손청(孫淸) 병마사를 자칭. 가야산(伽耶山) 일대에서 활동. 좌우처치사

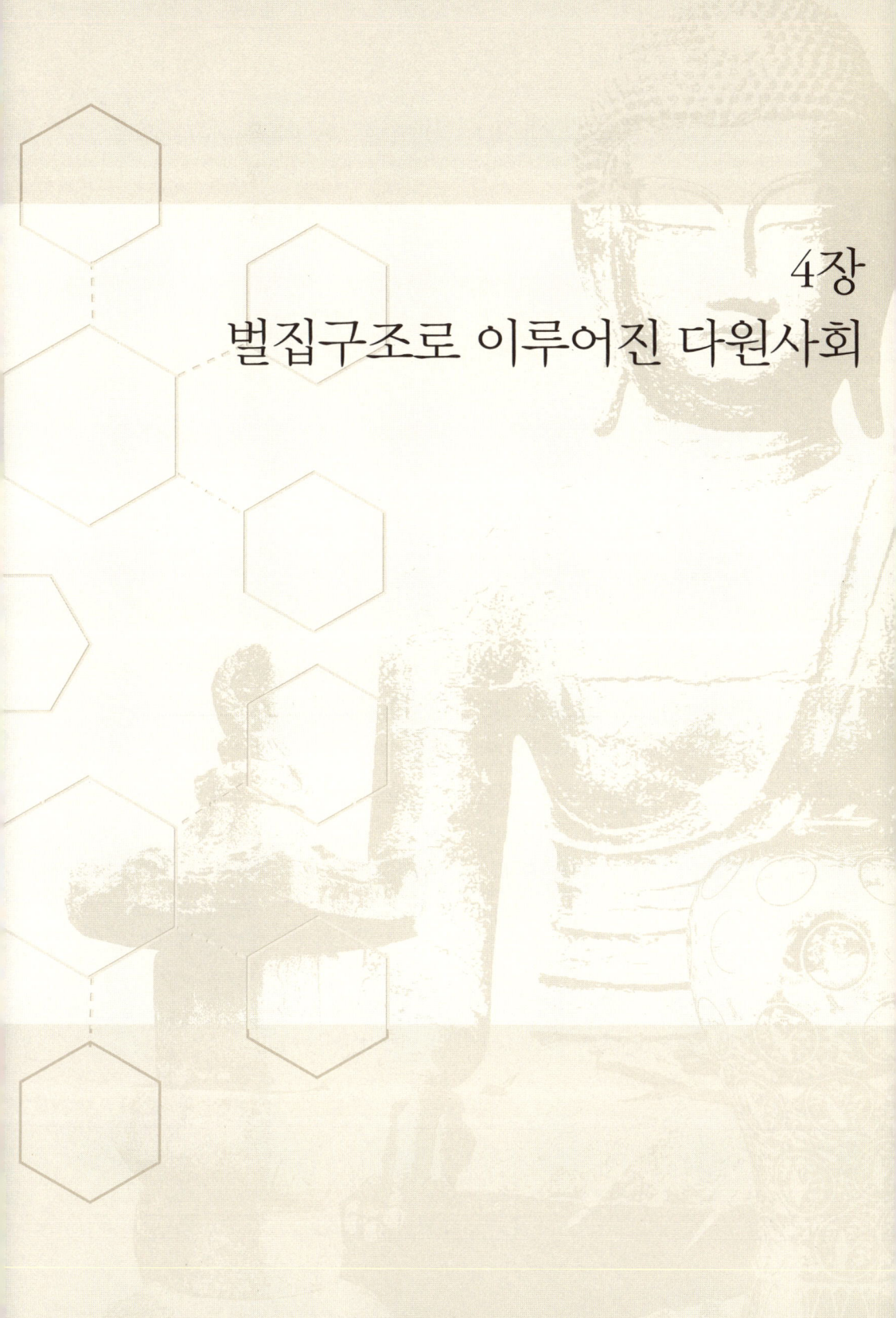

4장
벌집구조로 이루어진 다원사회

분할적 형태의 재정 · 경제구조

고려왕조의 재정 명세표

고려시대의 경제구조에도 고려사회의 특성이 잘 반영되어 있습니다. 고려시대 경제규모와 운영방식을 한 눈에 파악할 수 있는 자료로는, 고려 말 이성계 일파가 위화도 회군을 단행한 후 1389년(공양왕 즉위년) 12월 조준趙浚이 올린 제2차 전제개혁 상소문이 있습니다.

"지금 6도 관찰사가 보고한 간전墾田의 수는 50만 결도 되지 않습니다. 그러나 공상供上은 풍족하지 않으면 안 된다는 이유로 10만 결은 우창右倉에 소속시키고 3만 결은 사고에 소속시켰으며, 녹봉이 후하지 않아서는 안 되는 까닭에 10만 결을 좌창左倉에 소속시켰으며 선비를 우대하지 않으면 안 되는 까닭에 경기의 토지 10만 결을 절급하였습니다. 나머지는 다만 17만 결뿐입니다. 무릇 6도의 군사, 진津·원院·역驛·사寺의 토지와 향리鄕吏·사객使客·늠급廩給·아록衙祿의 쓰임에도 오히려 부족한데, 군수軍須에 지출할 토지가 없습니다.

그리고 지금 또 외방에서 사전私田을 지급하고자 하니 공상·녹봉의 경비와 진·원·역·사의 여러 위전位田은 어디서 나올 것인지, 방진方鎭의 군사와 해도海道의 군사들에게는 무엇으로써 공급하여야 할지 알지 못하겠습니다. 만일 3~4년 수재나 한재가 있으면 무엇으로 진휼하겠습니까? 수많은 군사들의 식량은 무엇으로 공급하겠습니까?"

이에 따르면 당시 전국 토지 50만 결은 우창 소속 10만 결, 사고 3만 결, 좌창 10만 결, 과전지 10만 결로 각각 배분되어 있고 나머지 17만 결은 군인 및 군수비용, 각 교통기관에 대한 비용, 향리 등 여러 직역 부담자에 대한 비용으로 배분되어 있습니다.

물론 위 기록은 전제개혁론자들이 50만 결로는 군사비용이 나오지 않을 정도로 턱없이 부족하니 전제개혁田制改革이 불가피하다는 것을 강조하기 위해 제시한 것입니다만, 우리는 여기서 고려시대의 토지체계, 재정운영체계의 특징을 찾아볼 수 있습니다.

구체적으로 위의 토지 가운데 좌창과 우창에 소속된 토지 20만 결은 국가에 조세를 내는 토지로서 공전公田이라 합니다. 이러한 조세 수취방식은 다른 왕조와 별다른 차이가 없지요. 그러나 다음의 사전私田이야말로 고려왕조기 재정경제구조의 특성을 담고 있지요. 나머지 과전 10만 결과 군인·교통기관·향리 등의 직역자에게 지급된 토지는 조세가 개인이나 각

미륵산적(彌勒山賊) 항복, 망이 등 다시 봉기, 가야사(伽耶寺) 공격, 남적, 황려현(黃驪縣)·진주(鎭州) 공격, 가야산 적수(賊首) 손청과 그의 무리 처형

신안선에서 나온 '지대통보'. 1310년에 만들어진 이 동전으로 신안선의 침몰연대를 알게 해준다.

高麗史卷七十八　三十六

無彊之今典　十二月恭讓王即位大司憲
趙浚等又上疏論田制曰上天悔禍群凶已
滅辛氏已除當一軍私田以開斯民富壽之
域此其機也而世臣巨室不念社稷之大計
猶踵弊風相與流言煽動人心欲復私田而
殿下中興即位之旬日輸生民之塗炭深懲
積世之巨害遠述成周圭田菜地之法近遵
文廟開廣京畿之制京畿則給居京侍衛者
之田以優士族即文王仕者世祿之美意也

諸道則止給軍四以㤼軍士即祖宗選軍給
田之良法也乃使中外之經界截然不得相
亂社稷兼并之門塞事訟之路誠聖制也然
田於京畿而數未滿者亦欲於外方給之是
之中也臣等欲致中興之理非臣等所敢知
之復開兼并之門置三韓億兆之民於湯火
下也今六道制而欲以殿下中興之盛惜之
先正田制而欲致中興之理非臣等所敢知
也今六道觀察使所報墾田之數不滿五十
萬結矣而供上不可不豐也故以十萬而屬

조준이 올린 제2차 전제개혁 상소문.

高麗史卷七十八　三十七

右倉以三萬而屬四庫祿俸不可不厚也故
以十萬而屬左倉朝士不可不優也故以畿
田十萬而折給之其餘止十七萬而已凡六
道之軍士津院驛寺之田鄉吏使客廩給衙
祿之用尚且不足而軍須之出則無地矣而
今又欲給私田於外方未審供上祿俸之費
之用何從而出乎方鎮之夫
津院驛寺諸位之田何以供乎萬一有三四年水旱
海道之軍何以供給乎諸位之田何以
之突何以贍之千萬軍饋餉之費何以供之

殿下上繼太祖之洪業下啓中興之基
不泣此時儲國用以足祭祀賓客之用豐祿
俸以厚百官足兵食以養三軍而乃反嫌巨
室之流言不念生民之大害復私田於外方
以開奸猾得乘并之門飢三軍而長六道之邊
寇薄官祿而慈百官之廉恥缺國用而乏
祀賓客之供豈經國濟民之政乎願殿下凡
居京者只給畿內田不許外方給之定為成
憲與民更始以足國用以厚民生以優朝士

志卷第三十二　食貨一

서해도(西海道)에서 도적 발생. 정부 박소(朴紹) 파견하여 주현군으로 토벌케 함. 3월 망이 등, 홍경원(弘慶院) 등 불태우고 개경 공격의 의지를 표명.

164　새로 쓴 5백년 고려사

기관에 귀속되기 때문에 사전私田이라 합니다. 그러니까 전체 토지의 60퍼센트가 일반 관료·군인·향리 등 개인과 각종 관청에 지급된 것이지요. 흔히 이러한 토지는 전시과田柴科 토지라고 하지요. 고려 말에 제정된 과전법도 같은 성격의 토지입니다. 그러나 과전법은 100년이 채 못되어 폐지됩니다. 그러나 전시과제도는 5백년 고려왕조기 내내 유지됩니다. 고려왕조의 재정경제구조의 특성은 바로 여기에 있지요. 고려시대 재정경제구조의 특징을 전시과제도에서 찾는 것은 이 때문입니다. 이같이 전시과 제도는 사전에 해당하는 토지를 중심으로 운영되었습니다.

사전은 조세에 대한 수취권, 즉 수조권收租權이 개인이나 기관에 위임되었기 때문에 세입위임지歲入委任地라고 합니다. 그러니까 사전은 개인이나 기관(관청)이 직접 조세를 거두어들이는 토지이지요. 이에 비해 공전은 수조권이 국가에 있기 때문에 국가세입지國家歲入地라고 합니다. 국가가 직접 조세를 거두어들이는 토지가 공전이 되는 것이지요. 먼저 국가세입지인 공전부터 살펴보기로 하겠습니다.

국가세입지의 실체

국가세입지로부터 들어온 조세는 좌창과 우창에서 관리합니다. 우창에 소속된 10만 결의 토지에서 거두어들인 조세는 중앙정부가 직접 사용하는 경비, 즉 각종 제사·사신 접대와 파견·각종 토목공사에 소요되는 비용으로 사용했고, 일반 관리들의 녹봉祿俸은 좌창에 소속된 10만 결 토지의 조세로서 충당했습니다. 이러한 재정운영 방식은 조선시대에도 마찬가지

좌도병마사(左道兵馬使), 적수 이광(李光) 등 100여 명 체포, 4월 의주·정주(靜州)민 봉기, 남적, 청주(淸州) 관내 속군현 함락. 5월 조위총 여중(餘衆) 5백여 명

였습니다. 고려시대에 국가가 직접 조세를 거두어들인 토지는 민전民田이었습니다. 관리들의 개인 소유지도 포함되지만 일반 민의 소유가 대부분이었기 때문에 민전이라 하였는데, 이 민전이 국가세입지, 즉 공전의 토대가 되었습니다.

예로 든 고려 말의 기록에서 전국 50만 결의 토지 중 국가세입지인 좌창과 우창의 20만 결은 전체 토지의 40퍼센트 정도에 불과합니다. 이보다는 전체 토지의 60퍼센트를 차지하는 나머지 30만 결의 토지, 즉 사전인 세입위임지의 운영방식에 고려시대 재정운영과 경제구조의 특징이 집약되어 있습니다.

세입위임지의 실체

사전에 해당하는 30만 결의 토지는 국가가 직접 관리하지 않고, 각 기관이나 국가에 역을 지는 개인에게 위임시켜 운영하게 했습니다. 이를 세입위임지라 하는데, 세입위임지의 대표적인 토지는 전시과의 토지입니다. 전체 토지의 60퍼센트를 국가가 직접 조세를 거두지 않고 관청이나 개인에게 조세 수취를 맡긴다는 사실이야말로 고려왕조의 또다른 특성을 잘 드러내주는 부분이지요. 때문에 고려시대 토지제도의 특징을 전시과 제도에서 찾았던 것이지요.

전시과에는 여러 가지 토지 지목이 있습니다. 관료들에게 지급된 양반전兩班田(혹은 과전科田), 공신들에게 지급된 양반공음전兩班功蔭田(혹은 공음전功蔭田), 군인들에게 지급된 군인전軍人田, 향리들에게 지급된 향리전鄕吏

《고려사》〈식화지〉 서문과 전제 조 서문 부분.

田이 있는가 하면 관청에 지급된 공해전이 있습니다. 그 외에도 군사기관에 지급된 둔전屯田, 향교·국자감 등 학교기관에 지급된 학전學田, 왕실과 사원에 지급된 장처전莊處田, 각종 교통기관에 지급된 역진전驛津田, 칼이나 종이 등을 제작하는 수공업자에게 지급된 도위刀位·지위전紙位田 등 각종 위전位田도 있었습니다. 이러한 다양한 토지지목을 역을 지는 기관이나 사람에게 바로 지급해서, 이들로 하여금 직접 경작하거나 국가가 지정한 경작자를 통해 경작해서 나오는 조세수입으로 각종 비용을 충당하게 했습니다.

전시과, 개인과 관청에 수조권을 위임하다

고려시대 전시과제도는 잘 알려진 대로 태조 23년 역분전제도를 기초로 해서 경종대 시정始定전시과, 목종대 개정改定전시과를 거쳐 문종 30년(1074)에 양반兩班전시과로 완비됩니다. 양반전시과는 18과로 나누어 관품과 관직에 따라 최고 150결(토지 1백 결, 땔감나무 채취지 50결)에서 최하 17결이 지급되었습니다.

요즈음 토지단위는 미터법으로 통일되어 있으나, 조선시대와 고려시대에는 '결結' 이 토지면적의 기본 단위였습니다. 고려시대 1결의 단위는 처음에는 일정 면적이었으나, 고려 후기부터는 일정한 수확량을 기준으로 했습니다. 고려 전기 1결의 면적을 지금의 기준으로 환산하면 1천 2백 평

《고려사》 〈식화지〉 전시과 조 부분.

정도이며, 토지의 비옥도에 따라 1결당 생산량은 최고 18석에서 10석 정도이며, 토지의 비옥도에 따라 1결당 생산량은 최고 18석에서 10석 정도였습니다. 그러나 고려 후기에는 20석이 생산되는 면적을 1결이라 했습니다. 이 때문에 1결의 면적은 토지의 비옥도에 따라 들쭉날쭉했습니다.

가령 고려시대 A라는 관리가 전시과 토지로 12과 50결의 토지를 받았다면, 이는 실제 어떤 방식으로 국가에서 토지를 받았다는 것일까요? 그만한 토지를 직접 지급받았다고 보아야 할까요? 그렇지 않습니다. 이는 A라는 관리가 50결의 생산량에서 법정 조세율인 10분의 1만큼의 조세를 거두어들일 수 있는 권한, 즉 수조권을 지급받았다는 뜻입니다. 예컨대 A라는 관리는 국가가 지정한 포천군의 B라는 농민에게 매년 조세를 받을 수 있는 권리를 국가로부터 위임받은 것이지요. B라는 농민이 1백 결의 농지를 갖고 있다면, 그는 이 가운데 50결에 대한 조세는 A라는 관리에게 내고, 나머지 50결에 대한 조세만 국가에 냈습니다. 한편 A라는 관리가 1백 결의 토지를 갖고 있다면, 전시과로 지급받은 50결 분만큼의 조세는 면제받고 나머지 50결 분의 조세만 국가에 납부하는 방식도 있었습니다. 흔히 이를 면조권免租權이라 했습니다. 수조권과 동일한 취지의 지급방식이라 할 수 있습니다.

국가는 제도적으로 A라는 관리를 전주田主, 실제 토지 소유주인 B라는 농민을 전객佃客이라 규정했습니다. 그야말로 주객이 전도된 것이지요. B라는 농민은 전시과로 지정된 토지를 함부로 매매하거나 상속할 수 없고 반드시 국가의 허락을 받아야 했습니다. 그만큼 B라는 농민의 소유권 행사는 제한될 수밖에 없었습니다. 이러한 제도를 수조권제도라 합니다. 전시과 제도는 이같이 수조권제도에 근거하여 운영되었지요.

그런데 수조권자인 관리들은 단순히 조세만 거두어들인 것이 아니라 매년 농사의 풍흉에 따라 수확량을 책정하는 답험손실권踏驗損實權도 갖고 있었습니다. 때문에 이들이 수확량을 실제보다 높게 책정해서 더 많은 조세를 거두는 등 조세 수납 과정에서 불법적인 수취를 일삼아 농민의 불만이 가중될 수밖에 없었습니다. 고려시대 전시과와 녹과전祿科田, 조선시대 과전법이 이런 방식으로 운영되다가 15세기 말에 해체된 것도 수조권적 토지지배에 따른 농민들의 저항 때문이었습니다.

이처럼 고려시대에는 재정의 용도별, 사용처별로 각 관청이나 개인에게 재정운영권을 위임해서 그들로 하여금 독자적으로 재정을 운영하게 했습니다. 세입위임지가 바로 이 부분으로서, 여기서 고려시대 토지제도와 재정운영의 중요한 특징을 찾아볼 수 있습니다.

전시과와 과전법의 차이

고려시대의 전시과는 관료 개인뿐만 아니라 관청에도 토지가 지급되었습니다. 개인에게 지급된 토지로서 관료에게 지급되는 과전, 공신에게 지급되는 공음전, 군인에게 군인전, 향리에게 향리전, 그리고 과거 합격자에게 주는 등과전登科田 등이 있었습니다. 그리고 관청에 지급된 토지로는 관청에 지급된 공해전, 군사기관에 지급된 둔전, 학교기관에 지급된 학전 등이 있습니다. 그 외에도 교통의 요지에 있는 역驛이나 나루터인 진津에도 토지가 지급되고, 사원과 왕실에도 장처전이 지급되었으며 심지어 성황신城隍神을 모시는 성황신사에도 토지가 지급되었습니다.

이에 비해 조선 초기의 과전법은 현직 관료나 산관散官에게만 지급되었

두 현 페이지, 3월 전주민 기두(旗頭) 죽동(竹同) 등이 주동해서, 관노 농민을 이끌고 봉기, 4월 전주민 봉기 평정, 9월 관성(管城 : 옥천)에서 농민 봉기,

는데, 그나마 이 과전법도 채 1백 년도 지나지 않아서 현직 관리에게만 토지를 지급하는 직전법職田法으로 축소되었고, 다시 국가가 직접 조세를 거두어 관료에게 지급하는 관수관급제官收官給制로 바뀌어 관료들은 오직 녹봉만 받았습니다. 또한 고려시대 때 자체 비용을 충당하기 위해 여러 기관에 지급된 공해전을 비롯한 잡다한 토지지목도 조선 세종 때 국용전제國用田制가 시행되면서 없어지고, 군인전·향리전 역시 국가가 직접 조세를 거두어서 관청에 지급하는 형식으로 바뀌게 됩니다.

고려시대 전시과의 원리는 거슬러 올라가 통일신라시대 녹읍제와 연결됩니다. 과전법·전시과와 함께 이러한 제도를 수조권적인 토지지배 형태라고 합니다. 앞에서 설명한 대로 수조권적 토지지배 형태는 역의 대가로서 토지를 지급하고 그 토지에서 나오는 조세를 거두어들이는 권한을 위임하는 형태입니다. 때로는 역을 진 사람의 토지에서 지급된 액수만큼 조세를 면제해주기도 했습니다.

조선시대에 시행된 과전법도 따지고 보면 조선왕조 건국 이전 위화도 회군에 성공한 이성계 일파가 전제개혁을 하고 난 후인 1390년에 제정한 것입니다. 과전법의 내용이 《조선왕조실록》이 아니라 《고려사》에 실린 것은 바로 이 때문입니다. 따라서 과전법은 크게 보면 고려적인 토지제도의 연장 형태이면서 전시과에 비해 좀더 세련된 형태의 제도라 할 수 있습니다. 또한 과전법은 우리 역사에서 수조권적 토지지배의 마지막 형태라고 할 수 있습니다.

조선, 공법과 국용전제로 개혁하다

토지와 민을 주요한 수입원으로 해서 국가를 운영했다는 점에서는 같은 중세국가인 고려와 조선은 동일했으나, 재정운영 방식에서는 일정한 차이가 있었습니다. 조선시대 재정운영 방식을 검토하면, 고려시대 재정과 경제운영 방식의 특징을 더 잘 이해할 수 있습니다.

조선시대에는 토지에서 나오는 수입을 국가가 일괄적으로 장악해서, 그것을 각 관청에 다시 배분하였습니다. 조선 세종 때에는 고려 말에 비해 무려 3배 이상이나 확대된 약 170만 결 정도의 토지를 확보하여 이를 바탕으로 세종 26년(1444) 공법貢法제도, 그 이듬해에 국용전제를 시행합니다. 이 두 제도에서 고려와 다른 조선의 재정운영 방식을 확인할 수 있습니다.

1월 동경(東京)에서 농민봉기. 12월 정부, 강순의(姜純義)를 남로착적병마사(南路捉賊兵馬使)로 임명. 이해 지눌(知訥) 〈정혜결사문(定慧結社文)〉 발표.

172 새로 쓴 5백년 고려사

먼저 공법제도는 조세수취의 형평성을 확립하여 고려 때 큰 폐단을 낳았던 불법수취를 방지하려는 취지에서 시행되었습니다. 매년 농사의 작황에 따라 상상년上上年에서 하하년下下年까지 9등분[年分九等]하고, 전국의 토지를 비옥도에 따라 6등분[田分六等]해서, 토지의 비옥도는 지역별로 고정시키고 농사의 작황을 해마다 국가가 결정해 조세수취의 공평을 기하고자 한 것입니다. 또한 수취율도 종래 10분의 1에서 20분의 1로 대폭 낮추었습니다. 이는 조선 초기 농업생산력의 발전으로 개간면적이 확대되고 생산량이 크게 증가했기에 가능한 일이었습니다. 그러나 공법을 실시한 근본 원인은 국가가 직접 개입하여 고려시대 때 답험손실법의 폐단을 없애기 위해서였습니다. 답험손실법은 전주가 직접 그해 농사의 작황을 결정해서 수취하는 제도였는데, 이것이 전주가 멋대로 수취하는 불법의 통로로 작용했던 것입니다.

한편 국용전제는 국가가 재정을 직접 장악해서 고려 때의 복잡한 재정운영을 일원화하려는 취지에서 시행되었습니다. 군인전·장처전·향리전·과전·공해전·각종 위전 등 고려시대에 존재했던 다양한 명목의 토지지목을 대부분 혁파하고 모두 국용전으로 묶어, 농민부담을 감소시키고 국가재정을 효율적으로 운영하고자 한 것입니다. 공법제도가 조세수취의 간편화라는 측면이 있다면 국용전제는 재정항목 자체를 일원화하는 측면이 있습니다.

두 제도는 조세수취와 재정운영의 일원화를 목표로 하고 있다는 점에서 상호 보완적이며, 고려와는 다른 재정운영 방식의 일단을 보여주고 있습니다. 조선의 재정운영 방식은 마치 오늘날 간접세나 직접세 등 각종 세금을 국세청에서 일괄적으로 거두어 은행에 넣었다가 국방비·공무원 임금 · 각종 정부의 공사 등에 국가가 직접 지출하는 방식과 거의 비슷합니다. 즉 국가가 전체 재정계획을 직접 수립해서 일괄적으로 운영하는 것이지요. 이처럼 조선시대에는 공법과 국용전제를 시행함으로써 고려시대에 비해 일원적인 재정운영을 할 수 있었습니다.

분할적 재정운영

그럼 고려시대 경제구조의 특성은 뭐라고 표현해야 할까요? 이에 대해서 언급한 연구도 적지 않습니다만, 저는 그런 특성을 '분할적分割的 재정운영'이라 하겠습니다. 국가세입지의 경우에는 조선시대와 같이 국가가 직접 조세를 거두어들이고 필요한 예산을 지급하는 관수관급의 방식으로 운영되었지만, 세입위임지의 경우는 조세수취나 재정운영을 관청이나 개인에게 위임했던 것으로 바로 여기에 고려시대 재정과 경제구조의 특성이 잘 나타나 있습니다. 곧 재정운영의 절반 이상을 국가가 직접 운영하지 않고 개인이나 관청에 위임해서 분할적으로 운영했기 때문에 '분할적 재정운영'이라 한 것입니다. 어떤 학자는 이를 '할거적割據的 분속分屬 수조지제도'라 말하기도 합니다. '할거적'이라는 용어는 일원적이지 않고 여러 가지 형태로 분절된 형태의 분할적 재정운영 제도라는 뜻으로 쓰인 것으로, 이러한 지적 역시 고려시대 경제구조의 중요한 특징을 드러내는 표현이라고 생각합니다.

이러한 분할적인 재정운영은 지방제도에도 잘 반영되어 있습니다. 고려시대 조세와 역역수취는 지방제도를 통해 이루어지기 때문에 양자는 밀접한 관련을 맺을 수밖에 없습니다. 잘 알려진 대로 조선시대에는 전국을 8도로 나눠서 지배했습니다만, 고려시대에는 도성都城이 있던 개경 지역을 경기제도로, 지금의 평안도와 함경도 지역을 북계와 동계의 양계로, 그리고 나머지 개경 이남 지역을 5도 지역으로 구획화했습니다. 고려 말에 파악한 50만 결은 대체로 이 5도 지역의 토지 결수인 것이죠. 실제로 국경지대였던 양계 지역 토지에서 생산된 것은 중앙으로 운반되지 않고 전부 현지에서 군사비용으로 사용되었기 때문에 전체 토지 결수에 포함되지 않았을 가능성이 큽니다. 고려 말에서 세종 때까지 불과 30여 년 만에 토지가 50만 결에서 170만 결로 급격하게 증가한 것도, 조선 초기 생산력의 증대 때문이기도 하나 고려시대에 함경도와 평안도 지역의 토지 결수가 파악되지 않았기 때문입니다. 이같이 고려시대 재정운영은 지방제도와 밀접한 관련이 있습니다. 곧 조선의 8도체제와 달리 고려시대에 전국을 3원적인 체제로 분할해서 운영한 것은 재정운영 방식과 밀접한 관련을 갖고 있기 때문이라고 할 수 있습니다.

조선시대의 토지지목은 종류가 얼마 되지 않습니다. 국가가 모든 토지를 공전으로 파악했고, 관리들에게 지급한 토지인 과전만을 사전이라고 했습니다. 그 외에 국가에 공을 세운 사람들에게 준 공신전功臣田, 왕실이나 왕족 소유의 궁방전宮房田, 군사기관에 지급한 둔전 정도가 있을 뿐입니다. 그나마 과전은 앞에서 설명한 대로 수조권제도 자체가 지닌 불합리성 때문에 농민들의 강력한 불만을 사 건국 후 1백 년이 지나면 다 없어져버리죠.

그러나 고려시대에는 토지지목이 매우 다양했습니다. 앞에서 설명한 전시과 속의 토지지목 이외에도 둔전 · 학전 · 장처전과 각종 위전, 그리고

항복, 처형. 4월 남로병마사, 밀성에서 남적 7천여 명을 죽임. 12월 남적수(南賊首) 효심 체포.   1196(26) 4월 최충헌, 이의민 살해(?~1196), 정권 장악.

4장 벌집구조로 이루어진 다원사회 175

과거 합격자에게 지급된 등과전, 관리의 유가족이나 미성년자에게 지급된 한인전閑人田, 왕실에서 사용하는 내장전內莊田, 적전籍田 등도 있었습니다. 이렇게 다양한 토지지목 때문에 고려시대 경제문제를 공부하려면 매우 어렵다는 인상을 받게 되지요.

전제와 역제가 일치한 사회

고려시대에는 토지지목이 왜 이렇게 다양했을까요? 고려시대에는 국가에 역을 지는 사람에게 그 대가로 반드시 토지를 지급하는 것이 원칙이었습니다. 여기서 역은 흔히 알고 있듯이 일반 백성들이 국가에 대해 의무적으로 지는 각종 공사나 공물 운반 등의 요역이나, 전쟁에 동원되는 군역과는 다른 뜻입니다. 자기의 능력이나 기능에 따라 국가의 관료 행정 조직에 참여하는 직역職役을 뜻합니다. 즉 관리가 된다든가 군인 혹은 향리 등이 되는 것을 뜻합니다. 국가의 지배질서에 참여하는 통로인 것이지요.

고려시대에는 이러한 각종 직역에 참여하는 사람들에게 그 대가로 반드시 토지를 지급하였습니다. 《고려사》에 따르면 관료·군인·향리, 그리고 역이나 나루터에서 일하는 사람까지도 국가에 대해 역을 지는 모든 사람은 그 반대급부로 토지를 지급받았다고 합니다[非執國役者 不得授田]. 이른바 일반 양인이 성을 쌓는다거나 도로를 건설하는 단순한 신역을 제외한, 직업으로서 역을 지는 모든 사람에게는 토지가 지급된 것입니다. 이를 달리 표현하면 고려사회는 이른바 전제田制와 역제役制가 일치하는 사회였지요.

5월 최충헌, 봉사 10조를 올림. 9월 최충헌, 명종 폐위, 신종 옹립함. │ 신종(神宗) 1197년 9월 ~ 1204년 1월 │ 1198(1) 5월 사노 만적(萬積) 봉기.

176 새로 쓴 5백년 고려사

그러나 조선시대에는 그렇지 않았습니다. 조선시대에 군인이 되거나 향리가 됐다고 해서 토지를 받는 일은 없었습니다. 관리가 될 경우 과전을 지급받긴 했으나, 앞에서 얘기했듯이 이것도 1세기가 지나지 않아 없어져버리고 녹봉만 받게 됩니다. 그러나 고려시대에는 역을 지게 되면 반드시 토지가 지급되었고, 역의·내용에 따라 지급된 토지지목도 달랐기 때문에 다양한 토지지목이 나오게 됩니다. 곧 분할적인 재정운영 방식이 다양한 토지지목이 나타난 근본 원인인 것입니다.

분할적 재정운영의 배경

그렇다면 고려시대에 이런 분할적인 재정운영이 이루어진 배경에 대해 살펴봅시다.

첫째 앞 장에서 설명한 대로 지역간 발전 격차를 없애기 위해서 분할적 재정운영이 이루어졌지요. 고려시대는 상경농법이 안정적인 수준에 도달하지 못했고, 경제력과 노동력을 많이 보유했던 지방세력의 근거지는 상당 수준 개간되었으나, 그렇지 못한 농민층의 토지는 자연재해 등으로 황무지화되는 경우가 많았습니다. 또한 수리시설이 확보된 지역과 그렇지 못한 지역 사이에도 생산력의 격차가 컸습니다. 이러한 상황은 통일신라시대 이후 고려 초기까지 계속되었습니다.

매년 농사를 지을 수 있는 상경연작농법 단계에 이르렀던 조선시대에는 국가가 전국의 토지를 직접 장악해서 조세를 거두어 그를 바탕으로 일원적인 재정운영을 할 수 있었으나, 그렇지 못한 고려시대에는 농지 개간 확

대를 통해 지역간 발전 격차를 해소하여 균형발전을 이루는 것이 더 큰 정책목표였습니다. 현지 관청이나 개인에게 토지를 지급하여 그것을 경작해 운영비용을 충당하게 한 분할적인 재정운영 방식은 그러한 사정에서 나온 것입니다.

또한 고려의 전시과는 조선의 과전법과 달리 땔감나무를 채취하는 시지柴地를 관료들에게 지급했는데, 이는 땔감을 채취하는 일종의 산림개발

주군을 공격. 3월 정부, 동경의 적괴 김순(金順)과 울진의 적괴 금초(今草)를 초유(招諭), 항복시킴. 6월 최충헌, 병부상서(兵部尙書)·지이부사(知吏部事)를

이용권을 부여함으로써 개간을 유도하기 위해서였습니다. 이처럼 분할적인 재정운영은 지역간 발전 격차를 해소하기 위한 장치로 기능하기도 했습니다.

다음은 교통로의 미발달과 그에 따른 조세운송의 어려움 때문입니다. 12세기 초 대각국사 의천義天은 화폐를 사용하면 생산물을 중앙으로 운반하는 데 따른 막대한 노동력을 절감하고 수취행정의 효율성을 얻을 수 있다고 주장했습니다. 의천은 당시 송나라에서 화폐 사용의 편의성을 직접 목격하고 이런 제안을 했지요. 그러나 그의 제안은 사실 당시 고려로서는 근본적으로 교환경제의 토대가 되는 유통로·교통로가 충분하게 확보되지 않았기 때문에 실현되기 힘든 것이었습니다.

고려시대에 이처럼 교통로 내지 유통로가 충분하지 않았던 것은, 인적 물적 유통이 활발할 정도로 인구가 많지 않았고, 개간이 확대되어 생산물 유통이 활발할 정도로 사회적 생산력 수준이 뒷받침되지 않았기 때문입니다. 또한 지방세력의 거주지와 그 지배영역이 하나의 독립적인 사회경제의 기본단위로 운영되었던 고려 초기의 사정과 밀접한 관련이 있습니다. 고려시대 분할적인 재정운영 역시 이러한 여러 조건과 맞물려 있었던 것입니다. 즉 수취된 생산물을 중앙으로 운반하는 데 따른 노동력을 절감하고 현지에 조세수취권을 위임해서 독자적으로 재정을 운영하게 하는 한편 해당 지역을 개발하려 했던 것입니다. 분할적 재정운영의 배경은 바로 여기에 있었습니다.

겸하여 문무의 전주(銓注) 총괄. | 1200(3) 4월 진주(晉州)의 공사 노예(奴隷)가 봉기하여 주리(州吏)를 살육, 진주 수령이 이들을 진압하는 과정에서

분할적 재정운영의 장·단점

앞에서 설명했듯이 전시과를 지급받은 관리 가운데 개인 소유지가 있는 경우, 지급된 액수만큼 조세를 면제하는 형식으로 수조권 대신 면조권을 부여하기도 했는데, 이는 직역 부담자가 자기 토지를 안정적으로 경작하거나 묵은 땅을 방치하지 않고 개간하도록 유도하기 위한 것으로, 이역시 분할적인 재정운영의 한 특징을 보여주고 있습니다. 이제 마지막으로 분할적인 재정운영 방식이 갖는 장·단점을 살펴봅시다. 고려 말 전제 개혁론을 펼친 조준도 고려시대 전시과제도가 갖는 강점을 다음과 같이 설명했습니다. 그가 1388년(우왕 14) 7월에 올린 제1차 전제개혁 상소문입니다.

"삼한이 이미 통일되자 토지제도田制를 정하여 신민에게 나누어 주었습니다. 백관百官에게는 품계에 따라 지급하였다가 사망하면 회수하였습니다. 부병府兵은 20세에 받았다가 60세에 반환하였습니다. 무릇 사대부士大夫로서 토지를 받은 자는 죄가 있으면 (이를) 몰수하니 사람마다 자중하여 감히 법을 범하지 않아, 예의가 일어나고 풍속이 아름다워졌습니다.

부위府衛의 병사와 주·군·진·역의 리吏가 각각 (지급받은) 토지의 소출을 먹고 정착하여 편안하게 자기 일에 종사하니 나라가 부강해졌습니다. 비록 요遼와 금金이 천하를 넘보면서 우리와 국토를 맞대었을지라도 감히 나라를 침범하지 못한 것은 우리 태조가 삼한의 땅을 나누어 신민과 더불어 그 녹祿을 향유하고 생업生業을 넉넉하게 하여 그들의 마음을 결속하여 국가 천만세千萬世의 원기元氣로 삼았기 때문입니다."

주리 정방의(鄭方義)를 하옥, 방의의 동생 창대(昌大)가 봉기하여 형을 탈옥시키고 진주를 점령, 6천여 명 살육. 진주민 20여 명이 합주적(陜州賊) 광명

곧 관리에서 군인·향리에 이르기까지 국가에 대해 역을 진 사람에게 토지를 나누어 줌으로써, 그들의 생활을 보장하고 염치와 예의를 길러주어 결국 외침에도 굳건하게 왕조가 유지될 수 있었다는 것입니다. 이는 사전제도, 즉 전시과제도가 고려왕조를 유지하는 데 큰 토대가 되었다는 사실을 강조한 내용입니다. 전시과제도가 분할적인 재정운영 방식의 상징적인 제도라는 점에서 조준은 결국 고려의 분할적 재정운영 방식의 장점을 정확하게 지적하고 있는 셈입니다.

한편 이 제도는 재정운영의 효율성이라는 측면에서 대단히 유리한 제도였습니다. 조선시대와 같이 모든 재정을 국가가 직접 관리하는 데 따른 번거로운 행정절차와 재정부담을 완화·경감시켜주는 장점이 있으며, 또한 중앙의 개입이 상대적으로 적기 때문에 지방 군현이나 개별 기관의 자율성이 신장되는 발전적인 측면을 갖고 있기도 합니다. 고려왕조가 지방세력에 의해 건국되었기 때문에 그들의 자율성을 인정하는 가운데 이러한 재정운영 방식이 나왔지만, 어쨌든 행정의 간편화와 효율성은 이 제도가 갖는 큰 강점입니다.

그러나 제대로 운영되지 않을 경우에는 각 기관이나 개인이 멋대로 하여 많은 폐단이 나타나게 됩니다. 즉 국가기관이나 전시과를 지급받은 관리가 임의로 수취를 하면서 민을 수탈할 여지가 많았던 것입니다. 고려시대 조세액 책정방식인 답험손실법이 구체적인 예가 됩니다.

고려시대 기록에서는 탈점奪占이라는 용어가 많이 나타납니다. 탈점은 남의 소유권을 불법적으로 빼앗는 행위입니다. 이성계 일파가 위화도 회군 후 전제개혁을 단행할 때 하층민의 지지를 받을 수 있었던 것도 당시에 만연한 탈점 현상 때문입니다. 당시 한 토지의 주인이 2·3명 심지어는

(光明) 계발(計勃)에 투항, 정방의는 이들의 근거지인 노올(奴兀)부곡을 공격. 5월 밀성(密城)의 관노 50여 명이 운문(雲門)의 농민군에 투항. 8월 금주

7 · 8명인 경우가 많았다고 기록되어 있습니다. 이는 근본적으로 분할적인 재정운영, 즉 토지에 대한 수조권이 관청이나 개인에게 위임되었기 때문에 나타난 현상입니다. 전제개혁 후 이성계 일파가 과전 지급을 경기도 지역에 한정시킨 것도, 고려시대 전시과가 전국에 걸쳐 지급되어 수조권자인 전주가 국가의 감시를 피해 수탈하는 것을 방지하기 위해서였습니다. 이처럼 답험손실법이 세입위임지의 존재는 고려시대 토지 소유권을 둘러싼 분쟁의 원인이 되었습니다.

이러한 상황은 1388년 7월에 올린 제1차 전제개혁 상소문에 상징적으로 잘 표현되어 있습니다.

"근년에 이르러 겸병이 더욱 심해져서 간사하고 흉악한 무리가 주州에 걸치고 군郡을 포괄하는 규모로 겸병하고 산천으로 표식을 삼아 모두 조업전祖業田이라 지칭하며 서로 빼앗으니, 일무一畝의 주인이 5, 6명을 넘고 일 년에 조세를 8, 9차례나 거두게 되었습니다. 위로는 어분전御分田으로부터 종실전, 공신전, 문무관료전과 외역전, 진 · 역 · 원 · 관전은 물론 무릇 대대로 심은 뽕나무와 지은 집까지 모두 빼앗아 가졌습니다. (그리하여) 불쌍하게도 우리 무고한 민들은 사방으로 유리하여 구렁텅이에 빠지고 말았습니다. 나라에서 토지를 나누어 준 것은 신민을 넉넉하게 하고자 함이었는데 오히려 신민을 해치고 있습니다. 이러므로 사전이 혼란의 으뜸이라고 하는 것입니다."

고려시대 무신정변 등 각종 정변이나 농민항쟁이 빈번하게 일어난 것은 바로 이런 측면과 밀접한 관련이 있습니다. 조선시대 농민항쟁의 주요 원인이 지주와 전호 간의 소작료 분쟁이었던데 비해, 고려시대에는 유독 소유권 분쟁, 탈점 문제가 농민항쟁의 원인으로 나타납니다. 토지탈점은 지주와 전호 간의 사적인 문제가 아니라 관리와 농민, 나아가 국가와 농민 간의 문제로서 결국 농민들은 지주보다는 국가에 대해 더 불만을 가질 수밖에 없었던 것입니다. 고려시대 때 농민항쟁이 삼국부흥운동 등 신국가 건설운동으로 나타난 것은 바로 이 때문입니다. 다시 말해 왕조질서 자체를 부정하고 신국가 건설을 지향한 고려시대 농민항쟁은 근본적으로 토지탈점, 나아가 분할적인 재정운영 방식에서 비롯된 것이며, 이는 이성계 일파가 단행한 전제개혁의 명분이 되기도 했습니다.

전업적 · 분업적 형태의 신분 · 직역구조

근대사회와 중세사회

　이번에는 고려사회의 또 다른 특성인 직역과 신분구조에 대해 살펴봅시다. 이 문제는 앞 장에서 설명한 재정 · 경제구조와 밀접한 관련이 있습니다.

　오늘날 우리 사회를 지탱하는 물적 · 경제적인 기반은 산업화를 바탕으로 한 대량생산과 소비, 그리고 수출 주도의 개발정책이라고 할 수 있습니다. 이와 달리 고려와 조선사회와 같은 중세시대의 경제적인 기반은 사람과 토지였습니다. 사람으로부터 각종 생산을 위한 노동력을 징발하고 나라를 지키기 위해 군인을 충원했으며, 토지로부터는 조세를 거두어 국가가 필요로 하는 각종 비용을 충당했습니다. 노동력은 기계로 대치되고, 토지는 단순히 투기나 투자

의 대상으로 변해버린 오늘날의 상황과 비교해보면 세상이 많이 변했음을 느낄 수 있죠.

역사 학자들은 이러한 구조의 변동, 그로 인한 인간사고의 변화를 기준으로 중세, 근대 따위로 시대를 구분합니다. 그러나 사람과 토지를 기반으로 했던 같은 중세사회라 하더라도 고려와 조선사회는 매우 다릅니다. 그런 차이에서 두 사회의 역사적 특성을 찾을 수 있습니다.

사람과 토지를 기반으로 형성된 사회조직체를 흔히 신분과 직역이라는 용어로 구조화하여 설명합니다. 신분에 대해서는 쉽게 이해할 수 있겠지만, 직역이라는 용어는 좀 생소할 것입니다. 단순하게 설명하면 직역은 당시 사람들이 먹고 살기 위해 종사한 일이라고 할 수 있습니다. 오늘날의 직업과 같은 뜻이지만, 전근대사회에는 신분제도나 역役제도 등과 복잡하게 얽혀 있기 때문에 직역이라 하는 것입니다. 고려시대 직역과 신분구조를 이해하기 위해서는 신분을 구성했던 여러 계층의 사람이 어떤 일을 하고 있었는가 하는 문제를 살펴봐야 합니다. 때문에 신분과 직역이라는 용어는 서로 떨어질 수 없는 관계라고 할 수 있습니다.

두 신분, 양인과 천인

그렇다면 고려시대 신분구조는 어떠했을까요? 국사 교과서에서는 문벌귀족, 중간계층, 양인, 천인 이렇게 네 개의 신분층으로 나누고 있습니다. 이러한 구분은 그 동안 고려시대 신분구조를 설명하는 유효한 틀이었습니다. 그러나 신분을 국가나 공동체가 한 인간이나 집단의 지위를 법률적·

꾀하다 체포되어 처형됨. 경주 지역에 신라부흥운동이 일어남. 이 지역의 패좌(孛佐)가 봉기하여 울진·문문·초전의 농민군과 연합, 자칭 정국병마사

고려시대 먹. 청주 인근에서 발굴된 '단산오옥丹山烏玉'은 단양먹을 뜻하며, 고려시대 유일의 먹이다.

정치적으로 제도화시킨 것이라 할 때, 고려시대의 신분제도는 원칙적으로 양인과 천인의 두 신분만이 존재하는 양천제良賤制였습니다. 이는 우리나라뿐만 아니라 중국 등 당시 동아시아 중세국가가 지향했던 신분제도였습니다. '문벌귀족' '중간계층'이라는 용어는 양천의 신분 가운데 양인 신분의 범주에 속하는 계층이며, 특히 중간계층이란 용어와 귀족이란 용어는 이 시기에 실제로 존재한 신분계층을 가리키는 역사용어가 아닙니다. 그동안 우리 역사를 지배층 위주로 이해해왔기 때문에 지배층의 존재를 세분화·특성화시키면서 이같이 네 개의 신분구조로 나눈 것일 뿐, 이 용어는 고려 당시의 신분구조를 정확하게 반영한 용어는 아닙니다.

고려 성종 때 정치가 최승로崔承老는 유명한 시무時務 28조라는 상소문에서 "우리나라의 양천제는 그 유래가 오래되었다"고 했습니다. 이처럼 양천제는 당시의 신분제를 실제로 설명하는 역사용어였습니다. 고려시대 천인 신분은 노비밖에 없었습니다. 실제로 노비는 여러 신분계층 가운데 가장 많았습니다. 연구자에 따르면 고려 말 노비가 전체 인구의 약 40퍼센트를 차지한다고 합니다. 그러나 노비는 당시에 양인과 같이 인격을 가진 사람이 아니라, 하나의 재산으로 취급되었습니다. 양인 신분은 실제로 매우 다양한 계층으로 나누어져 있었습니다. 구체적으로 관료·군인·향리 등 지배질서에 참여한 정호층, 일반 농민인 백정층, 그리고 부곡 지역에 거주한 잡척층의 3계층으로 분화되어 있습니다. 이러한 계층을 차례대로 살펴봅시다.

正國兵馬使라 하며 주군을 공격. 명종 죽음(1131~1202). 12월 정부, 김척후(金陟侯) 등을 파견하여 토벌케 함. 이때 이규보도 토벌군으로 종군함. 탐라민 봉기

정호층은 누구인가?

　정호층은 신라 말 고려 초의 지방세력에서 기원하고 있습니다. 쉽게 말하면 정호층은 지방세력의 후예라 할 수 있습니다. 고려 태조가 지방의 주요 세력에게 성씨를 내려줄 때, 성씨를 부여받은 층을 가리키는 것이지요. 이들은 고려 초기 지배질서에 참여할 권한을 부여받았다는 점에서 지배층의 범주에 속합니다. 조선시대뿐만 아니라 요즘에도 일반 민이라는 뜻으로 흔히 사용되는 '백성百姓'이라는 용어는 고려 초기에는 한 때 국가로부터 성씨와 본관을 부여받은 계층, 곧 지방의 유력자로서 지배질서에 참여할 수 있는 계층이라는 뜻으로 사용되기도 했지요. 이러한 용어의 차이에서도 조선시대와 다른 고려사회의 특성이 잘 반영되어 있지요. 이같이 정호층은 정치적으로 지방사회의 지배세력이면서 경제적으로 대토지 소유층입니다.

　남한 역사학에서는 이 계층을 신라 말 고려 초의 역사발전을 주도한 층으로 긍정적으로 평가하고 있는데, 북한의 역사학에서는 그렇게 보지 않습니다. 즉 신라 하대인 9세기에 일어난 전국적인 농민항쟁이 순수한 계급혁명으로 발전하지 못하고 후삼국 통합전쟁이라는 정치적인 투쟁으로 바뀐 이유가, 농민항쟁으로 위기를 느낀 지방세력들이 이를 신라 중앙정부에 대한 정치적인 반대투쟁으로 전환시켰기 때문이라고 보는 것이죠. 우리가 고려왕조를 지방세력으로 구성된 정권으로 보는 데 비해, 북한에서는 이들을 대토지 소유층인 지주계급으로 보고, 왕조가 성립된 후 이 계급의 경제적인 지배권을 인정하다 보니까 전시과와 같은 계급적인 토지제도가 나올 수밖에 없었다고 평가하고 있습니다.

500년 고려사

주모자 처형됨 ┃ 1203(6) 4월 경주 지역 봉기 주모자 이비(利備) 부자 잡힘 5월 패좌 체포, 처형됨 ┃ 1204(7) 1월 신종 선위, 희종 즉위 신종 죽음(1144~1204).

4장 벌집구조로 이루어진 다원사회 187

英熙自有傳

崔承老齊顏

崔承老慶州人父殷含仕新羅至元甫父無
嗣禱而生承老性聰敏好學善屬文年十二
太祖召見使讀論語甚嘉之賜鹽盆命謙元
鳳省學生賜鞍馬例食二十碩自是委以文
柄成宗元年爲正匡行選官御事上柱國時
王求言承老上書曰臣生長草野性稟愚暗
且無學術章值明時久叨近職累幸殊榮雖
微長策可以匡時猶有片心期於報國竊見
開元史臣吳兢撰進貞觀政要欲勸玄宗勤
修太宗之政蓋以事體相近不出一家而其
政休明可爲師範也臣伏見太祖之創業垂

更營小第厥無後光宗怒然卒感悟不復
奪臣僚第宅又內廏馬死光宗欲免其謗
引孔子不問馬之說爭之主者得免其謗
如此十六年卒年六十五諡貞敏累贈三重
大匡太師內史令後配享光宗廟庭子廉熙

高麗史卷九十三 十一

최승로의 시무 28조 부분.

是城中僅奴兢出投景臺城遂陷願聖上深
十年方得中領軍我始仕侯王已爲儀同於
同其奴乘馬披錦袍臨城呼曰朱异仕宦五
過絕臺城近臣朱异家奴蹻城投景授儀
謀陷本主者不可勝紀光宗自作禍胎不克
右切諫不聽賤隸得志凌轢尊貴構虛僞
非於是功臣等莫不嗟怨而無諫者大穆王
有控訴者逮至光宗始今按驗奴婢辨其是
其群臣俘或貨買奴之聖祖嘗欲放俘爲良而
本朝良賤之法其來尚矣我聖祖創業之初
弱之心必以格上天則災害自去福祿自來矣
所祈之福願聖上除別例祈祭常存恭己責
愚以爲若息民力而得歡心則其福必過於
乎祭祀之費皆出於民之膏血與其力役臣
若其有知必已永慰恨之況神明
感動功臣之意許從便宜至于六十餘年無

高麗史卷九十三 二十二

어쨌든 고려왕조가 지방세력에 의해 성립된 만큼, 고려의 지배세력 역시 지방세력의 후예인 정호층에서 기원합니다. 고려 초기 실시된 과거제는 바로 이러한 세력을 지배세력에 흡수하기 위한 조치였습니다. 고려 초기 호장층 이상의 손자나 부호정 이상의 아들에게까지만 과거 응시자격이 주어졌던 사실이 이를 뒷받침합니다.

　지방세력들 중 과거를 통해 중앙으로 진출한 이들은 중앙관인이 되고, 나중에는 왕실과 혼인관계를 맺거나 정치적·학문적 능력을 발휘하여 문벌로 성장함으로써 지방세력의 체질을 완전히 벗어버립니다. 한편 중앙으로 진출하지 않은 지방세력은 지방행정의 실무자인 향리층이 되거나 지방군의 장교가 되어 해당 사회에서 지배계층으로서의 지위를 누리게 됩니다. 이같이 정호층은 관료제의 발달, 집권체제의 정비에 따라 중앙과 지방에서 직역 부담자로 분화되기 시작하나, 크게는 고려시대 지배세력 공급원으로서의 역할을 담당했습니다.

　향리나 장교층이라 하더라도 국가에 큰 공을 세우거나 과거에 합격하지 않는 한 그 직역은 대대로 세습되는 경향이 강했습니다. 그렇기 때문에 과거제도는 비교적 경제력이 있는 향리층이 중앙으로 진출하는 중요한 통로가 되었습니다. 실제 고려시대 과거 합격자 가운데 지방세력의 후예인 향리 출신자들이 가장 높은 비율을 차지하고 있습니다. 그래서 조선시대 사대부의 기원을 고려시대의 향리층에서 찾기도 하는 것이죠. 이같이 정호층은 고려시대 직역을 부담한 직역 부담층으로서, 지배세력의 주요한 공급원이었습니다.

동경유수(東京留守)를 지경주사(知慶州事)로 강등, 안동도호(安東都護)를 대도호부(大都護府)로 승격, 경주(慶州) 관내의 주·부·군·현·향·부곡을 안동(安東)

백정층, 일반 요역 부담층

백정층의 '백'은 희다는 뜻도 있지만, '없다'는 뜻도 있어서 일정한 직역이 없는 계층을 말합니다. 조선시대 때 도살업에 종사하는 사람을 가리킨 것과 전혀 다른 뜻을 가지고 있는 것입니다. 구체적으로 국가에 대해서 정해진 역, 즉 직역을 갖지 않는 신분층으로서 말하자면 조선시대의 양인 농민인 일반 농민층과 같은 존재입니다. 따라서 백정층은 직역 부담자였던 정호층에 대비되는 존재입니다. 고려시대에는 이같이 신분계층의 용어도 직역과 관련시켜 이름을 붙였습니다. 백정층은 국가에 대해서 직역을 부담하지 않는 대신 성을 쌓거나 도로를 건설하는 일반 요역을 부담하면서, 한편으로 국가에 대해 3세三稅를 부담하였습니다. 3세라는 것은 중국 당나라의 조용조租庸調와 같은 개념인데 고려시대에는 조용조라고 하지 않고 세포역稅布役이라고 했습니다. 백정은 이처럼 민전을 경작하고 3세를 부담하는 계층입니다.

그렇다면 고려시대 백정층은 정호층으로 신분 상승할 수 있었을까요? 만약 이들이 조선시대에 살았다면 신분 상승의 길은 훨씬 더 열려 있다고 할 수 있습니다. 조선의 과거제가 좀더 개방적이어서 양인이면 누구나 과거에 응시할 수 있었고 또한 합격 가능성도 높았기 때문입니다. 그러나 고려 초기에는 향리층의 자제에게만 과거 응시권을 주는 등, 누구에게나 응시 기회를 주지 않았습니다. 그러다 고려 중기 이후에는 백정층도 과거 응시가 가능해졌으며, 매우 제한적이지만 과거를 통해 정호층으로 신분 상승할 수도 있었습니다. 하지만 무엇보다 백정층이 신분 상승할 수 있는 가장 쉬운 방법은 군인이 되어 군공을 세움으로써 지배세력으로 편입하는 것이었고, 이외에도 국왕의 총애를 받아 관료와 군인 등으로 발탁되는 경우도 있었습니다.

전문적으로 특정의 역을 부담한 잡척층

잡척층의 '척'이라는 용어는 조선시대에도 수척水尺·도척刀尺이라 해서 특정한 기능을 가진 계층을 지칭할 때 사용되었습니다. 도척은 도살업에 종사하는 사람이고, 수척은 노젓는 사람이며, 묵척墨尺은 전문적으로 먹을 생산하는 사람을 말합니다. 이처럼 잡척층은 여러 가지 전문적인 기능에 종사하는 역을 지는 신분층을 말합니다. 고려시대 대표적인 잡척층은 주로 향·소·부곡·장·처 지역에 거주하는 양인의 최하층 사람이나 교통의 요지인 역이나 진에 근무했던 사람들입니다. 향·부곡에 사는 사람들은 주로 관청에 지급된 토지인 공해전·둔전·학전을 경작하는 역을 졌고, 소에 사는 사람들은 도자기·종이·먹·소금 등의 생산에 종사하였으며 장·처에 거주하는 사람들은 사원이나 왕실의 토지를 경작하였습니다.

이같이 국가가 필요로 했던 각종 토지를 경작하고 물품 생산을 위해 특정의 역을 졌던 잡척층은 조선시대에는 모두 없어지게 됩니다. 조선시대에는 일반 양인 농민들이 토지를 경작해서 낸 조세를 가지고 국가가 필요한 물품을 구입했습니다. 예를 들어 경기도 용인군의 1년 조세가 3백 석이라고 하면, 그 가운데 1백 석은 용인군에서 사용할 용도로 남겨두고, 50석은 군창이 있는 수원으로 옮겨 군량미로 사용하며, 나머지는 중앙에 올려보냅니다. 그러면 중앙은 그 비용으로 각 기관에서 필요한 물품을 장인층

최충헌 열전 양수척 사료. 양수척은 일명 수척水尺·화척禾尺·무자리라고도 하는데 태조가 후백제를 정벌할 때 제어하기 어려웠던 유종遺種의 후예로 보기도 한다. 관직이 없어서 부역을 지지 않고, 변경 지대에 주로 많이 살았으며 수초水草를 따라 떠돌아다니면서 사냥과 유기柳器(버들고리)를 만들어 파는 것을 업으로 삼았다. 이들에 대한 호칭은 1423년(세종 5) 병조의 제의에 따라 백정으로 바뀌었다.

이나 상인층으로부터 직접 구입했습니다. 이같이 조선시대에는 토지에서 나오는 조세를 가지고 재정을 운영했습니다.

 그러나 고려시대의 경우 관청의 각종 비용은 각 관청에 지급된 공해전을 경작해서 나오는 비용으로 충당하도록 했고, 군사비용은 둔전을 경작해서 나오는 비용으로 마련하도록 했습니다. 그 외에 왕실과 국가가 지정한 사원의 운영비는 장처전을 경작해서 나오는 비용으로 충당케 했으며, 관청에서 필요한 종이나 먹 등 각종 물품은 그런 물품을 전문으로 생산한 소 지역과 연결해서 충당했습니다. 이와 같이 고려사회에는 국가의 주요

관청이 필요로 하는 경비 마련과 물품 생산을 위한 신분층이 따로 있었습니다.

앞 장에서 설명했듯이 이러한 고려시대 신분구조는 분할적인 재정운영 방식과 밀접한 관련이 있습니다. 즉 관청이나 관료가 직역을 수행하는 데 필요한 경비나 비용을 중앙에서 직접 배분하거나 운영하지 않고, 해당 관청과 개인에게 토지를 지급해서 비용 조달을 맡겨버리는 식이었던 것이지요. 이런 식으로 재정을 운영했기에 잡척층이라는 신분층이 존재할 수 있었던 것입니다.

신분계층에 따른 호적 작성

고려시대의 신분 집단은 거주지가 각각 본관으로 묶여 있고 독자의 적(籍)이 있었기 때문에 거주 이동에 제한을 받았습니다. 정호층과 백정층은 주로 군현제 지역에, 잡척층은 부곡제 지역에 거주했습니다.

이같이 고려시대 사람들은 거주지인 본관의 행정 명칭에 따라 남경 사람·처인부곡 사람이라 했고, 본관이 군현 지역인가 부곡 지역인가를 따져 세금과 역 부과, 관리 진출에 차등을 두었습니다. 물론 천인 신분인 노비는 호적도 없고 본관도 없었습니다. 이는 조선사회와 다른 고려시대 특유의 신분구조에서 나온 제도입니다. 결국 고려시대 사람들은 살고 있는 지역에 따라 지위에 차이가 있었고, 그것을 별도의 호적으로 작성했으며 그에 따라 신분적 지위와 역의 내용도 달랐던 것입니다. 이런 사회가 우리 역사에서 거의 5백 년 동안 유지되어 온 거죠. 이러한 사실은 우리가 알지 못했던 또 다른 우리 전통사회의 모습이라고 할 수 있습니다.

그런데 일본사회도 이런 특징을 갖고 있다고 합니다. 제가 어느 발표회에서 고려사회의 이 같은 특성을 발표하니까 일본사 전공자가 일본사회도 그런 성향이 상당히 강하다는 얘기를 해주었습니다. 그에 따르면 일본의 부락部落도 주로 천한 사람들이 집단적으로 거주했던 곳이라고 합니다. 조선의 경우에도 지방지地方誌를 들여다보면 말을 기르는 사람이 사는 목자牧子촌이나 수공업을 전문으로 하는 사람들이 사는 곳이 나옵니다. 이러한 흔적은 역시 고려시대 이래의 오랜 유제라고 할 수 있습니다. 어쨌든 조선과 달리 고려는 이런 특수한 직역 집단의 거주지를 행정구획화시키고 법제화시켰음을 알 수 있습니다.

조선의 양인 제일화 정책

그럼 이런 신분 집단은 조선시대에 어떻게 되었을까요? 조선 초에는 정호층 · 백정층 · 잡척층을 모두 양인으로 단일화하는 조치를 취했습니다. 이를 양인 신분의 제일화(齊一化) 정책이라 합니다. 특히 고려시대의 잡척층을 조선 초기에는 신량역천(身良役賤), 곧 신분은 양인인데 부담하는 역은 천한 계층이라고 규정했습니다. 조선 정부는 이들을 신량역천층으로 묶어 한시적으로 보충군(補充軍)에 충당시켜 일정 기간 군역을 치르면 완전히 양인으로 만들어주는 이른바 양인 제일화 정책을 폈던 것입니다. 이러한 정책을 펴게 된 것은 고려 후기 몽골과의 전쟁, 홍건적과 왜구의 침입으로 인해 정호 · 백정 · 잡척으로 묶었던 본관제가 사실상 해체되면서 신

정융(定戎) 침락. 김취려(金就勵) · 노원순(盧元純) 등으로 거란을 방비하게 함. 거란군, 영덕(寧德) 함락. 안주 · 의주 · 구주 포위. 인주 · 용주 · 철주 · 선주 침공.

194 새로 쓴 5백년 고려사

분 혼돈 현상이 심각했기 때문이었습니다. 그리하여 조선 초기 집권체제를 강화하고 양천제를 축으로 신분질서를 바로잡기 위해 백정·잡척계층 등 다양한 양인 신분을 단일화하는 정책을 채택했던 것입니다. 이러한 조선 초기의 신분정책을 통해서도 고려시대 신분구조의 특성을 간접적으로 짐작할 수 있습니다.

신분구조 해체 (1), 사회적 생산력 발달과 과중한 역

마지막으로 고려의 신분구조가 변하게 된 요인을 살펴봅시다. 인간의 역사는 궁극적으로 해방의 역사입니다. 인간에게 주어진 여러 굴레와 억압으로부터 해방되어가는 과정이 역사의 발전 과정이며 고려시대 신분구조도 이러한 역사발전 과정 속에서 점차 변동되어갔습니다.

고려시대 신분·직역구조는 당시 사회적 생산력 수준의 산물이었습니다. 당시 농업기술 수준이 조선시대와 같이 완전한 상경법 단계에 도달하지 못해 지역간 발전 격차가 컸고, 그러한 발전 격차를 해소하기 위해 고려왕조는 농지 개간을 확대하고 국가가 필요로 하는 주요한 물품의 생산과 확보를 위해 일종의 사회적 분업체제의 일환으로 부곡제를 편성했습니다. 그러나 12세기 이후 생산력의 발전으로 지역간 발전 격차가 거의 해소되면서 그를 위해 편제된 부곡제의 기능은 사실상 소멸되었습니다. 결국 농지 개간이 확대되고 사회적 생산력이 발전하면서 고려 초기에 편성된 신분구조는 필연적으로 바뀔 수밖에 없었습니다. 그런데도 고려왕조가 부곡제를 계속 유지하려고 하자 과중한 역 부담에 시달린 부곡 지역 주민들이 가장 크게 반발했던 것입니다.

그 구체적인 예로 12세기 초에 주민들이 본관 지역에서 벗어나 도망을 하는 유망 현상이 크게 나타납니다. 특히 경기 지역은 열 집 가운데 아홉 집이 비었다고 할 정도로 심각했으며, 그 가운데 먹·자기·종이 등을 생산한 소 주민의 유망이 가장 심했다고 합니다. 이처럼 소의 주민과 같이 부곡 지역에 거주한 잡척층이 고려시대 신분구조의 변동을 주도한 대표적인 계층이 되었습니다.

그럼 이들의 생활상을 전해주는 기록을 한번 살펴봅시다. 지금의 평안도 맹산孟山의 수령을 지낸 적이 있는 무신집권기 문인 이인로李仁老는 《파한집破閑集》에서 소 주민의 생활상을 잘 표현하고 있습니다. 이에 따르면 맹산에는 공암촌孔巖村이라는 먹을 만드는 소가 있었는데, 이곳에서는 매년 5천 개의 먹을 만들어 중앙에 바쳐야 했다고 합니다. 1년에 2개월 간 먹을 생산하는데, 주로 소나무를 태워서 그을음을 모아 압축시켜 먹을 만들었다고 합니다. 이인로는 개성에서 생활할 때는 세상에 흔한 것이 먹이라 여겼는데 이곳에서 수령 노릇을 하면서 먹 만드는 어려움을 체득하고 먹의 귀함을 새삼 깨달았다는 기록을 남겼습니다.

이처럼 수령조차도 먹 생산의 고달픔을 토로했으니, 실제 생산자였던 소의 주민은 더욱 어려운 처지였을 것입니다. 이같이 공암촌의 주민은 평소에는 일반 백정층과 마찬가지로 국가에 조세를 부담하면서도 먹 생산을 위해 2개월 간 동원되었으니, 사회·경제적으로 더 열악한 조건에 놓여 있었던 것입니다. 잡척층의 역이 훨씬 과중했던 것이지요. 고려시대에는 이렇게 다양한 본관에 따라 부담하는 역의 내용이나 종류가 달랐습니다. 그리고 이같이 역의 내용이나 종류에 따라 신분이 구분되고 차별화되는

흥왕사 승려, 최충헌 살해하려다 실패. 6월 서경의 최광수 봉기, 고구려흥복병마사라 칭하며 고구려부흥운동을 일으킴. 김취려 거란족을 제천에서 대파.

계서적이고 차별적인 사회구조가 형성되다 보니, 신분계층 사이에 역의 불평등과 그로 인한 사회적 모순이 초래되었고, 바로 이것이 신분구조를 변동시키는 원인의 하나가 되었습니다.

신분구조의 해체 (2), 토지제도의 모순

또 다른 원인은 토지분급제도 즉 전시과제도의 모순입니다. 실제로 전시과제도는 국가가 제대로 관리할 수 없을 정도로 너무 방만하다는 문제점을 갖고 있습니다. 조선시대와 달리 관료 외에 왕실, 사원, 관청 등에도 토지를 지급했기 때문에 토지가 항상적으로 부족했던 것입니다. 조선시대의 과전법도 건국 후 채 30년도 지나지 않은 태종 때 벌써 과전의 지급지인 경기도의 토지가 부족해서 하삼도(下三道), 즉 충청도·경상도·전라도 쪽으로 과전 지급 지역을 넓히자는 논의가 나왔습니다. 이때 이를 반대하는 쪽에서는 과전 지역을 넓힐 경우 서울과 멀리 떨어져 과전의 조세 수송도 문제지만, 국가의 감시로부터 멀어지면 제대로 관리할 수 없어 농민에 대한 수탈이 심해진다고 하였습니다. 그런데 고려시대에는 처음부터 전시과를 전국에 모두 지급했으니 토지의 항상적인 부족과 함께, 관리들은 국가의 감시에서 벗어나 민의 소유지를 빼앗는 등 토지탈점이 빈번하게 나타난 것입니다. 전시과로 지급될 토지가 절대 부족하니까 관리들이 민의 토지를 탈점하면서 민의 저항과 이탈이 일어나고 이것이 신분구조 나아가 사회구조를 변동시킨 또 다른 원인이 된 것입니다. 조선 초기에 과전법을 하삼도에 이급하는 것을 반대한 것도, 그러한 고려시대의 경험 때문일 것입니다.

고려왕조 멸망의 교훈을 찾다

고려시대 신분구조가 변동하게 된 원인은 결국 고려사회가 망하게 된 원인과도 연결이 됩니다. 고려 초기에는 그러한 신분·직역구조가 지역간 발전 격차를 해소하고 지방세력의 도움을 얻어 지방사회를 효과적으로 통치하는 당시로서는 매우 합리적인 방안이었지만, 나중에는 점차 여러 모순이 거듭되면서 스스로를 옭아매 자기 덫을 만드는 결과가 됐던 것입니다. 곧 고려시대 신분제 변동이 궁극적으로 고려왕조 멸망의 원인이 되었던 것입니다. 신분구조가 왕조 유지에 유용한 장치로 작용하지 못하고 끝내 왕조의 멸망을 재촉한 셈이지요.

앞에서 전제했듯이 중세국가를 유지하는 근본은 토지와 사람입니다. 토지로부터 조세를 거두고 사람으로부터 요역과 군역을 징발하여 국가를 유지합니다. 물론 토지를 경작하는 주체 역시 사람입니다. 때문에 중앙정부는 효과적인 수취를 위해 사람들의 지위를 신분·직역구조로 제도화시킨 것입니다. 그러나 고려 중기 이후 잡척층과 같은 하층 신분층이 과중한 역 부담 등으로 신분·직역구조로부터 벗어나기 시작하면서 신분구조가 변동하기 시작했습니다.

먼저 하층 신분층이 무신정변·몽골과의 전쟁·원 간섭기를 지나며 군공이나 시종관료를 통해 지배 신분층으로 편입하기 시작하면서 지배 신분층의 확대와 동요, 그로 인한 정치적 문란 현상이 가중되었습니다. 그리고 다른 한편으로 고려 후기에 양·천간의 구분이 흔들리면서 신분구조 전체가 동요되는 근본적인 변화가 나타납니다. 하층민들은 과중한 역 부담 때문에 양인 신분을 포기하고 스스로 권세가의 노비가 되어 역 부담을 벗어나려 했습니다. 이런 현상을 '투탁投託'이라 합니다. 한편 대토지를 소유한 권세가들은 경작자를 확보하기 위해 과중한 역으로 생계가 어려운 양인들을 강제로 노비로 삼았습니다. 이를 '압량위천壓良爲賤'이라 합니다. 이러한 현상은 고려 전기의 신분구조가 뒷날 하층민에게 얼마나 억압적인 요소로 작용했던가를 보여주는 좋은 예가 됩니다. 한편 이와 반대로 천인이 재력이나 혹은 혼인을 통하여 양인 신분으로 편입하는 현상도 빈번하게 나타납니다.

구체적인 예를 들겠습니다. 고려 무신 집권기인 명종 때 재상 김영관金永寬의 가노家奴 평량平亮은 지금 양주 지역인 견주見州에 살며 상당한 재산을 축적했습니다. 그는 권세가에게 뇌물을 주어 노비 신분에서 벗어나 양인이 되어 관직까지 얻었고, 아들과 처남을 양반가에 혼인까지 시켰습니다. 그런데 평량의 처는 원래 왕원지王元之의 여종이었습니다. 왕원지는 가난해지자 개경에서 가족을 데려와 자신의 비부婢夫, 즉 여종의 남편인 평량의 집에 의탁해서 살고자 했습니다. 이곳에 온 왕원지는 평량이 양인이 되어 벼슬까지 얻은 사실을 알게 되었습니다. 평량은 사실이 탄로나게 될 것을 두려워해서, 왕원지를 달래 개경으로 돌아가게 한 뒤 도중에 그와 가족을 모두 죽입니다. 나중에 평량은 죄상이 드러나 유배를 가고, 나머지 가족들은 도망을 칩니다. 이러한 이야기는 고려시대 신분제가 이완되는 현상을 잘 보여줍니다.

이같이 과중한 역 부담과 토지탈점 현상 등으로 인해 중세국가의 물적 토대였던 양인 신분층이 지배 신분층과 천인 신분층으로 크게 분해되면서 신분·직역구조가 근본부터 흔들리기 시작하였고, 그와 함께 고려왕조는 몰락의 길로 나아갔습니다. 이처럼 불평등의 씨앗을 미리 제거하지 않으면, 때로는 그 씨앗이 거대한 변동의 싹으로 자라나게 되는 것입니다.

벌집구조의 사회 구성, 군현제와 부곡제

중세사회의 토대, 군현제

이제 고려시대 군현제도의 특성을 살펴봅시다. 모든 역사 현상은 여러 요소들이 맞물려 대단히 복합적으로 돌아가기 때문에, 이를 제대로 이해하기 위해서는 구조적이고 종합적인 사고가 필요합니다. 정치·경제·사회 현상은 각각 따로 분리된 것이 아니라, 서로 어울려 역사를 변화시키면서 새로운 단계로 나아갑니다. 경제적인 요인이 정치적인 사건에 깊이 영향을 미치는가 하면 그 반대도 가능할 수 있습니다. 그렇기 때문에 역사연구는 총체적인 사고를 필요로 하는 종합적인 학문이라고 할 수 있습니다.

이번에 언급할 고려시대 군현제도도 마찬가지 경우입니다.

종래에는 군현제도를 중앙 정치제도에 대비되는 지방 정치제도라는 차원에서 이해해왔으나, 군현제도는 단순히 제도사의 차원에서 이해해서는 안 됩니다.

군현제도는 한국 중세사회의 특성인 집권체제를 유지하는 기능을 수행했습니다. 실제 통일신라에서 조선 말기에 이르는 1천 년의 긴 기간 동안 몇 번의 왕조 교체와 그에 따른 수많은 제도상의 변화를 겪었지만, 군현제도는 변함없이 지속적으로 유지되어왔습니다. 때문에 군현제는 마치 유럽 중세사회를 지속시킨 토대인 봉건제에 비유할 만하며, 군현제도가 언제부터 본격적으로 운영되었는가를 기준으로 우리 역사에서 중세사회의 기점을 잡을 수 있습니다.

경제시책과 맞물린 지방제도

서양의 중세사회를 규정하는 봉건제에는 영주와 농노를 생산관계로 하는 당시 사회·경제적인 관계가 나타나고 있습니다. 서양의 봉건제를 단순히 법제적인 측면에서만 바라보아서는 당시 사회를 제대로 이해할 수 없듯이, 우리나라 중세사회의 토대를 이루는 군현제 역시 지금까지와 같이 중앙에 대비되는 지방 정치제도의 차원에서만 바라보아서는 안 됩니다. 군현제는 정치제도의 일부가 아니라 본질적으로 국가가 민중지배를 실현하는 수단이자, 민으로부터 역역이나 군역을 취하고 그들의 생산물을 수취하는 매개체였습니다. 이는 우리나라에서 군현제 개편이 항상 토지와 수취제도 개편과 맞물려 이루어지고 있다는 사실이 뒷받침해주고 있습니다.

고려 토기 주전자. 주로 일반 양인들이 사용한 것으로 추정되고 있다.

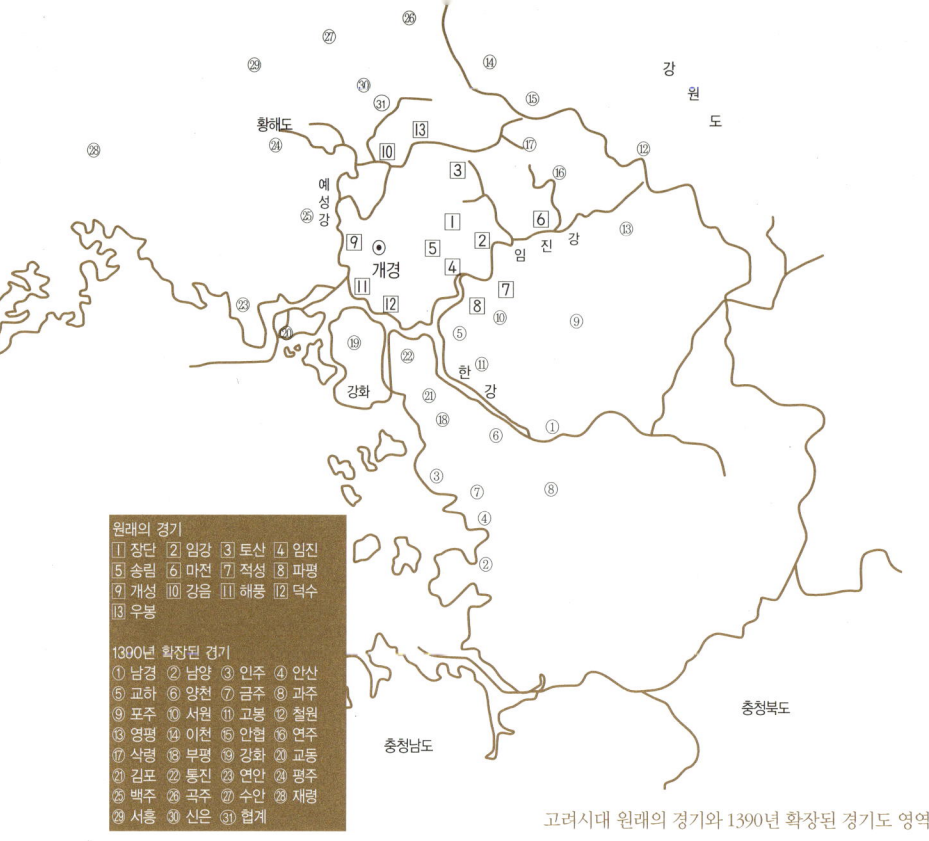

고려시대 원래의 경기와 1390년 확장된 경기도 영역.

　　신라의 경우 이미 6세기 초 지증智證왕 때(503) 군현제인 주군제州郡制가 시행되었다는 기록이 있습니다만, 본격적인 것은 통일신라시대 신문神文 왕 때(685) 시행된 9주 5소경 제도부터입니다. 그런데 주목되는 것은 687 년에 관료들에게 토지를 지급한 관료전官僚田제도가 시행되고, 그 2년 후 진골귀족의 경제기반인 녹읍祿邑제도가 혁파되었다는 사실입니다. 다시 말해 관료들에게 토지를 지급하면서 비로소 국가가 직접 토지를 장악하게 되었고, 그로 인해 진골귀족의 지배를 받았던 민을 국가가 직접 지배하게 된 것입니다. 따라서 관료전제 시행과 녹읍 혁파는 2년의 시차는 있지만,

9주 5소경 제도와 같은 전국적인 군현 개편과 밀접한 관련이 있으며, 나아가 722년(성덕聖德왕 21) 전국의 농민에게 정전을 지급한 후 30여 년이 지난 757년 경덕景德왕 때 9주 5소경 체제가 제도적으로 완성된 것도 역사의 큰 흐름에서 볼 때 결코 우연이 아닙니다. 이상의 사실은 군현제가 단순히 지방 정치제도의 일부가 아니라 당대 경제시책과 밀접한 관련이 있다는 사실을 알려줍니다.

군현제 시행과 경제제도 개편의 상관관계는 고려시대에 들어오면 더욱 명확하게 나타납니다. 태조 23년(940) 전시과의 원형인 역분전 시행과 함께 전국의 지방세력에게 지배영역을 인정해주는 토성분정 정책이 시행되었습니다. 그 후 경종 원년(976)에 시정전시과가 시행되고, 얼마 되지 않은 성종 2년(983)에 지방제도 개편이 이루어졌습니다. 목종 원년에 다시 전시과가 개편되고, 곧이어 현종 3년(1012)의 군현 개편을 거쳐 현종 9년 고려시대 군현제도의 골격이 완성됩니다. 또한 현종의 뒤를 이은 덕종 때 또 한 번의 전시과 개편이 있고, 문종 30년(1076)에 전시과제도가 완성되는데, 그 이전인 문종 22년에 또 한 번 경기京畿제도에 대한 군현 개편이 있었습니다. 이는 고려 말 1390년 과전법 제도가 완성될 무렵 과전 지급지를 확정하기 위해 경기제도를 대대적으로 개편한 사실과 연결될 수 있습니다. 이처럼 군현 개편과 토지제도 개편은 서로 맞물려서 이루어지고 있는데, 이 역시 지방제도 개편이 단순히 통치제도 개편이 아니라 경제제도 개편, 즉 수취제도 개편과 밀접한 관련이 있음을 알려줍니다.

복합적이고 계서적인 군현구조

  그렇다면 이제 고려시대 군현제도의 특성을 살펴보도록 합시다. 우선 흥미를 끄는 것은 조선시대 전국 군현의 수가 330여 개인 데 비해, 고려시대에는 520여 개의 군현이 존재했다는 사실입니다. 조선에 비해 집권력이 그리 강하지 않았던 고려시대에 왜 이렇게 많은 군현이 존재했을까요? 신라 하대 중앙정부의 지배력이 약화되면서 지방에 성주 장군을 칭하는 독자의 세력이 근거지를 성읍城邑으로 삼아 독자의 영역을 구축했습니다. 이러한 영역을 고려왕조가 본관으로 인정하여 그대로 지배질서로 편제한 것이 군현숫자가 증가한 중요한 원인의 하나입니다. 고려정부는 이러한 군현을 다시 다음과 같이 재편합니다.

  조선시대에는 330여 개 군현 모두에 지방관을 파견한 데 비해, 고려시대에는 130여 개 군현에만 지방관을 파견했습니다. 이처럼 지방관이 파견된 군현단위를 주현主縣이라 하고, 지방관을 파견하지 않은 나머지 390여 개 군현은 속현屬縣이라 합니다. 속현은 글자 그대로 '주현에 소속된 군현'이라는 뜻으로서, 지방관이 파견된 130여 개 주현에 행정적으로 예속되어 있었습니다. 평균 1개 주현에 3개의 속현이 예속되었던 셈이며, 이것이 하나의 지방 행정단위를 이루었던 것이지요. 속현은 다시 속군屬郡과 속현으로 구분됩니다.

  그 외에도 고려시대에는 향·부곡·소·처·장 등 특수 행정단위가 있었습니다. 현재 확인된 것만 9백여 개나 되는데 이들 집단도 주현이나 속현에 각각 소속되어 있었습니다. 물론 향과 부곡 등을 거느리지 않은 곳도 있으나, 전체 평균 주현에는 3~4개, 속현에는 1~2개 정도 소속되어 있습니

이통(李通)이 노비 개경 주변의 초적 등과 연합해 3군을 편성해 봉기. 12월 몽골의 2차 침입. 김윤후(金允侯)와 처인(處仁)부곡민, 몽골 사령관 살레탑 살해.

천 리 장 성

안주
(안북도호부) ●

동계

북계

서경 ○

안변
(안변도호부) ●

황주목 ○
(안서도호부)

교주도

서해도

해주목 ○

개경 ▣

동 해

양주목 ○

◎ 남경

광주목 ○

충주목 ○

양광도

서해

청주목 ○

공주목 ○

상주목 ○

전주목 ○
(안남도호부)

경상도

동경
(안동도호부) ◎

진주목 ○

전라도

나주목 ○

승주목 ○

탐라

5도 양계.

1233(20) 4월 개경 근교 초적 거복(居卜)과 왕심(往心)이 주변의 농민과 함께 봉기해서 용문창(龍門倉)을 점거. 5월 서경 사람 홍복원(洪福源) 등 반란

다. 중앙정부의 직접적인 지시를 받아 독자의 행정을 펼친 주현은 자체 내 3~4개의 부곡집단을 거느리면서 역시 1~2개의 부곡집단을 거느린 속현 3개를 행정적으로 지배했습니다. 그러니까 고려시대 군현 단위는 주현을 기준으로 그 아래 여러 개의 속현과 향·부곡 등이 예속되어 있는 매우 복합적인 형태의 영역단위이기도 합니다.

예를 들어 고려시대 가장 많은 속현을 거느린 군현은 상주목尙州牧인데, 그 아래 속군 7개, 속현 17개 등 모두 24개의 속현이 예속되어 있습니다. 그 외에 주현 상주에 부곡 14개, 여러 속현에 부곡 8개, 소 3개 등 모두 25개의 부곡이 소속되어 있습니다. 또한 공주公州에는 4개의 속군, 8개의 속현이 소속되어 있었으며, 6개의 부곡, 7개의 소, 1개의 처가 소속되어 하나의 행정단위를 이루었습니다. 이처럼 고려시대 군현구조는 마치 하나의 벌통에 수많은 벌집이 달려 있는 벌집구조와 같은 형상이었습니다. 조선시대와 달리 매우 복합적인 형태로 군현 영역이 구성되었던 것입니다.

한편 향·부곡 등의 행정구역은 특정 역을 부담하는 행정단위라는 점에서 일반 군현과 구별해 흔히 부곡제 영역이라 하고, 주현과 속현 지역은 군현제 영역이라 합니다. 양자는 역 부담이 차별적이었기 때문에 계서적인 구조를 이루고 있습니다. 이같이 하나의 주현이 속현·부곡 등의 다양한 행정단위로 구성되어 있는 복합적인 군현구성과, 차별적인 군현제 영역과 부곡제 영역이 공존하는 계서적인 군현구성이 고려시대 군현제도의 특징이며, 바로 이 점이 고려와 조선시대 지방제도의 큰 차이라 할 수 있습니다.

그러나 이처럼 속현과 부곡 등으로 구성된 복합적이고 계서적인 군현구성이 모든 지방 행정단위에 일률적으로 나타나지는 않습니다. 전체 130여

경주의 최산(崔山)과 이유(李儒)가 인근 주현과 연합해서 봉기, 패함. 12월 최우, 가병(家兵) 3천을 보내 서경 반란군 공격. 홍복원(洪福源), 몽골로 도망.

개의 주현 가운데 60여 개의 주현만 속현과 부곡 등을 거느렸는데, 이런 주현은 대체로 개경 이남의 5도 지역에 주로 존재했습니다. 군현구성에도 지역적인 특성이 반영되어 있다고 할 수 있겠죠. 지금의 함경도와 평안도 지역은 고려 때 동계東界와 북계北界로 나눠 양계 지역이라 했습니다. 한마디로 외적의 방어를 위해 편성된 행정단위입니다. 이 지역의 군현단위는 대부분이 도호부·방어군·진 등으로 모두 지방관이 파견된 주현이었으며, 대개의 경우 속현이나 향·부곡 등의 행정단위가 예속되어 있지 않습니다. 한편 국왕이 거주한 개경은 그 주변 10여 개의 군현을 묶어 경기 지역으로 삼았습니다. 이와 같이 고려시대 지방제도는 5도·양계·경기라는 3원적인 구조로 구성되어, 전국을 8도의 단일한 체제로 구성했던 조선의 지방제도와는 큰 차이를 보입니다. 이 역시 고려시대 지방제도의 특징의 하나입니다.

수령과 속관

주현은 수령이 중앙의 명령을 받아 토착 향리를 지휘하며 지방행정을 펼친 행정의 중심지였습니다. 그런데 고려시대에는 지방 행정단위가 조선시대에 비해 매우 넓은 지역으로 이루어진 광역廣域단위여서, 이를 효과적으로 지배하기 위한 제도가 필요했습니다. 이를 위해 속관제屬官制가 운영되었습니다. 중국에서는 이를 좌리제佐吏制라 했는데, 넓은 지역으로 구성된 지방 행정단위를 효과적으로 다스리기 위해 수령을 보좌하는 관원을 중앙에서 파견하는 제도입니다. 고려의 속관제도도 이같이 주현과 속현·

부곡 등 군현이 복합적으로 구성되어 있는데다가 강력한 지방세력을 견제할 필요가 있었기 때문에 만들어진 제도입니다. 그래서 수령 외에도 중앙에서 속관을 파견했던 것입니다.

고려시대 과거 합격자들은 속관으로 처음 발령을 받았습니다. 조선시대 과거 합격자가 중앙의 홍문원·성균관 등 유교적인 소양을 기르는 관직에 발령을 받았던 사실과 크게 대조가 되는데 이는 지방세력을 견제하고 중앙의 지방지배를 관철시키는 일이 그만큼 시급했기 때문입니다. 속관에는 판관判官·사록참군사司錄參軍事·장서기掌書記·법조法曹·문사文師·의사醫師가 있습니다. 판관은 군현의 2인자로서 수령을 대신해서 지방행정을 총괄했고, 사록참군사는 향리를 통제하면서 수취업무를 관장했으며, 장서기는 군현의 각종 문서 기록을 담당하고 각종 제문과 중앙에 올리는 문서도 담당했습니다. 또한 법조는 군현의 재판 실무를 담당하고, 의사는 각종 질병의 치료와 향약 채취를 맡았으며, 문사는 교육을 전담하는 관원이었습니다.

속관이 머물렀던 주현은 인구나 토지의 규모에 따라 경·목·도호부·지사부·방어군·지사군·현과 진이 있으며, 수령도 주현의 격에 따라 유수사留守使·목사牧使·도호부사都護府使·지부사知府使·방어군사防禦郡使·지군사知郡使·현령縣令·진장鎭將이라 했습니다.

속관은 경·목·도호부에는 모두 파견되었으나, 나머지 주현에는 속관의 일부만 파견되었습니다. 따라서 종래 이해했던 바와 같이 고려 초기 지방행정을 향리층이 주도하고, 강력한 지방세력 때문에 중앙이 함부로 통제할 수 없는 상황은 아니었습니다. 이미 태조 때부터 군현을 개편하면서 중앙에서 수령과 속관을 파견하여 지방사회를 통제했던 것이지요.

고려의 지방제도는 왜 이처럼 다양한 영역으로 구성되었을까요? 여기에는 고려 초기 역사적 상황이 반영되어 있습니다. 흔히 고려 초기의 정치 형태를 '호족연합정권'이라 합니다. 이는 고려왕조가 지방세력이 세운 정권이기 때문입니다. 당시 지방세력은 신라 하대 이후 진골귀족이 분열되면서 지방에서 성읍城邑이라는 독자의 영역을 만들어 주민들을 무장시키고 성주 · 장군으로 칭하면서 독립적인 영주의 지위를 누렸습니다. 결국 이 가운데 궁예, 견훤, 왕건 등이 가장 큰 세력으로 국가를 건설하면서 후삼국시대를 열었던 것이지요. 이후 40여 년 간의 후삼국 통합전쟁은 독자적인 지방세력을 무력이나 회유의 방법으로 흡수하는 과정이었고, 최후의 승자인 왕건이 고려왕조를 건국했습니다.

건국 후 태조 왕건은 전략적 요충지 · 중요 교통로 · 생산의 거점 지역에는 군현을 새로 설치해서 중앙이 직접 지배하는 형식을 취하면서도, 통합전쟁에 협조한 일부 세력에게 성씨를 부여하고 그들의 영역을 본관으로 삼아 해당 지역을 주현으로 삼고, 주변 지역을 속현으로 만들어 주현에 예속시키는 형식으로 지방제도를 편성했습니다. 이를 통해 영역 내 주민의 유망을 막고 조세와 역역을 수취하는 방식을 채택했던 것이지요. 고려시대 지방제도가 주현과 속현 등의 복합적인 군현으로 편성된 데에는 바로 이러한 역사적인 사정이 반영되어 있습니다.

부곡제란 무엇인가?

고려시대 지방 사회조직으로 향鄕 · 소所 · 부곡部曲 · 장莊 · 처處라는 집단이 존재했습니다. 이에 대해 가장 구체적이고 의미있는 기록은 조선 초기에

이연년(李延年)이 봉기, 자칭 백적도원수(百賊都元帥)라 하며, 백제부흥운동을 일으킴. 해양현(海陽縣 : 광주)을 점거. 3월 나주에서 김경손(金慶孫)에 진압.

편찬된 《신증동국여지승람新增東國輿地勝覽》에 실려 있지요. 이에 따르면 향 부곡은 이미 신라시대에 존재했는데, 토지와 인구 규모가 현縣이 될 수 없는 곳을 향과 부곡으로 편제해서 해당 군현에 소속시켰다고 합니다. 소는 고려 때 처음 조직되었는데, 금·은·동·철 등의 광산물, 먹·자기·칼·종이 등의 수공업 제품, 모시·생강·소금·숯·생선 등 농수산물을 전문적으로 생산하는 곳입니다. 장과 처도 고려 때 처음 조직되었는데, 사원과 왕실 등에 소속되어 해당 기관의 토지를 경작하고 그 세를 바친 곳입니다. 이들 집단에는 모두 토착하는 향리와 주민이 존재한다고 합니다.

향과 부곡은 이미 신라 때부터 존재했지만, 이들 집단이 모두 함께 존재하면서 일정한 역할과 기능을 수행한 시기는 고려 때임을 알 수 있지요. 또한 중앙의 지시를 받아 지방의 일선 행정을 전담한 토착 향리의 존재로 보아 이들 집단은 일반 자연촌락의 모습은 아니며, 군현과 같은 행정조직의 일부로 보입니다. 비록 각 집단이 수행한 역할과 기능은 다르나, 특정 물품과 토지에 대한 생산과 경작을 전담한 점에서 일반 군현과는 다른 목적의 특수 행정조직으로 판단됩니다. 또한 앞에서 설명했듯이 그 주민을 잡척층雜尺層이라는 특수한 신분층으로 설정한 점(군현의 주민을 백정층白丁層이라 함)도 이들 집단을 특수 행정조직으로 볼 또 다른 근거가 됩니다. 이들 집단을 묶어 학계에서는 부곡제部曲制라 부릅니다. 그것은 마치 경 목 도호부 진 군 현과 같은 지방 행정조직을 묶어 군현제라 부르는 것과 같은 이치이지요.

고려왕조 사회구조가 다원적인, 마치 벌집구조와 같은 사회조직을 이루었다는 주요한 근거의 하나는 일반 군현의 행정 단위에다 이같이 향 부곡 소 장 처와 같은 다양한 특수 행정조직의 존재 때문입니다. 따라서 부곡제는 다원사회 고려왕조의 특성을 잘 보여주는 좋은 예의 하나라 할 수 있지요. 왜 고려왕조는 부곡제라는 특수 행정조직을 운영했을까요? 여기서는 이에 대해 살펴보기로 하겠습니다.

향·소·부곡민은 천민 집단?

과거에 향·소·부곡의 주민은 천민 집단이라고 했습니다. 그러나 이러한 견해는 잘못된 근거에서 비롯된 것입니다. 천민설의 근거는 다음과 같습니다.

1930년대 일부 연구자들은 유물사관에 입각해서 한국사를 체계화하면서 서양 고대사회가 노예제 사회인 점에 착안해서, 부곡 집단을 한국 고대사회에서 노예제의 지표로 규정하면서 부곡집단 천민설이 제기되었지요. 그러한 근거로 중국이나 일본 역사에서도 부곡이 존재했는데, 그들의 신분은 천민이라는 사실을 들었습니다. 당시 동아시아사회는 같은 한자漢字 문화권에 속해 있었으므로, 한국사에 나타난 부곡 역시 일본이나 중국의 부곡과 같을 것이라고 본 것입니다. 더욱이 중국의 경우 한나라 이후 남북조 때까지 세력가의 예속민으로 존재했다가, 당나라 때 부곡이 사천민私賤民으로 제도화되었습니다. 고려시대 여러 제도가 당나라 제도를 바탕으로 만들어지면서 《고려사》 기록에 당나라 법제가 많이 반영되어 자연히 고려의 부곡도 천민 집단으로 인식된 것입니다.

그러나 중국과 일본의 부곡이 개인에게 예속된 사천민을 뜻하는 것과 달리, 고려시대의 부곡은 특수 행정구역을 뜻하며 향과 소도 마찬가집니다. 이처럼 고려에서 '부곡'이라는 단어는 특수 촌락, 특정의 역을 지는 행정구역이라는 뜻으로 전혀 다르게 사용되었다는 사실에 유념할 필요가 있습니다.

한편 고려시대 신분제인 양천제도의 원리를 이해하면 부곡민이 천민 신분이 아니라 양인신분이라는 사실을 쉽게 이해할 수 있습니다. 양인은 국가에 대해 조세와 역역의 의무를 지는 대신 그에 대한 반대급부로 토지를 지급받거나 관리가 될 수 있는 권리를 부여받았습니다. 이에 비해 천인은 국가에 대해 일체의 의무가 없었습니다. 소유주가 국가인 공노비나 개인인 사노비는 농경이나 가사家事의 잡역 등, 단순히 소유주에 대해 신역身役만 제공했을 뿐입니다. 이들은 국가에 대한 의무인 3세를 부담하지 않았기 때문에 국가로부터 토지를 지급받는다든가 관리가 되는 등의 권리는 생각할 수 없었습니다. 이처럼 천민 신분은 인격의 주체가 아니라 재산의 일부였는데, 노비가 그 대표적인 예입니다.

이상의 사실을 통해 향·소·부곡 등에 거주한 주민들은 국가에 대해 권리와 의무를 가진 공민公民의 존재, 즉 양인신분층이었습니다.

그러나 향·소·부곡에 거주하는 주민은 농업에 종사하여 국가에 대해 조세를 부담하는 양인신분이면서도 일반 군현에 거주하는 주민과 달리, 추가로 특정의 역을 부담했습니다. 다만 군현에 거주한 주민인 백정 농민과 같이 토지를 경작하여 국가에 조세를 부담하면서, 추가로 국가 직속지를 경작하거나 각종 수공업제품을 생산하는 역을 부담했기 때문에 백정 농민층에 비해 사회·경제적으로 열악한 조건에 놓인 양인 신분의 최하층일 뿐입니다.

향·부곡 발생의 두 가지 경로

특히 향·부곡 등 부곡제 영역이 지방 행정단위로 편제되었던 사실에서 고려시대 지방제도의 특성이 잘 드러나 있습니다. 고려 초기 사회는 사회적인 생산력 수준이 중앙이 전국을 일원적으로 지배할 정도의 단계에 도달하지 못한, 지역간 발전 격차가 큰 사회였습니다. 선진적인 농법을 수용한 지방세력이 거주한 지역은 농법 수준이 이미 상경화 단계에 도달해서 대부분 개간이 완료되었으나, 그렇지 못한 속현이나 산간 오지의 벽촌 지역은 여전히 미개간 상태였습니다. 이러한 지역간 발전 격차를 해소하려는 가운데서 부곡제라는 지방 행정단위가 형성되었습니다.

경제력이 열악해서 토지소유에서 배제된 일반 농민들은 산간 오지나 벽촌 지역으로 이주해서 개간을 하고 이곳에서 새로운 촌락인 신촌新村을 형성했습니다. 이러한 추세는 철기문화가 수용되어 한반도에 완전히 정착하게 되는 4~6세기 이후부터 시작되어 고려 초기까지 계속되었습니다. 그러다 6세기 이후 대량으로 증가한 신촌을 국가 차원에서 군현질서로 편입시키는 가운데 향·부곡과 같은 특수한 지방 행정단위가 형성된 것입니다.

《신증동국여지승람》의 기록에 따르면 신라가 군현을 설치할 때 인구와 토지가 군이나 현이 될 수 없는 지역을 향이나 부곡으로 편성했다고 합니다. 이러한 사실은 4~6세기 신라 지역에 철기문화가 수용되면서 철제 농기구를 이용한 개간이 지속적으로 이루어졌고, 개간되어 주민이 정착한 촌락 즉 신촌을 정부가 향과 부곡이라는 군현의 하부조직으로 재편했던 사실을 뒷받침합니다. 다음의 경우가 위의 사실을 뒷받침하는 보다 더 적절한 예가 되지 않을까 생각합니다. 조선 후기 실학자 다산 정약용丁若鏞은

6월 몽골의 6차 침입 시작 **1256(43)** 3월 입암산성(笠巖山城)민, 몽골에 투항 **1257(44)** 윤 4월 최항 죽음, 최의(崔竩) 집권 원주 초적(草賊) 안열(安悅)

김정호의 대동여지도. 위 지도에는 밀양의 고매부곡이 조선 후기까지 비지飛地(한 군현의 주민이 다른 군현에 거주하는 행정단위)의 형태로 나타나고 있다.

우리나라의 군현 경계가 반듯하지 못해 한 군현의 촌락이 다른 군현의 경계를 넘어가기도 하고, 군현의 한가운데에 다른 군현 소속 촌락이 들어가 있어 마치 어금니가 맞물려 있는 것처럼 일정한 구획으로 분할되지 못했다고 했습니다. 그리고 그 이유는 처음부터 경계를 구획한 것이 아니고 까마귀나 짐승이 모인 것[烏合獸聚]과 같이 촌락이 스스로 형성된[自成村落] 때문이라고 했습니다. 정약용은 이같이 스스로 형성된 촌락을 부곡部曲이라 했습니다.

· 돈정(敦正)·당로(唐老) 등이 봉기, 치악산 유민을 규합하여 흥원창(興元倉)을 점거. 5월 위도(葦島)에 피난간 박주(博州)민이 관리를 살해하고 몽골에 투항.

다산의 지적과 같이 토지소유에서 배제된 농민들이 자구책으로 산간 오지奧地나 벽지僻地 지역에 들어가 개간한 새로운 촌락을 국가가 재편하는 과정에서 향과 부곡이 형성되었음을 알려 줍니다. 한편 기근이나 전쟁으로 생겨난 영세농민들이 자구책으로 군과 현의 경계를 넘어 산간 오지나 벽촌에 형성한 촌락, 즉 월경처越境處가 향·부곡으로 형성되었다는 연구도 그러한 사실을 뒷받침합니다. 고려시대 군현제의 또 다른 영역인 부곡제는 이와 같은 농경지 개간이라는 추세 위에서 형성되었던 것입니다.

부곡제가 발생한 또 다른 경로는 후삼국 통합전쟁에서 반기를 든 지방세력을 재편하는 과정에서 나타납니다. 조선 초기 실록에 따르면 고려 초기 역명자逆命者, 즉 반왕조적인 세력 집단을 향·부곡 지역에 편제시켜 각종의 천역에 종사시켰다는 기록이 있습니다. 향·부곡은 이같이 반왕조적인 세력 집단을 집단적으로 편제하는 가운데 형성되기도 했던 것입니다. 구체적으로 통합전쟁 중에 왕조에 반기를 들었던 지역을 부곡제로 편성하여 국가 직속지나 왕실과 사원의 토지를 경작하게 하거나, 그곳의 주민을 국가가 필요로 하는 금·은·철 등이 생산되는 생산지에 편제시켜 생산을 전담케 하였으며, 도자기·먹·종이 등 수공업 제품을 생산케 하기도 하였습니다. 이러한 점에서 부곡제의 형성과정은 지역간 발전격차를 해소하는 일종의 사회적인 분업장치로서의 역할을 했던 것이지요.

이상과 같이 향·부곡·소·장·처 등으로 구성된 부곡제 영역은 고려 초기 지방세력에 대한 재편, 그리고 삼국시대 이래 지속적인 개간과 새로운 촌락의 증가 현상이라는 사회경제적인 발전 과정 속에서 형성되었던 것입니다. 그런 점에서 부곡제는 삼국시기 이래 우리나라 사회적 생산력 수준, 나아가 고려 초기 정치변동의 산물이라 할 수 있지요.

고려 말, 지방사회에 커다란 변동이 일어나다

부곡제와 군현제 영역으로 구성된 고려의 군현체제는 고려 말부터 크게 변동되기 시작합니다. 변화의 하나는 향·부곡·소·처·장 등의 부곡제 영역이 해체되기 시작하여, 조선 초기에는 군현제 영역만 남게 됩니다. 고려에서 조선왕조로의 변화 가운데 가장 큰 변화는 이같이 군현체제의 일부인 부곡제 영역의 해체입니다. 그야말로 사회구조상의 커다란 변동이자, 고려와는 다른 조선왕조의 사회구조적 특성이 되는 것입니다. 또 다른 변화는 군현제 영역 내부에도 일어납니다. 주현과 속현 각각 130여 개와 390여 개로 구성된 군현제 영역은 대부분의 속현이 주현에 병합되어 330여 개의 군현으로 크게 축소되는 변화입니다. 900여 개 단위의 부곡제 영역까지 해체되어 군현의 하부 촌락조직으로 편제된 사실을 감안하면, 조선 초기 군현개편은 매우 대대적인 것이라 할 수 있습니다. 이러한 커다란 변화로 다원적인 고려의 사회구조는 결국 종말을 고하게 됩니다. 왜 이러한 변화가 일어나게 되었으며, 변화는 구체적으로 어떤 형식과 내용으로 진행되었을까요? 이러한 문제를 살피는 것은 원 간섭기 이후 고려 후기 역사를 이해하는 하나의 방법이자, 고려왕조가 멸망의 과정을 간접적으로 살펴보는 일이 될 것입니다.

왜 군현체제가 변화했는가?

먼저 부곡제와 군현제 영역으로 구성된 복합적이고 차별적인 군현체제

2월 등주(登州) 등지의 민이 몽골병을 이끌고 한계성(寒溪城)을 공격, 3월 유경(柳璥)·김인준(金仁俊), 최의를 죽임(최씨정권[1196~1258] 붕괴, 왕정이 복고됨).

가 안고 있는 자체 모순 때문입니다. 조선 초기 기록에 따르면 고려 때 주현 아래에 속현과 향 소 부곡 등(이들을 주현의 관할지역이라는 뜻으로 임내任內라 함)이 소속되어 있는데, 큰 주현의 경우 임내의 인구 숫자가 주현보다 많다고 합니다. 그런데 임내 지역에 대한 조세와 역역을 수취하는 업무는 한 두 명의 향리가 전담하면서, 이들은 수령이나 중앙정부의 눈을 피해 규정 보다 더 많은 수취를 하여 자신의 사욕을 채우는 행위가 공공연하게 이루어 졌다고 합니다. 이러한 폐단으로 특히 속현과 부곡지역의 주민들이 큰 고통을 받았다고 합니다. 당시의 실상을 잘 보여주는 기록이라 생각합니다.

한편 속현의 주민들은 조세를 멀리 떨어져 있는 주현으로 운반하는 일도 적지 않은 고역이었습니다. 원래 지방관은 문신文臣 출신만 임명되었습니다. 그러나 무신정권기 무신권력자의 비호 아래 파견된 무신武臣 출신의 지방관은 이러한 군현체제의 모순을 틈타 불법적인 수탈을 자행했습니다. 고려 초기 지방 세력의 협조와 지역 간 발전격차를 해소하기 위해 편제된 복합적이고 계서적인 지방 행정조직이 고려 중기 이후 중앙권력이 약화된 틈을 타서, 수령과 향리들의 수탈을 도리어 용이하게 해준 모순을 안게 되었습니다.

부곡제 지역에 대한 과다한 부세 수취도 변동의 또 다른 원인이었습니다. 부곡지역의 주민들은 일반 군현민과 같이 조세를 부담하고 특정의 역을 추가적으로 부담했습니다. 특히 금 · 은 · 동 · 철 · 자기 · 종이 등 수공업 제품을 생산한 소 지역은 잦은 전쟁, 사원과 궁궐 수축과 같은 큰 공사로 이 지역의 생산품에 대한 수요가 많아지면서 부담이 매우 컸습니다. 또한 12세기 이후 대외무역에서 은이 주요한 결제 수단이 되면서, 은 생산을

갈도(葛島) 등의 역인(驛人)이 몽골에 항복하여 동진국병과 합세하여 경별초(京別抄)를 살해. 7월 북계(北界)의 삼별초 군인이 별초도령(別抄都領)과 경병

전담한 은소 주민의 부담은 더욱 컸습니다. 소에 대한 수취는 해당 생산품을 필요로 하는 중앙의 기관이 직접 수취했기 때문에 더욱 침탈의 여지가 컸던 것입니다.

마지막으로 부곡제는 앞에서 설명했듯이 지역 간 발전격차를 해소하기 위해 개간이 필요한 지역이나 국가 유지에 필요한 물품을 생산하기 편제된 특수 행정조직입니다. 그러나 12세기 이후 평지에서 산지나 저습지로 농지 개간이 확대되고, 수리시설의 발전과 종자 개량 등 농업기술의 진전 등으로 생산력이 크게 발달하면서 지역 간의 발전격차는 사실상 해소됩니다. 따라서 발전격차를 해소하기 위해 편제된 부곡제는 이 무렵이면 현실적으로 그 기능이 상실되었습니다만, 왕조정부는 재정을 보충하기 위해 부곡제를 유지합니다. 그에 대한 부곡제 주민의 불만은 결국 12세기 후반 이후 유망과 항쟁의 형태로 폭발합니다. 무신정권기 하층민 항쟁의 중심지가 상대적으로 수탈을 많이 받은 속현과 부곡지역이라는 사실은 바로 그 때문입니다.

속현과 부곡지역의 해체와 축소

12세기 이래 속현과 부곡지역 주민의 유망과 항쟁은 이들 지역의 해체는 물론이거니와 군현체제가 변동되는 직접적인 원인이 됩니다. 무신집권기인 12세기 말 경상도 상주 인근의 영산靈山부곡을 방문한 이규보는 영산부곡은 궁벽한 벽촌僻村으로서 주민들이 도망하여 남아있는 이는 노인뿐이라는 시를 남겼습니다. 그로부터 1백여 년이 지난 충렬왕 때 향 소 부곡의 향리들은 모두 도망하여 한 가호도 남아있지 않다는 기록이 있습니다. 특히 이 무렵이면 소금을 생산한 염소鹽所와 사원과 왕실의 토지를 경작한 장 처 지역이 권세가들에게 모두 탈점되었다는 기록도 나타납니다. 무신 정권을 거쳐 원 간섭기에 이르면 부곡제 지역은 사실상 해체되었을 정도로 그 기능을 상실하게 됩니다. 고려왕조의 주요한 조세 수입원인 속현과 부곡지역의 해체 조짐은 고려왕조의 재정을 심각한 위기에 빠뜨리는 또 다른 원인이 되었던 것입니다. 개혁은 불가피했지요.

충렬왕 말년 원나라는 고려에 대해 개혁을 요구하면서, 당시 모순을 일으킨 근본 원인의 하나로 관청과 관원이 많은데 백성이 지나치게 적다는 '관다민소官多民少' 현상을 지적했습니다. 관청이란 바로 지방 군현으로서, 그 숫자는 많은데 그를 지탱해줄 주민이 도망을 가 주민이 너무 적다는 사실을 두고 한 말입니다. 도망을 간 가호의 부담은 결국 남아있는 주민에게 전가되는 악순환이 되풀이 된 상황을 그렇게 표현한 것이지요. 개혁의 하나로서 군현체제 개편은 결국 불필요한 군현(특히 속현과 부곡)을 줄여 주민의 부담을 줄이고, 나아가 그것을 유지하는데 따른 중앙정부의 재정 부담을 완화하는 방향에서 추진됩니다.

먼저 군현의 영역을 재조정하거나 축소하는 조치로서, 주로 속현을 대상으로 한 군현개편 조치입니다. 즉 전략적으로 중요한 지역이거나 인구나 토지가 상대적으로 많은 속현의 경우 감무監務라는 지방관을 파견하여 주현으로 승격시킵니다. 그런 다음 주변의 영세한 속현이나 부곡을 새로 승격된 주현에 소속시켜 새로운 행정 단위를 신설합니다. 이는 지나치게 많은 숫자의 군현을 축소하려는 조치와 어긋나는 것처럼 보입니다. 그러나 이러한 조치로 인해 많은 속현을 거느린 이전 주현의 경우 오히려 여러 속현이 새로 승격된 주현에 예속되어, 규모가 상대적으로 축소되는 결과를 낳게 됩니다. 이에 따라 군현을 유지하는 비용의 절감과 함께 주민에 대한 직접적인 지배가 가능하여 향리들의 수탈에 대한 효과적인 감시가 가능하게 됩니다. 또한 새로운 주현의 경우 지방관이 파견되어, 주민의 이탈을 막고 새로운 수취 행정과 함께 지방사회에 대해 효과적인 통제가 가한 이점이 있지요.

다음 주민이 유망하여 사실상 행정 기능을 상실한 속현이나 부곡지역은 아예 해체시켜 주현의 촌락으로 예속시키는 조치를 취합니다. 영세한 대부분의 속현과 부곡지역은 이러한 과정을 통해 해체됩니다. 지역 간 발전 격차를 해소하려는 제도 장치의 하나인 부곡제는 이미 12세기 이후 생산력의 발전으로 사실상 그 기능을 상실했는데, 14세기 후반의 군현개편을 통해 부곡제는 우리 역사에서 그 자취를 감추게 됩니다. 영세한 대부분의 속현도 이러한 과정을 통해 역시 해체됩니다.

조선 초기에 어떻게 변화했나?

고려의 군현체제는 14세기부터 시작된 군현개편에 따라 크게 변동됩니다. 조선왕조 때 어떻게 변동되었는지를 살펴보기로 합시다. 먼저 군현 영역의 경우 약 130개의 주현은 조선 전기 《세종실록지리지》가 편찬된 15세기 전반까지 104개가 군현으로 유지됩니다. 고려 후기 군현개편이 영세한 속현이나 부곡지역을 대상으로 했기 때문에 상대적으로 생산력이 높았던 주현은 이때에도 유지되었던 것이지요. 한편 약 370개 속현의 경우 약 200

개가 이때까지 유지됩니다. 절반이 조금 넘는 군현만 유지되고, 나머지는 모두 해체되는 대대적인 개편이 이루어졌습니다. 약 900개의 향 부곡 소 장 처 가운데 15세기 전반까지 유지된 것은 약 100개 정도로서, 전체의 90% 정도가 해체됩니다. 속현에 비해 부곡집단이 더 많이 해체되었음을 알 수 있습니다.

조선 전기 15세기에도 고려 후기와 같은 방식의 군현개편이 꾸준히 이루어집니다. 이로부터 약 1세기가 지난 《신증동국여지승람》이 편찬된 16세기 전반에 이르면, 속현은 63개만 남게 되면서 그 기능은 사실상 상실되었다고 볼 수 있지요. 이 기록에 따르면 없어진 군현인 '폐현廢縣'의 명단을 싣고 있는데, 모두 고려 때의 속현입니다. 한편 15세기 전반까지 명맥을 유지한 향 부곡 소 등은 13개에 불과합니다. 이 무렵이면 완전히 사라졌다고 할 수 있습니다. 520여 개의 주현과 속현으로 구성된 군현영역과 900여 개의 향 부곡 소 처 장으로 구성된 부곡영역이라는 복합적이고 차별적(계서적)인 군현구성은 마치 별집구조와 같은 모습의 다원사회 고려왕조 사회구조의 특성이 집약된 모습이었습니다. 무려 1,500여 개의 지방 행정단위가 330여 개의 단위로 축소되었다는 사실은 커다란 변동이자, 한국사 전체의 흐름에서도 큰 변화였다는 사실을 부인할 수 없을 것입니다.

즉위 축하. 세조로부터 6개 조항의 약조를 받아냄.(①고려인은 관민(官民) 모두 그 복장을 고려의 풍습대로 유지하고, 몽골식을 반드시 안 따라도 좋다.

청자음각연꽃당초무늬
항아리

청자음각연꽃당초무늬
네귀 항아리

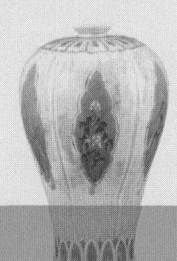

백자상감 모란 버드나무
갈대무늬 매병

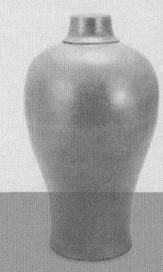

청자음각연꽃가지
무늬 매병

청자진사 연꽃잎무늬
표주박모양 주자

청자광구병

청자음각연꽃 당초 모란무늬
긴목병

청자양각 대나무 마디
무늬병

청자 사자장식 뚜껑
수주와 승반

5장
문화와 사회,
다양성과 통일성의 조화

청자 참외모양
꽃병

청자상감운학문 매병

다양성과 통일성의 문화와 사상

　요즘에는 문화라는 말을 많은 사람들이 다양한 뜻으로 사용하고 있습니다. 정치문화·대학문화·노동자문화·교통문화 따위가 그런데, 문화가 우리네 생활 경험의 총체이기 때문에 이처럼 다양한 뜻으로 사용되는 것이 아닌가 생각됩니다. 특히 역사학에서는 때로는 과거의 역사 전체를 문화사文化史라고 할 정도로 문화의 개념이 매우 포괄적으로 사용되기도 합니다. 그러나 여기에서는 예술문화를 중심으로 고려의 문화를 이야기하겠습니다.

②정식으로 파견하는 몽골사신이외에 몽골인의 고려출입을 금지. ③고려의 개경환도문제는 고려의 내부 형편에 따라 적절한 시기에 시행. ④압록강 유역

그 특성, 다양성과 통일성

우리는 흔히 고려시대 문화 하면 먼저 청자와 팔만대장경을 떠올리고 나아가 세계 최초의 금속활자를 덧붙이기도 합니다. 그러나 이러한 문화유산을 고려문화의 전부로 생각한다면 고려문화가 갖고 있는 특성의 일부분밖에 보지 못하게 됩니다. 청자와 같은 문화유산을 중앙문화·귀족문화·문벌문화라고 한다면, 고려시대에는 이외에 또 다른 형태의 지방문화가 있었습니다. 고려시대의 문화유산은 우리가 알고 있는 것 이상으로 매우 다양하며, 또한 각각의 문화가 서로 어우러져 전체적으로 통일성을 지니고 있습니다. 그렇기 때문에 고려시대 예술문화의 특성을 다양성과 통일성이라고 지적할 수 있습니다. 구체적으로 고려문화는 중앙문화와 지방문화, 질의 문화와 양의 문화, 세련된 조형미와 투박한 역동미 등 다양한 공간에서 형성된 문화 유형을 보여주는 데 이러한 문화적 다양성이 혼재되어 혼돈과 무질서로 나타나는 게 아니라 각각의 다양한 개성미가 하나로 어우러져 고도의 통일성을 지니고 있는 것입니다. 다양성과 통일성을 고려시대 문화의 특성으로 지적한 것은 바로 이 때문입니다. 중앙문화에 대해서는 많이 알려졌기 때문에 여기서는 지방문화의 특성을 검토하면서 또 다른 형식의 고려문화에 대해 살펴보기로 하겠습니다.

조선학운동에서 부각된 청자·금속활자·팔만대장경

먼저 왜 고려청자나 팔만대장경 따위가 고려문화의 전부로 인식되었는

국경지대에 주둔한 몽골군은 1260년 가을을 기해 모두 철수. ⑤고려에 파견된 몽골 사신들은 임무가 끝나는 즉시 모두 귀환 ⑥몽골 거주 희망 고려인에

장하리 삼층석탑. 충남 부여군 장암면 장하리 소재. 고려시대 지방에 백제계 석탑이 건립되는 현상은 불교가 중앙집권에서 벗어나 지방에까지 파급되고 토착화하는 모습을 보여준다.

지 짚고 넘어갑시다. 단재 신채호와 같은 일제 식민지하 민족주의 역사가들은 유교망국론, 즉 조선이 식민지로 전락한 것은 내부적으로 유교 때문이라고 생각했습니다. 물론 일본 제국주의 침탈이 식민지로 전락한 근본 원인이었지만, 일본의 식민사학자들도 그들의 조선 침략을 은폐하기 위해 유교와 그것을 신봉했던 지배세력의 분열상 때문에 조선이 식민지로 전락했다고 하며, 유교와 유교이념에 기반했던 조선시대를 부정적으로 보았습니다. 그들이 주장했던 조선사회 정체성론은 이런 인식에서 출발한 것입니다.

그런 가운데 1930년대 조선인 국학자들이 조선학운동朝鮮學運動을 일으켜 우리 역사에서 자랑스러운 부분을 찾아내 민족의식을 고취하면서 주목한 부분이 바로 고려시대의 역사와 문화였습니다. 청자와 팔만대장경, 금속활자 등의 우수한 문화유산과 대몽항쟁 · 삼별초 항쟁 · 여진정벌 등 자주적인 대외의식을 자랑스러운 역사로서 강조한 것입니다. 이외에도 고려시대 역사가 식민사학의 왜곡을 상대적으로 적게 받았던 것도, 고려의 역사와 문화가 새롭게 주목받은 원인입니다. 식민사학의 한 기둥인 타율성론은 한사군 · 임나일본부 등 우리의 고대사를 집중적으로 왜곡했고, 앞에서 언급했듯이 정체성론은 주로 조선시대를 왜곡했습니다. 그래서인지 오늘날까지도 일반인들은 대체로 고려시대에 상대적으로 거부감을 덜 갖고 있습니다. 그러나 사실 자랑스러운 부분과 부끄러운 부분은 우리 역사 어느 시대에도 다 있는 것이며, 고려시대라고 반드시 자랑스러운 면만 있는 것은 아닙니다. 마찬가지로 청자나 팔만대장경, 금속활자만이 우리 역사에서 자랑스러운 문화유산의 전부는 아닙니다.

대해 그 거처를 철저히 파악하여, 희망하는 대로 조치해 주되, 차후로는 일제의 이주와 거류 불허. 5월 몽골, 고려인 포로 및 도망자 440여 호 환송.

거대한 불상의 시대

그렇다면 청자와 팔만대장경과 같은 중앙문화에 대응되는 지방문화의 구체적인 예는 무엇일까요? 가장 대표적인 것으로 석불石佛문화를 들 수 있습니다. 우리 역사를 통틀어 고려시대에 불교가 가장 크게 번성했고 최근에는 불교경전의 사경寫經이나 불화佛畵도 많이 소개되고 있습니다. 그런데 이상하게도 고려시대 석불문화에 대해서는 그다지 알려진 것이 없습니다. 대표적인 불교문화로 통일신라의 불국사와 석굴암, 석탑문화가 더 자주 언급되고 있는 현실이지요. 그러나 고려시대 불교문화 역시 상당한 특징을 갖고 있습니다. 그것은 바로 석불문화에서 찾을 수 있습니다. 이 석불문화는 불교문화의 요소를 지니는 동시에 중앙문화에 대응되는 지방문화의 상징이기도 한데, 이러한 석불문화가 성행한 이 시기를 흔히 '거대한 불상의 시대'라고 말하기도 합니다.

통일신라의 석탑문화가 고도의 세련미와 정제된 조형미를 갖추고 있는 데 반해, 고려의 석불문화는 서민적이고 역동적이면서 대형화된 특성을 보여주고 있습니다. 충남 논산의 관촉사灌燭寺 은진미륵은 높이가 18미터 정도나 되고 안동에 있는 제비원 석불도 엄청난 규모이며, 경기도 파주에 있는 용미리 석불 역시 높이가 10미터 이상 되는 큰 불상입니다. 이처럼 고려의 불상은 대개 높이가 10미터가 넘어 우선 대단히 크다는 느낌을 줍니다.

그럼 이렇게 큰 불상을 어떻게 세웠을까요? 관촉사 은진미륵과 관련된 설화가 전해지고 있습니다. 은진미륵을 세운 스님이 어느 날 꿈을 꾸었는데 꿈속에서 어린 아이들이 자기들보다 더 커 보이는 진흙 인형을 만들고

논산 관촉사 은진미륵. 고려시대 지방문화의 상징인 이 석불은 서민적이고 대형화된 특징을 보여주고 있다. 높이가 18미터에 달하는 국내 최대 석상으로 눈·코·입의 윤곽이 예리하게 새겨져 있어 멀리서도 눈에 잘 띈다.

있었다고 합니다. 스님은 이 아이들이 다리 · 몸통 · 머리를 따로 만들어 다리 부분을 세운 후 모래로 덮고 그 위에 물을 뿌려 단단히 한 다음 차례로 몸통과 머리 부분을 올려 세우는 것을 보고서 이 방법대로 은진미륵을 조성했다고 합니다. 마치 지대석을 세운 후 모래를 덮어 그 위에 거대한 덮개돌을 올려 지석묘를 조성한 방식을 연상케 합니다. 또 다른 설화에 따르면 갑자기 땅 속에서 큰 돌이 솟아올라 그 돌로 은진미륵을 조성했다고도 합니다. 이 설화는 제비원 석불이나 용미리 석불 등 자연석을 이용해서 이를 가공하고 그 위에 불상의 모자에 해당하는 천개天蓋를 만들어 올려 얹는 방식을 알려주는 설화라고 생각됩니다.

이 거대한 불상은 경기도 남부와 충청도에도 상당히 많은데, 부여 대조사에 있는 석조보살입상, 예산 삽교리의 석조보살입상, 당진 안국사지의 석조삼존불입상 등이 대표적입니다. 이 불상들은 고려시대 지방문화와 불교문화의 정수라고 할 수 있습니다.

지방문화의 특징, 투박함과 역동감

또 다른 양식은 마애불磨崖佛입니다. 3~4미터 이상 되는 큰 바위나 암벽에 부조 형식 혹은 선으로 불상을 새겨 넣는 방식인데, 머리 부분은 따로 돌을 조각해서 위에 얹어놓기도 합니다. 충주 월악산의 마애불과 천원 삼대리의 마애불은 높이가 각각 13미터와 7미터나 됩니다. 당간지주幢竿支柱도 그와 비슷한 모습을 보이고 있습니다. 신라 하대 범일국사梵日國師에 의해 조성되었다고 추정되는 강릉 굴산사 절터에 있는 당간지주는 대략 1미

체포하고 임연의 입조를 요구. 임연 죽음(?~). 임연의 아들 임유무(林惟茂), 교정별감이 됨. 송송예(宋松禮) 등 임유무 처단(?~1270). 6월 배중손(裵仲孫) ·

파주 용미리 석불 입상. 거대한 화강암 바위면을 그대로 이용하여 몸체를 새기고 그 위에 다른 돌을 얹어 머리를 만들었다. 고려시대 거대 불상의 전형을 보여준다.

터 가량의 폭에 높이가 3~4미터나 되며, 마치 원석原石을 간단하게 가공해서 그대로 세워놓은 듯 투박하면서도 힘찬 모습을 보여주고 있습니다. 사찰의 위치와 사찰의 각종 법회를 알려주는 깃대의 역할을 한 당간을 받치는 기둥이 바로 당간지주인데, 아마도 사찰에 들어서는 사람들은 이 거대한 당간지주를 보는 순간 압도당할 것입니다. 이 당간지주 역시 고려시대 지방문화의 역동성과 건강성을 잘 보여주는 유물입니다.

이외에 신라 하대부터 등장하기 시작한 2~3미터 가량의 매우 커다란 철불鐵佛도 지방문화의 특성을 잘 보여줍니다. 이러한 불상들에서는 통일신라시대 불상이나 불탑에서 보이는 세련미와 조형미를 찾아볼 수 없습니다. 흔히 '백제의 미소'라고 하는 서산 마애불은 코도 오뚝하고 어깨나 뺨의 선에서 양감이 두드러져 대단한 세련미와 조형미를 보여주고 있는 데 비해, 고려의 불상은 그러한 조형미보다는 역동감을 특징으로 하고 있습니다. 균형 잡히지 않은 커다란 몸집은 백제나 신라의 그것과 비교할 때 차라리 괴기하고 그야말로 품위가 없습니다. 석탑만 해도 그렇습니다. 가장 뛰어난 예술성을 지녔다는 통일신라의 석탑은 4각형의 기단에 안정감과 상승감을 잘 보여주는 3층 석탑 형식으로 양식의 통일성을 보여주고 있습니다. 그러나 고려의 석탑은 5각형·8각

경천사십층석탑. 1348(충목왕 4)년 건립된 것으로 추정되는 이 탑은 전체적인 모양이 경쾌하고 날씬한 가운데 안정감을 주며, 전면에 가득 차 있는 조각은 장려하고 변화가 많아 고려시대 석조탑 중 가장 특이하고도 정련한 기교를 보이고 있다.

노영희(盧永禧) 등이 삼별초를 이끌고 항쟁. 승화후(承化侯) 온(溫)을 왕으로 삼음. 8월 삼별초, 진도(珍島)로 이동. 9월 삼별초군, 연해 지방 장악. 11월

형의 기단에다 5층·7층·9층 등 매우 다양한 형태를 하고 있어 안정감이나 조형미는 물론이거니와 양식의 통일성도 찾아볼 수 없습니다.

지방문화의 창조자들

양식이나 조형미에서 매우 뒤쳐지는 듯한 이러한 석불문화가 나오게 된 배경을 어떻게 설명할 수 있을까요? 이는 고려왕조를 건국한 지방세력의 문화와 연결시켜 이해해야 합니다. 신라 하대부터 등장하기 시작한 선종은 9개의 산문山門이 있었는데, 이들 산문은 대체로 수도 경주의 외곽 지역인 충청도나 전라도·경상도·강원도 지역에 있었습니다. 이런 산문을 후원한 세력이 바로 지방세력들입니다. 그동안 고려문화에서 관심 밖이었던 거대한 불상시대로 일컬어지는 지방문화는 이들 세력과 떼려야 뗄 수 없는 관계에 있는 것입니다.

당시 지방세력은 그들이 지배했던 영역에서 군주나 마찬가지였습니다. 마치 서양의 봉건영주와 같은 존재였지요. 그러나 사실 이들이 단순히 선종을 후원한 것만은 아니었습니다. 그들은 그들의 영역 안에서 봉건군주와 같은 지위를 지니면서, 한편으로 지방문화의 창조자이기도 했던 것입니다. 지방세력들은 영역 안의 민들을 교화하고 지배력을 유지하기 위해 향도신앙·성황신앙 등의 각종 종교적인 제의를 주관하고, 또한 지방민을 결속시키기 위해 민을 동원하여 석불·마애불·철불 등의 거대한 불상을 조성하기도 했습니다. 그런 문화가 지방세력의 권위를 상징하는 상징물이 되었던 것입니다. 따라서 이러한 문화유산은 청자나 금속활자 못지않게

삼별초군, 제주도 장악. | 1271(12) 1월 삼별초군, 진도에서 정부군 패퇴. 밀성인들이 삼별초와 호응해서 봉기. 2월 녹과전(祿科田) 제도 시행. 대부도

고려문화의 또 다른 특성을 잘 보여주고 있습니다.

그 동안 미술사에서는 세련미와 조형미가 돋보여 예술성이 뛰어난 문화유산에만 주목했기 때문에, 통일신라의 석탑문화·고려의 청자문화를 높이 평가해왔습니다. 이는 마치 외모가 빼어난 사람을 더 높이 평가하는 것과 같습니다. 그러나 사실 인간의 아름다움은 외모뿐만 아니라 그 사람의 인간적인 품격에서 찾아야 하는 것처럼, 미술사나 예술사에서도 세련미와 조형미 외에 각각의 문화유산이 지니는 역사성에 주목해야 합니다. 고려청자가 고려 중기 문벌집단의 역사성을 지닌다면, 거대한 석불문화는 고려 초기 지방세력의 역사성을 지녔다는 점에서 주목할 만한 가치가 있는 것입니다. 곧 고려시대 석불문화에 대한 주목은 고려사회의 특성이나 지방문화에 대한 이해가 심화되면서 가능해진 일이라고 할 수 있지요. 고려의 문벌들이 향유했던 문화가 고도의 조형미와 예술성을 지니고 있다면, 지방세력들이 향유했던 문화는 그들의 존재를 과시하는 힘과 역동성을 지니고 있습니다. 이같이 중앙문화와 지방문화의 세련미와 역동성이 한데 어우러진 것이 고려문화의 특징입니다.

우리가 본받아야 할 고려문화

고려문화의 이러한 특성은 오늘 우리 사회가 추구해야 할 문화의 방향이 될 수 있을 것이라고 생각됩니다. 지방자치가 실시되고 있는 우리 시대에 진정한 지방문화가 존재하고 있는가를 되묻지 않을 수 없습니다. 지나친 속단일지 모르나, 아직 우리는 고려시대와 같은 지방문화를 갖지 못하

주민 봉기. 3월 삼별초군, 합포·동래 공격. 4월 삼별초군, 금주(金州) 점령. 5월 김방경(金方慶), 몽골군과 함께 진도를 함락시킴. 승화후 온을 죽임. 김통정

고 있습니다. 그 원인은 정치·경제·문화 등 모든 부분이 지나치게 서울에 집중되어 있기 때문입니다. 흔히 문화라고 얘기하면 예술의 전당이나 세종문화회관을 떠올리게 되는데, 사실 일반인들이 1년에 몇 번이나 그런 곳에 가겠습니까? 그런 점에서 우리가 생각하고 있는 문화는 서울의 중류층 이상 사람들이 향유하는 것이라고 할 수 있습니다.

음식문화만 하더라도 서민들은 맛이나 향취, 분위기보다 먼저 양과 가격을 따지는 데 비해, 여유 있는 계층은 서민들이 듣도 보도 못한 프랑스 요리나 이탈리아 요리 등 소위 질을 추구하는 경향이 큽니다. 이처럼 엘리트 계층은 일반인과 다른 취향을 가짐으로써 자신의 존재를 과시하는 특성을 가지고 있는데, 이런 경향은 고려의 문벌문화에서도 나타납니다. 우리가 고려문화라고 생각해왔던 청자나 고급 수공업 제품은 문벌들의 문화였고, 통일신라의 석탑문화는 진골귀족의 문화였습니다. 이것들은 모두 상류층의 문화이자, 지배층의 문화인 것입니다. 이런 문화는 양이 아니라 질을 추구합니다. 그에 비해 석불문화로 상징되는 고려의 지방문화는 지방세력과 지방민들의 문화로서, 그 속에는 거대함·투박함·역동성이 잘 나타나 있으며, 달리 양의 문화라고 말할 수 있습니다.

고려시대에는 이처럼 중앙과 지방에 각각 독자성을 가진 문화가 존재했습니다. 이는 당시 지방세력이 독자의 지배영역을 갖고 있어 독특한 문화를 창조할 수 있었기에 가능했습니다. 그에 비해 조선시대에는 중앙과 지방을 막론하고 유교적 소양을 갖춘 사대부, 즉 사족층士族層이 거주하면서 당시 사회를 주도했습니다. 그렇기 때문에 고려와 같은 다양한 문화보다는 유교문화라는 단일한 문화가 꽃을 피운 것입니다. 또한 그 밑바탕에 생산력의 발전으로 지역간의 발전 격차가 크게 해소된 것도 단일한 유교문

(金通精), 남은 삼별초를 거느리고 제주로 이동. | 1273(14) 4월 김방경, 탐라에서 삼별초 진압. | 1274(15) 6월 원종 죽음(1219~1274). 8월 충렬왕 즉위.

화권이 정착할 수 있었던 요인입니다. 이같이 두 시기 문화의 차이를 낳게 한 배경에는 사회적인 발전 격차가 자리잡고 있습니다.

다양성을 넘어 통일성으로

고려문화는 중앙과 지방, 질과 양의 문화가 공존하는 다양성을 특징으로 하면서, 이러한 다양성을 조화시켜 통일성을 지향하는 특성을 갖고 있습니다. 곧 고려시대 문화는 다양성을 특징으로 하면서도 지방문화와 중앙문화가 별개의 문화로서 폐쇄성을 띠지는 않았습니다. 바로 이 점에서 고려문화의 또 다른 특성인 통일성을 찾아볼 수 있습니다. 이 통일성은 다양한 문화를 하나로 묶어 새로운 문화를 창조하는 역할을 했는데 그 구체적인 예가 팔만대장경 조성사업입니다.

고려 중기 문장가 이규보는 옛날 현종 때 대장경을 조성하여 거란군을 격퇴했듯이 부처의 힘으로 몽골의 침략을 물리치려는 염원으로 팔만대장경을 조성한다고 하여, 대장경 조성의 이념적 취지를 설명하였습니다. 몽골의 침략을 받은 최씨정권은 이 사업을 통해 중앙과 지방의 민심을 결집시켜 몽골과의 항쟁을 효과적으로 수행하려 했던 것입니다. 그리하여 1236년 강화도에 대장도감大藏都監을 설치하는 한편 남해안의 정림사定林寺에 분사分司대장도감을 설치해서 중앙과 지방에서 동시에 대장경 조판사업을 시작했습니다. 시작한 지 만 15년 만인 1251년에 완성된 이 작업은 벌목공, 운반공, 목공 그리고 글자를 새기는 각수刻手 등 수많은 사람들이 동원된 대역사大役事였습니다. 특히 각수 가운데는 전문적인 각수라고 보기 어려운 양반층, 향리층, 진사, 평민층, 노비 등 매우 다양한 신분층이 포함되어 있었습니다.

대장경, 최첨단 기술과 지식의 결합체

팔만대장경은 경판의 숫자가 무려 8만여 장이나 되었기 때문에 붙여진 이름이지요. 또한 몽골 침입기 때 불타 없어진 대장경을 다시 만들었다 해서 이를 재조再彫대장경이라 부르기도 합니다. 여기에 새겨진 글자 수만 무려 5,200만자나 됩니다. 숙련공이 하루 평균 40자를 새긴다고 할 경우 5,200만자를 새기는데 동원된 연인원이 약 130만 명이며, 하루 평균 300명에서 1,000명 이상 동원되어야 완성될 수 있습니다. 경판 하나의 무게는 평균 3.4kg정도인데, 전체 무게는 280톤으로 10톤 트럭 28대 분량입니다. 길이 68~78센티미터, 폭은 약 24센티미터, 두께 2.7~3.3센티미터의 1개 경판을 만들기 위해 지름 40센티 원목으로 27,000 그루, 지름 50~60센티 원목으로 10,000~15,000 그루가 필요합니다. 경판에 사용된 나무는 경판 제작에 사용된 나무의 76퍼센트는 산벚나무와 돌배나무입니다. 경판을 가로로 눕혀 쌓으면, 백두산 높이에 가까우며, 그것을 이으면 150리가 됩니다. 이같이 팔만대장경의 외형만 보더라도 이를 조성하기 위해 얼마나 대단한 노력과 비용이 들있는지 상상하기조차 벅찰 정도입니다. 이러한 대역사大役事는 당시 발달된 목판 인쇄기술이 있었기 때문에 가능한 것이지요. 누구는 이러한 사실을 두고 '5천만자의 하이테크' 라는 이름을 붙이기도 했습니다. 지나친 표현은 아니라는 생각입니다.

완성. | 1287(13) 이승휴(李承休), 《제왕운기(帝王韻紀)》 지음. | 1292(18) 7월 조인규(趙仁規)의 딸을 세자비로 정함. | 1294(20) 1월 원나라

팔만대장경판. 몽골의 침략을 '불심佛心'으로 불리치기 위해 고려가 국력을 기울여 만들었다. 1238년(고종 25)부터 시작하여 1247년(고종 34)에 각판 작업을 마무리하였다.

　　팔만대장경의 진정한 면모는 여기에서 그치지 않습니다. 부처님의 설법을 모은 경經, 그것을 풀이하고 해석한 논論, 불자들의 계율을 담은 율律과 관련된 수많은 불교경전을 집대성하여 조판한 것이 대장경입니다. 따라서 대장경의 조판은 당시 현존한 모든 불교 경전에 대한 완전한 이해 없이는 불가능한 일입니다. 불교는 유교와 함께 당시 동아시아 세계의 최고 지식 체계입니다. 중국 송나라가 972년에서 983년까지 11년에 걸쳐 완성한 것이 한자로 된 최초의 대장경입니다. 고려는 991년 이를 입수하여, 그 내용을 덧붙이고 보완하여 거란 침입기인 현종 대에 조판을 하여 1031년에 1차 대장경을 완성합니다. 흔히 초조初雕대장경이라 합니다. 이 대장경은

세조(世祖) 죽음. 일본 정벌 중지.　1296(22) 11월 세자, 원나라 공주와 결혼.　1297(23) 10월 충렬왕, 조인규를 원나라에 보내어 전위(傳位)를 요청.

1231년 몽골군의 침입 때 불타 없어졌습니다. 송나라에서 완성된 지 불과 한 세대 만에 대장경을 조판할 정도로 고려인들의 불교 이해와 지식수준은 그것을 조판한 기술수준에 못지않은 것이지요. 그야말로 요즘의 표현으로 최첨단 지식강국이라 부를 수 있을 정도로 팔만대장경은 문화강국 고려국가의 진면목을 보여주는 상징적인 문화유산이라고 생각합니다. 나아가 이 작업은 중앙과 지방의 모든 계층이 참여해 이루어졌다는 점에서 중앙과 지방문화를 하나로 묶어 통일성을 추구한 고려문화의 특성을 상징적으로 보여준 문화 사업이기도 합니다.

사상의 통일성을 추구한 팔관회

고려문화의 특성인 통일성을 추구하는 경향은 사상과 의례 분야에서도 나타납니다. 그 구체적인 예가 바로 팔관회八關會입니다. 원래 8가지 계율을 지키고 반성하는 불교의식에서 출발한 팔관회는 신라 때 전쟁에서 죽은 군인들을 위한 제사행사였습니다. 고려왕조로 들어선 후 팔관회는 하늘과 명산대천에 대한 제사, 즉 제천의식의 형태로 변화합니다. 태조는 〈훈요십조訓要十條〉에 연등회燃燈會는 불교의식으로, 팔관회는 하늘과 산천에 대한 제의로 규정해놓았습니다. 나아가 팔관회는 각 지방 단위에서 행해지던 다양한 제의祭儀형식인 성황城隍신앙이나 향도香徒신앙을 묶어 사상적인 통일성을 추구했던 의례의 기능도 지니고 있지요.

고려 조정에서는 매년 11월 개경과 서경에서 정기적으로 열리는 이 팔관회 의식은 소회小會와 대회大會로 이틀간 행해집니다. 첫날인 소회 때 국

충선왕(忠宣王) 1298년 1월 ~ 8월 | 1298 1월 충선왕 즉위, 즉위 개혁교서 반포, 4월 정방 폐지, 사림원詞林院에서 관리 선발을 주관, 5월 관제 개편

조선시대 원구단. 1897년 고종이 대한제국의 황제 즉위식을 가졌던 곳이기도 하다. 현재는 대부분 헐리고 위패를 모신 황궁우와 제천을 위한 악기를 상징하는 3개의 석고石鼓만이 남아 있다. 제천행사가 빈번했던 고려시대 원구단은 남아 있지 않다.

왕은 태조 왕건의 진영眞影을 참배하고 이어 태자 중앙 관료와 3경京 동서 병마사東西兵馬使 4도호부都護府 8목牧의 지방관리의 조하朝賀와 헌수獻壽를 받습니다. 그리고 국왕이 내린 주식酒食을 들면서 여러 가지 공연을 관람합니다. 다음날인 대회에도 행향行香 작헌酌獻의 제사를 올린 후 특별히 송나라 상인 여진 탐라 일본인의 조하朝賀를 받습니다. 그들은 이때 공물貢物을 국왕에게 바칩니다. 그런 후 역시 국왕이 하사한 주식을 들면서 여러 가지 공연을 관람합니다. 이 때 공연되는 여러 가지 음악과 춤은 전국 각지의 다양한 형태의 문화를 아울러 통일성을 추구하려는 상징성을 지닙니다. 또한 국왕이 중앙과 지방의 관료뿐만 아니라 송나라 상인 여진 일본 탐라국의 사람들로부터 조하를 받은 사실은 고려왕조가 천자국임을 상징

7월 관제 복구. 8월 충선왕과 공주, 원나라로 출발. 충렬왕 복위. │ 충렬왕 1298년 8월 ~ 1308년 7월(복위) │ 1301(27) 5월 관직명이 원나라와 같음.

238 새로 쓴 5백년 고려사

하는 의식이 됩니다. 이같이 팔관회는 고려국이 천자가 세운 천하국임을 내외에 과시하는 한편으로 다양한 인간집단과 신앙체계를 국가질서 속에 흡수하여 왕조국가의 통합력을 높여 지역과 계층, 사상의 통일성을 추구하려 했던 고려 특유의 의식儀式이라 할 수 있지요.

그렇다면 팔관회가 시행될 수 있었던 사상적 토양은 무엇일까요? 하나의 예를 들겠습니다. 고려 태조는 〈훈요십조〉에서 고려시대 사상의 방향에 대해 매우 의미있는 언급을 했습니다. 즉 고려왕조가 불교에 힘입어 건국되었다 하여 불교의 역할을 높이 평가하면서도, 함부로 사원을 짓거나 승려가 정치에 참여하는 것은 억제되어야 한다고 했습니다. 장차 불교가 낳을 폐단을 경계한 것입니다. 나아가 태조는 풍수지리·제천행사의 중요성과 유교윤리에 입각한 제도의 확립을 강조하였습니다.

이러한 사실은 흔히 알려진 대로 고려의 국교는 불교, 조선의 국교는 유교라는 이해와는 전혀 다릅니다. 태조의 언급대로 실제 고려왕조는 조선왕조와는 달리 매우 다양한 종교와 사상이 공존하는 사상풍토를 갖고 있었습니다. 그래서 고려왕조의 공식적인 종교행사에서는 불교뿐만 아니라 도교·유교·제천의식이 아무 거리낌 없이 시행되었습니다.

불교 제도와 행사

고려시대에는 다양한 사상이 공존했지만, 불교는 그 가운데 가장 주도적인 위치에 있었습니다. 고려는 불교가 국교라고 말하기는 주저되지만, 그러한 지위에 버금갈 정도로 불교가 다른 사상보다 우월적인 지위에 있었던 것은 분명합니다. 구체적인 예는 고려왕조의 경우 다른 사상과는 달리 불교와 승려를 위한 공식적인 기구가 제도가 존재한 사실입니다.

국사와 왕사

승려를 위한 과거시험인 승과僧科가 있어서, 여기에 합격하면 승려는 법계法階를 받습니다. 법계는 처음 대덕大德에서 시작해서 대사大師 — 중대사重大師 — 삼중대사三重大師의 차례로 승진합니다. 여기까지는 교종과 선종의 승려가 같은 법계를 받으면서 승진합니다. 이후 교종은 수좌首座를 거쳐 최고위직의 승통僧統으로, 선종은 선사禪師를 거쳐 최고위직인 대선사大禪師로 각각 승진합니다. 승려로서 불교의 고위직으로 진출하려면 승과를 거쳐 이러한 법계를 받아야 하는 것이 일반적이라는 사실을 알려줍니다.

한편 삼중대사 이상은 국왕의 제가를 받아야 임명되며, 대선사 이하는 상서성에서 임명합니다. 물론 해당 종파의 추천을 받고 관청의 허가를 받아야 승진이 가능했으며, 이러한 법계를 받지 않으면 고위 승려인 왕사王師나 국사國師 등에 임명될 수 없습니다. 주요 사원의 주지는 고려 초부터 국왕이 임명하는 것이 관례이나, 후기에는 국왕의 신임을 받은 특정 승려가 주지 임명에 관여하면서 불교 종단 간에 갈등이 심화되기도 합니다. 이러한 업무를 관장하는 기구가 승록사僧錄司입니다. 고려시대 불교가 다른 사상보다 주도적인 지위에 있다는 점은 관료체계의 일부로서 이러한 제도와 기구가 존재하기 때문입니다. 나아가 고위 승직僧職에 임명되려면 국왕을 비롯하여 정치권과 일정한 관계를 가져야 하며, 이 때문에 고려시기 승려의 정치 관여는 불가피하다고 할 수 있지요.

불교계가 세속의 관료체계에 통제됨에 따라 초세속적인 권위를 인정하는 제도가 바로 왕사王師와 국사國師 제도입니다. 왕사는 글자 그대로 왕의 스승이고, 국사는 나라의 스승입니다. 불교계에서 덕이 높은 자를 왕사, 그보다 더욱 덕이 높은 자를 국사로 임명한다고 합니다. 따라서 국사가 왕사보다 우위에 있습니다. 왕사와 국사는 신하들과 종단의 의견을 수렴하여 임명되나, 왕실의 의지가 크게 작용합니다. 국왕은 새로 임명된 왕사와 국사에게 9번 절을 하는 제자弟子의 예를 취합니다. 국왕이 제자의 예를 행하는 것으로 보아, 의례상 국왕은 그들의 권위 아래 있음을 알려줍니다. 당시 불교의 위상이 어떠한 가를 상징적으로 보여주는 예가 됩니다. 그러나 왕사 국사제도는 교권과 왕권의 갈등을 해소하는 상징적인 기능이 더 컸다고 할 수 있지요.

연등회와 팔관회

고려왕조는 불교행사를 국가적 행사로 장려합니다. 태조 왕건은 〈훈요십조〉에서 '내가 지극히 원하는 것은 연등회燃燈會와 팔관회八關會에 있으며, 연등은 부처를 섬기는 것이고 팔관은 하늘의 신天靈 · 오악五嶽 · 명산名山 · 대천大川 · 용신龍神을 섬기는 것이다' 라고 했습니다. 매년 정월 보름에 주로 열리는 연등회는 전형적인 국가 불교행사입니다. 나아가 이는 불교행사일 뿐만 아니라 농경사회의 춘경제春耕祭 의식이기도 했습니다. 팔관회는 매년 11월에 열렸으며, 토속신앙과 복합된 일종의 추수감사제의 성격을 지닌 국가적 행사였습니다. 두 행사는 국왕이 먼저 사원에 행차하여 향불을 올려 부처님께 행사의 시작을 고하는 축향祝香의식으로 시작될 정도로 불교와 떼려야 뗄 수 없는 관계의 행사임을 상징하는 것이지요.

국왕의 생일이나 선왕先王의 기일忌日 행사도 사원에서 이루어집니다. 이외 사원에는 개인과 공동체를 위한 다양한 의례가 행해지며, 또한 향도 香徒라는 기불祈佛 단체가 조직되어 불사佛事를 준비하거나 불탑을 조성하기도 합니다. 이같이 고려시기에는 불교의식과 제도가 사회 전반에 깊숙이 작용하여 당시 사람들의 생활과 의식에 큰 영향을 끼쳤습니다. 유교 가치관이 심화된 조선사회와는 매우 대조적이라 할 수 있습니다.

불교사상의 전개

고려시대 불교사상은 종파宗派 즉 종단을 중심으로 이해하는 것이 편리합니다. 고려 전기에는 선종禪宗·화엄종華嚴宗·법상종法相宗의 3대 종단이, 중기에는 천태종天台宗이 추가되어 4대 종단을 중심으로 불교사상이 전개됩니다.

불교 통합운동과 의천

선종은 후삼국 통합전쟁 중 고려 태조가 지방 세력과 결합된 유력한 선종 승려와 관계를 맺으면서 발달하게 됩니다. 화엄종은 광종 때 왕권강화

충숙왕 즉위. ⎰ 1316(3) 3월 충선왕, 심왕(瀋王)의 자리를 세자 고에게 물려줌. 4월 탐라 봉기 평정. ⎰ 1318(5) 2월 탐라민 봉기, 성주 왕자를 내쫓음.

242 새로 쓴 5백년 고려사

와 함께 크게 부각됩니다. 광종은 귀법사歸法寺를 창건하여 균여均如를 주지로 삼아, 화엄종의 여러 종파를 통합하고 법상종까지 융화하는 성상융회性相融會 사상을 표방합니다. 또한 광종은 선종인 법안종法眼宗을 후원합니다. 법안종 역시 교선教禪일치를 주장하여 화엄종의 성상융회 사상과 함께 당시 정치적 대립을 극복하고 왕권을 강화하려는 광종의 정치이념과 연결됩니다. 이 시기 불교사상도 이와 같은 시대조류에 따라 발전합니다.

현종의 즉위를 도운 법상종단은 현종이 부모를 위해 세운 현화사玄化寺를 중심으로 문종 때까지 크게 발전합니다. 문종 때는 국왕과 왕실의 지원을 받은 화엄종단이 흥왕사興王寺를 중심으로 발전하면서, 법상종단과 대립합니다. 이때 법상종은 소현韶顯(1038~1096), 화엄종은 의천義天(1051~1101)이 각각 중심 승려입니다. 소현은 인주 이씨 이자연李子淵의 아들이며, 의천은 문종의 아들입니다. 각각 문벌과 왕실을 대표하는 인물이며, 두 교단 역시 그러한 위치에 있습니다.

대각국사 의천은 숙종의 동생으로서 당시 송나라에 가서 송의 화엄학과 함께 신법新法을 수용하여, 당시 불교계의 통합과 숙종의 신법 정책을 자문하는 등 문벌세력을 누르고 왕실과 왕권의 확립을 위해 노력한 숙종을 정치적으로 크게 뒷받침했습니다. 특히 그는 숙종 때 창건된 국청사國清寺를 중

대각국사 의천 영정

5월 충숙왕, 개혁교서 반포. 1320(7) 12월 원나라, 충선왕을 토번(吐蕃)으로 귀양 보냄. 1323(10) 1월 유청신(柳清臣) 등이 고려에 성을 세울 것을

심으로 천태종을 창립했으며, 이른바 셋을 모아 하나로 한다는 천태종의
회삼귀일會三歸一 사상은 불교계를 통합하는 중요한 사상적 근거가 되었
습니다. 정치세력에 교단이 휩쓸리면서 법상종과 선종을 비롯한 각 종단
내부의 갈등이 일어났고, 특히 문벌세력의 뒷받침을 받은 법상종은 물론
선종도 크게 세력이 약화됩니다. 이러한 경향에 반발하면서 선종이 다시
일어나고 결사운동이 나타나기도 합니다. 또한 이자현李資玄 윤언이尹彦頤
등 정치현실에 실망한 문벌세력의 일부는 거사居士를 표방하면서 선에 탐
닉하는 거사불교가 유행하기도 합니다.

지눌과 요세의 결사운동

보조국사 지눌 영정

고려 중기 불교계는 무신정권 이후
선종이 다시 일어나고 신앙결사운동
이 본격화 하는 변화가 일어납니다.
대표적인 예가 지눌知訥(1158~1210)의
수선사修禪寺(지금의 전남 송광사)와 요
세了世(1163~1245)의 백련사白蓮社입니
다. 지눌은 1190년 불교계의 타락상
을 목격하고 불교 본연의 수행을 목표
로 한 정혜定慧결사를 표방합니다. 지
눌의 불교사상은 선禪과 교敎를 함께
닦는 정혜쌍수定慧雙修와 이치를 먼저

깨우친 후 번뇌와 나쁜 습관을 차차 제거해나가는 돈오점수頓悟漸修를 내세웁니다. 특히 수선사는 최우(이)정권 때는 무신정권의 지원을 받아 불교 교단의 중심 사찰이 되면서, 지눌 이후 고려 후기까지 이 사찰에서 16명의 국사와 왕사가 배출됩니다. 요세는 당시 불교계의 분위기에 실망하여 1216년 전남 강진에서 지방 토호세력의 지원을 받으면서 백련결사를 결성합니다. 요세는 참회와 미타정토를 강조하여, 지눌보다는 피지배층의 지지를 더 받습니다. 무신정권기 결사운동은 불교계의 주도층과 구심점이 중앙의 왕족과 문벌에서 지방의 향리층과 독서층으로 대체되는 등 불교계가 크게 변화하는 계기가 됩니다. 또한 이전의 화엄종과 법상종이 쇠퇴하고, 무신정권의 지원을 받은 수선사를 중심으로 소수 종단이 중심 교단으로 등장합니다.

사상의 주도권을 빼앗긴 불교계

원 간섭기 충렬왕은 천태법화사상에 관심을 갖고, 왕실 원당으로 묘련사妙蓮寺를 창건합니다. 이로써 천태종이 불교계의 중심 교단이 됩니다. 그러나 충렬·충선·충숙왕을 거치면서 권력과 밀착하면서 천태종은 귀족불교의 성격을 띠면서, 일반 대중의 지원을 받은 백련사의 신앙운동은 점차 위축됩니다. 고려 후기 왕실과 권세가와 결탁한 불교의 귀족화 경향과 함께 원나라 세력에 밀착한 부원화附元化 경향이 심화되면서 그에 반발하여 승려 무기無寄 체원體元 등이 불교계를 정화하려는 노력이 있었습니다. 그러나 불교계가 무신정권과 원 간섭기를 거치면서 지나치게 정치권

윤 7월 충숙왕이 원나라로 감. 8월 충혜왕 즉위 | **충혜왕(忠惠王) 1330년 2월 ~ 1332년** | 1331(1) 4월 새로운 소은병(小銀甁) 사용. 재래 은병 통용 금지

력에 의존함으로써 불교계의 정화노력 조차 더 이상 일반 대중의 지지를 받지 못하면서, 점차 사상계의 주도권은 성리학으로 넘어가게 됩니다.

향도신앙과 성황신앙

향도香徒신앙은 부처님에게 비는 기불祈佛신앙으로 불교적인 요소가 강한 지방사회 주민의 신앙 형태입니다. 구체적으로 하층민들은 향나무를 땅에 묻는 매향埋香 행위를 통해 현실의 위기나 불안감을 해소하고자 했습니다. 향나무를 땅속에 묻으면 언젠가는 미륵불彌勒佛이 나타나서 고난에 빠진 자신들을 구제해준다고 믿었던 것이죠. 이처럼 향나무를 묻고 그를 통해 신앙을 추구하는 단체를 향도집단香徒集團이라 합니다. 이들이 향나무를 묻으면서 세웠던 매향비埋香碑에는 향나무를 묻은 사람들의 숫자나 규모 등이 기록되어 있습니다. 이 매향비가 발굴되는 지역은 주로 바닷가나 해안가로, 이는 아무래도 해안지역이 외적의 침입이 잦

사천매향비. 경남 사천군 곤양면 흥사리 소재. 1387년(우왕 13) 지방민들이 향을 묻고 세운 것으로 내세의 행운을 축원하고 왕의 만수무강과 국태민안을 기원하였다. 고려시대 이러한 기불행사는 마을과 공동체를 유지하는 역할도 하였다.

앉기 때문인 듯합니다.

그런데 매향활동은 이런 본래의 순수한 의미뿐만 아니라, 조직을 통해 각종 불상이나 석탑을 세운다든가 하는 공동 노동행위를 함으로써 공동체 의식을 키워나가기도 했습니다. 예를 들어 현종 때 지금의 경북 예천의 개심사開心寺 석탑 조성에 향도집단이 참여했는데, 참여한 연인원이 2만 명이었다는 기록이 나옵니다. 이런 기불행사祈佛行事를 통해서 마을과 공동체를 유지해나가는 역할도 했던 것입니다.

이런 점에서 요즘 또 주목을 받고 있는 것이 성황城隍신앙입니다. 성城이라는 것은 산성山城 등을 뜻합니다. 그리고 성을 방어하기 위해 성 밑에 깊이 파놓은 땅을 호壕라 하며, 여기에 물을 채워서 적이 성 안으로 들어오지 못하게 설치한 방어시설을 성지城池 또는 황隍이라고 합니다. 결국 황은 성 앞에 깊이 파놓은 호를 얘기하는 겁니다. 그러니까 성황신은 마을이나 공동체를 지켜주는 신을 뜻하며, 이러한 신을 믿는 행위를 성황신앙이라 했던 것이지요.

이 성황신앙은 원래 중국에서 6세기부터 발달한 것으로, 마을을 방어해주는 영험한 신이 있어 전쟁이나 내란에도 마을을 수호해준다고 믿고 제사를 지냈습니다. 고려시대에도 각 군현마다 마을의 수호신을 모시는 성황신앙이 있었습니다. 그런 신을 모신 곳을 성황신사神祠라 합니다. 조선시대에 흔히 마을을 지키는 수호신을 모시는 곳을 서낭당이라고 했는데, 이 서낭당도 성황당에서 나온 듯합니다.

고려시대에는 지방사회의 성황신앙을 공식적으로 인정하여 국가 차원의 큰 경사나 위기 시에 성황신사에 작위를 부여하거나 제사를 지내고 토지를 지급했습니다. 예를 들어 김부식이 묘청의 난을 진압하러 갈 때 각 군현의 성황신사에서 제사를 지냈다거나 무신정권 때 경주 지역의 농민항쟁 진압군으로 간 이규보가 각 지역의 성황신에게 공동으로 제사를 지낸 사실이 기록되어 있습니다.

한편 각 지역에서 모신 성황신을 살펴보면 대흥성이 있는 백제 지역에서는 당나라의 소정방蘇定方 장군을, 전라도 곡성에서는 신숭겸申崇謙을, 그리고 경북 의성 지역에서는 그 지역의 유력한 지방세력인 홍술洪述을 모신 사실을 알 수 있습니다. 이는 지방세력들이 그 지역의 유력한 장군이나 성주를 내세워 주민을 결속시키는 데 성황신앙이 일정한 역할을 담당했음을 뜻합니다.

이외에 고려시대 민들에게 무속巫俗신앙 역시 주요한 신앙 형태의 하나였습니다. 향도신앙이 불교적인 성격이라면, 성황신앙은 민간 전래의 고유 신앙 형태라 할 수 있습니다. 그러나 향도신앙이나 성황신앙도 어찌 보면 무속신앙과 뚜렷이 구분되는 것은 아니고 서로 결합되거나, 무속신앙의 바탕 위에서 나타난 것이라 할 수 있습니다. 조선 초기에는 이러한 신앙활동을 모두 음사淫祀행위로 규정해서 금지시켰습니다만, 고려시대는 이러한 형태의 신앙행위가 지방사회에서 보편적으로 행해지는 다양한 형태의 사상풍토를 지니고 있었습니다.

물론 12세기 이후 유교가 점차 확산되면서 고려사회에서 이러한 신앙행위가 많이 약화된 것은 사실입니다. 유교적인 소양을 갖춘 문인관료층이 고려 중기 이후 지방관으로 내려가 이러한 신앙행위를 없애는 활동을 펼친 것이 기록에 더러 남아 있습니다. 그러나 고려정부는 이를 아예 폐지하거나 방치하지 않고 국가질서 속에 수렴하는 정책을 취합니다. 지방사회의 자율성을 인정하면서 한편으로 통일성을 유지하려는 고려 특유의

지리산 성모상 성모상은 지리산을 수호하는 여신으로 국가적인 차원에서 숭상되어왔으며 민간에서는 고려 태조의 어머니라고 하여 숭상하는 사람이 많았다고 한다.

시행. 3월 정치도감에서 기황후(奇皇后)의 동생인 기삼만(奇三萬)을 국문함. 기삼만, 옥사. 4월 정치도감, 기주(奇柱)를 투옥. 행성이문소(行省理問所), 정치도감 관원정책이 신앙 형태에도 적용되었던 것입니다. 이처럼 다양성을 인정하면서 통일성으로 묶는 가장 상징적인 제의 형태가 바로 앞에서 설명한 팔관회입니다.

성리학 수용과 사회변화 ─ 어떻게 수용되었나?

사람에 따라 얼마든지 다른 견해가 있을 수 있다는 점을 전제로 이 말씀을 드립니다. 전근대 우리나라에 수용된 외래문화 가운데 역사 발전에 가장 큰 영향을 끼친 예 3가지를 들라면, 저는 4~6세기에 수용되어 고대문화에 큰 영향을 끼친 불교, 고려 초기에 수용되어 정치질서를 크게 변화시킨 과거제와 함께 고려 말에 수용된 성리학을 들 수 있다고 생각합니다. 여기서 얘기할 성리학 수용은 고려사회에 대한 본격적인 개혁의 길을 열었을 뿐 아니라 결국 왕조를 붕괴시키고, 조선이라는 새로운 왕조를 건국하는 원동력이 되었습니다. 아마 이러한 결과를 예견했더라면 당시 고려의 지배층은 성리학이라는 사상을 지금의 표현대로라면 반체제 불온사상으로 매도하여 발을 붙이지 못하게 했을 것입니다.

성리학은 당시 원나라로부터 수용되었습니다. 성리학은 여러 가지 계기를 통해 수용되지요. 첫째 고려와 원나라 사이에 활발한 교류가 이루어지면서, 고려의 학자와 문인들은 당시 선진 문물의 중심지인 원나라로 유학을 갑니다. 당시 원나라 수도에는 성리학이 발원한 남송 출신 성리학자들이 관리나 학자로서 많이 머물러 있었습니다. 이들로부터 자연스럽게 성리학을 접하게 되었습니다. 권부權溥·안향安珦·백이정白頤正 같은 인

송대 성리학을 집대성한 주자.

물이 그 예가 될 것입니다. 둘째 충선왕은 고려의 왕위를 아들인 충숙왕에 물려준 이듬해인 1314년 원나라 수도에 머물면서 학문기관인 만권당萬卷堂을 설치하고 조맹부趙孟頫 · 장양호張養浩 · 원명선元明善 · 우집虞集과 같은 남송 출신의 빼어난 성리학자와 이제현李齊賢과 같은 고려 유학자들을 불러들여 학문적인 교류를 합니다. 이를 통해 고려 지식인들의 성리학에 대한 이해가 심화됩니다. 마지막으로 충선왕은 원나라 황제에게 건의하여 1313년부터 원나라에서 과거제가 시행됩니다. 당시 과거시험의 주요한 과목은 성리학을 완성시킨 송나라 주희朱熹가 주석을 단 논어論語 맹자孟子 중용中庸 대학大學의 4책입니다. 흔히 이를 사서집주四書集註라고 합니다. 따라서 과거에 응시하기 위해서는 주희의 주석서를 읽어야 했습니다. 고려의 수많은 지식인들은 출세를 위해 고려보다는 원나라에서 시행하는 과거에 응시했고, 이를 통해 성리학은 자연스럽게 고려에 수용되기 시작했습니다.

성리학은 개혁에 어떤 영향을 끼쳤나?

그러나 무엇보다도 성리학이 고려에 뿌리를 내리게 된 것은 성리학이 원 간섭기 이래 시행된 개혁정치의 이념적 동력으로 작용케 한 실천성 때문입니다. 그렇다면 성리학 사상에서 어떤 측면이 개혁정치를 부추기는 요인이 되었을까요? 성리학은 치자층治者層, 즉 지배층의 수양과 수신을 강조합니다. 치자층이 되려면 먼저 자신의 마음을 닦고 몸가짐을 바르게 하는 수기修己와 수양修養을 강조합니다. 이는 인간의 욕망을 억제하여 하늘과 자연의 질서에 순응하려는 성리학의 우주론에 바탕한 것입니다. 나아가 성리학은 치자층이 올바른 경륜으로 세상을 바로 잡고 백성을 구제해야 한다는 경세제민론經世濟民論을 강조합니다. 이같이 성리학은 치자층의 도덕성과 책임감을 강조합니다. 원 간섭기 이래 여러 차례 단행된 개혁이 실패한 주요한 이유의 하나는 개혁 주체인 국왕 측근세력의 부패입니다. 치자층의 도덕성과 책임감을 강조한 성리학 이념은 당시 사람들의 공감을 얻었을 뿐만 아니라 실패를 거듭했던 그간의 개혁을 성공으로 되돌리는데 매우 적합한 이념이었습니다. 성리학이 당시 지배층에게 널리 확산되는 데에는 성리학의 이같은 실천적인 이념 때문입니다. 고려에서도 주희가 집주한 4서가 1340년대 과거 시험과목으로 채택되면서, 성리학은 본격적으로 뿌리를 내리게 됩니다.

그렇다면 성리학이 고려 말 개혁을 어떠한 방향으로 이끌었을까요? 성리학적 개혁론은 두 가지 방향을 제시했습니다. 하나는 지배층과 관료집단의 도덕성과 책임의식 강조하였고, 그러한 자질을 갖춘 관료집단의 양성과 선발에 공정성을 확보하기 위한 상징적인 조치로서 정방政房을 혁파하는 등 올바른 인재를 선발하는 것을 하나의 목표로 했습니다. 다른 하나의 방향은 당시 민들의 커다란 불만인 권세가의 불법적인 토지탈점을 바로 잡고 새로 충원된 관료집단의 경제기반을 마련하기 위해 전제田制를 개혁하여 새로운 토지제도 즉 과전법科田法을 마련하는 것을 또 다른 목표로 삼았습니다. 이 두 가지 방안을 이른바 '택인재擇人才' '복과전復科田'의 개혁 방안이라 합니다. 정도전鄭道傳·조준趙浚 등 사대부세력의 개혁은 이러한 방안에 바탕을 두고 있습니다.

특히 공민왕대 성균관을 중영하고, 이곳을 중심으로 이색·정몽주 등의

8월 정치도감 폐지 | 1351(3) 10월 원나라, 충정왕을 퇴임시킴. 이제현, 섭정승권단정동성사(攝政丞權斷征東省事)로 국정 처결. 12월 공민왕 즉위.

유학자들에 의한 성리학 연구가 본격화 되었습니다. 이와 함께 성리학으로 무장한 새로운 관료가 과거를 통해 대거 정계에 진출합니다. 이들은 사대부라는 새로운 정치세력으로 결집되면서, 성리학 이념에 입각한 개혁이 본격적으로 이루어집니다. 1388년(우왕 14) 위화도 회군 이후 이들은 이성계 일파와 전제田制개혁을 비롯한 전면적인 개혁을 행하면서 고려왕조는 종말을 고하고, 새로운 왕조 조선왕조가 건국됩니다.

고려문화의 사회적 기반

앞에서는 그 동안 주목받지 못했던 고려시대 사상과 문화의 특성을 살펴봤습니다만, 여기서는 고려문화의 우수성을 보여주는 고도의 질을 추구한 중앙문화가 발달한 사회적 기반에 대해 살펴보기로 하겠습니다. 즉 청자와 같은 높은 수준의 수공예품이 나타날 수 있었던 사회적 기반이 무엇인가 하는 문제입니다. 이에 대해서는 그 동안 예술성이나 조형미만 주로 따졌지 그러한 문화가 나타난 역사적 배경에 대해서는 그다지 검토되지 않았던 것이 사실입니다.

금입사와 은입사의 나전 기술

10여년 전 열린 '고려 국보전' 이라는 전시회에서 고려 수공업 제품인 나전칠기를 보고 청자에 못지않은 높은 수준의 예술품이라고 생각한 적이 있었습니다. 자개농을 비롯하여 각종 문갑 · 소형 책상이나 물건을 담는 조개껍질 등을 이용해서 각종 상자에 문양을 새겨넣는 기술이 바로 나전螺鈿 기술인데, 나전 기술의 가장 중요한 기법은 바로 금입사金入絲 · 은입사銀入絲 기법입니다. 이 기법은

나전국당초문원형합. 14세기 고려시대 작품. 조개껍질을 실처럼 가늘게 잘라 문양을 만들어, 그 색감이 신비스러우며 정교하면서도 단아한 분위기를 물씬 풍긴다. 고려시대 고급문화의 수준이 어느 정도인지를 가늠하게 해주는 뛰어난 작품이다.

금이나 은을 실처럼 아주 가늘게 잘라서 그것을 바탕에 박아넣어 문양을 만드는 것이지요.

　요즘 자개농에 붙여진 새 · 거북이 · 물고기, 화초花草 등의 문양들은 대부분 조개껍질을 문양 크기대로 잘라서 통째로 붙이는 형식이지만, 고려의 나전 수법은 크기가 1센티미터를 넘지 않게 조개껍질을 가늘게 잘라서 이들을 짜맞추어 문양을 만들었습니다. 또한 이외에도 금이나 은 · 동선銅線을 철사처럼 가늘게 잘라, 이를 꼬아 화초문 · 줄기 · 덩굴 등을 표현하는 독특한 기법도 있습니다. 이같이 끊음질 수법으로 실처럼 가늘게 자른 수많은 부분이 모여 문양을 이루기 때문에 조개껍질에서 나오는 특유의 독특한 색감色感이 신비스러울 정도이며, 나아가 다양한 문양으로 짜인 나전칠기 제품은 정교하면서도 단아한 분위기를 물씬 풍깁니다. 1천 년이 지난 지금에도 문양 위에 덧씌운 칠漆이 떨어지거나 변색되지 않는 고려의 나전칠기 수준은 고려시대 고급문화, 이른바 질의 문화가 어떤 수준인지를 가늠하는 잣대가 됩니다.

청동은입사 버드나무 · 물짐승 무늬 정병. 정병은 깨끗한 물을 담는 물병으로 승려들의 필수품이었으나, 차츰 부처님 앞에 정수를 바치는 공양도구로 사용되었다.

최근에 주목받는 불화와 사경

한편 청자의 바탕에 구름·학·여러 가지 화초 문양을 새기고 다시 유약을 발라 구워낸 상감象嵌 기법 역시 금입사·은입사 기법과 동일한 원리인데, 이렇게 해서 만들어진 상감청자는 고려청자의 정수로 일컬어지고 있습니다.

당시 중국인들도 고려청자의 아름다움을 극찬했습니다. 고려청자의 제작기술 수준이 가장 높았던 12세기 초에 작성된 《고려도경》에 다음과 같은 기록이 있습니다.

"도기의 빛깔이 푸른 것을 고려인은 비색翡色이라고 하는데, 근년에 만드는 솜씨가 좋고 빛깔도 더욱 좋아졌다. 술그릇의 형상은 오이 같은데 위에 작은 뚜껑이 있는 것이 연꽃에 엎드린 오리의 형태를 하고 있다."

당시 고려인은 청자를 비취색이 나는 비색청자라 했으며, 고려에 사신으로 온 서긍도 이를 높이 평가했습니다.

그밖에 고려지高麗紙로 중국에 널리 알려진 제지기술도 당시 중국에서 청자와 함께 명품으로 꼽혔던 또 하나의 대표적인 고려의 수공업 제품입니다. 그러나 나전칠기의 금입사·은입사 기법이 청자의 상감 기법과 동일한 것임을 고려할 때, 중국에 알려진 종이와 청자만이 고려의 수공업 기술 수준을 보여주는 것은 아니라고 생각합니다. 또 하나 최근에 주목받고 있는 고려 불화佛畵와 사경寫經 역시 정교한 수공업 기술 수준을 바탕으로 해서 나온 것으로, 고려시대 불교문화의 정수를 보여주는 뛰어난 예술성을 지니

〈수월관음도〉. 기이한 바위와 둥근 광배光背를 배경으로 관음보살이 바다에서 솟아올라 온 연꽃을 밟고 앉아 있다. 바위 한쪽 끝에는 한 줄기 버들가지가 꽂혀 있는 정병이 놓여 있다.

고 있습니다. 이처럼 중앙의 문벌들이 향유했던 질의 문화는 대체로 높은 기술 수준을 지니고 있었습니다. 지방문화 역시 나름대로 고려문화의 특성을 잘 보여주고 있지만, 적어도 예술적·기술적 측면에서는 중앙문화가 지방문화보다 훨씬 앞선 뛰어난 수준을 보여주고 있는 것이지요.

그러나 현재 우리는 고려청자의 우수성을 극찬하면서도 이러한 예술품이 나올 수 있었던 기술적인 배경이나 사회적인 배경은 제대로 설명하지 못하고 있는 실정입니다. 중국인도 높이 평가했던 고려시대 수공업 제품의 높은 기술 수준은 어떤 사회적 기반에서 나온 것일까요?

문화의 향유층, 문화의 생산층

고도의 예술성을 보여주는 질의 문화는, 문화의 향유자와 생산층이 분리되어 있고, 향유자의 욕구와 취미에 맞게 생산된다는 특징이 있습니다. 그렇기 때문에 조형미와 세련미가 돋보이게 됩니다. 그와 달리 지방세력의 존재를 과시하는 측면을 갖는 거대한 불상은 주로 영역 내 주민으로 조직된 향도조직과 같은 공동노동조직 등을 통해 조성되었습니다. 이때 조성된 불상은 지방세력과 주민이 함께 영역 내의 안녕과 평화를 위해 예배와 신앙을 드리는 대상이 되었습니다. 이처럼 지방문화는 그것을 주도한 세력과 생산자의 욕구가 일치하는 경우가 많습니다. 조형미보다는 힘과 역동성이 강조된 것도 그러한 배경 때문이지요. 지방문화와 질을 추구하는 중앙문화 사이에는 이 같은 차이가 있습니다.

이와 달리 조선시대는 유교문화가 지배했습니다. 유교이념은 인간의 과도한 욕망을 절제하고 자연의 순리에 따르는 생활을 요구하므로, 유교문화 자체는 소박하고 사실적이며 현실주의적 경향을 띠게 마련입니다. 또한 조선시대에는 중앙과 지방에 유교적 소양을 지닌 사대부, 즉 사족층이 거주했기 때문에 고려와 달리 중앙과 지방에 단일한 유교문화가 존재했습니다. 그에 비해 통일신라의 진골귀족 문화와 고려의 문벌문화는 향유자와 생산자가 분리되어 있었고, 그 때문에 문벌과 진골귀족의 취향에 걸맞은 화려하고 때로는 사치스러울 정도로 높은 수준의 문화를 낳을 수 있었습니다.

이처럼 문화의 향유자와 생산자의 분리는 고도의 예술성과 질 높은 문화를 생산할 수 있는 특징을 지니지만, 향유자와 생산자를 연결시켜주는 사회적 제도장치를 필요로 합니다. 그 동안 미술사에서는 주로 조형물 자체의 양식적 특성이나 미적인 특성을 강조하는 경향이 있어서 이런 문제에 너무 소홀했습니다. 그러나 이 문제는 고려시대 문화에서 나타나는 통일성을 추구하는 매개체로서의 의미도 갖는 매우 중요한 것입니다.

고도의 예술성을 낳은 소 수공업

고려시대 수준 높은 질의 문화를 낳게 한 사회적 기반은 바로 부곡제의 하나인 소所 제도입니다. 고려시대 소 제도는 금·은·동·철 등의 광산물, 소금·미역·생선 등의 해산물, 생강·직물 등의 농산물과 자기·나전칠기·종이·먹 등의 수공업 제품을 전문적·전업적으로 생산하는 곳

1366(15) 5월 전민변정도감(田民辨正都監)을 설치, 신돈을 판사로 삼아 개혁정치를 시행 | 1371(20) 7월 신돈 실각. | 1372(21) 6월 이성계(李成桂).

이었습니다.

조선시대에는 이러한 물품의 생산을 군현단위로 맡겨서 일반 민들로 하여금 생산하게 했으나 고려시대에는 지역간에 사회·경제적인 발전 격차가 커 중앙이 전국을 일률적으로 지배할 수 없었기 때문에 그러한 물품이 생산되는 지역을 소라는 특수 행정단위로 묶고, 그것을 생산하는 주민을 잡척층으로 분류해 국가의 수취망 속에 편제시켰습니다. 일종의 사회적·지역적 분업체제라고 할 수 있지요. 이를 부곡제라고 합니다.

고려의 청자·종이·나전칠기 등의 수준 높은 예술품은 바로 이러한 소 제도가 있었기 때문에 제작될 수 있었던 것입니다. 통일신라시대에도 소 제도에 버금가는 성成 제도가 있습니다. 통일신라기와 고려시기에 고도의 질을 추구했던 문화는 성과 소 제도와 같은 사회적인 제도장치가 있었기에 가능했던 것입니다.

고려청자의 주생산지, 강진

잘 알려진 대로 고려청자의 주생산지는 전라도 강진康津과 전북 부안扶安 지역 등 서해안 일대였습니다. 이 지역은 일찍부터 선종禪宗이 유행했으며 차茶 생산에 유리한 지리적인 조건으로 인해 차문화가 발달하면서 다기茶器 등의 수요가 컸습니다. 또한 지리적으로 중국의 선진적인 도자기 기술이 서해를 통해 쉽게 수용될 수 있었던 이점과, 생산된 도자기를 해로를 통해 수요가 집중된 수도 개경에 쉽게 보낼 수 있는 이점을 동시에 갖고 있었습니다. 현재 확인된 고려시대 소 275개 중 절반가량이 전라도·

충청도에 집중된 것도 수공업 제품의 수요가 집중된 개경에 해로를 통해 쉽게 운반될 수 있었기 때문이라고 생각합니다.

물론 조선시대에도 왕실이나 중앙기관에서 사용할 도자기나 그림을 생산하는 전업적인 생산체제가 설치되어 있었습니다. 경기도 광주에 분원을 설치해 도자기를 생산했고, 도화원을 설치해 각종 의궤나 의례를 그림으로 제작했습니다. 그러나 전반적으로 조선시대에는 소박하고 사실적이며 현실주의적인 경향의 유교문화가 보편화하면서 이러한 제도장치 자체가 큰 의미를 갖지 못했습니다.

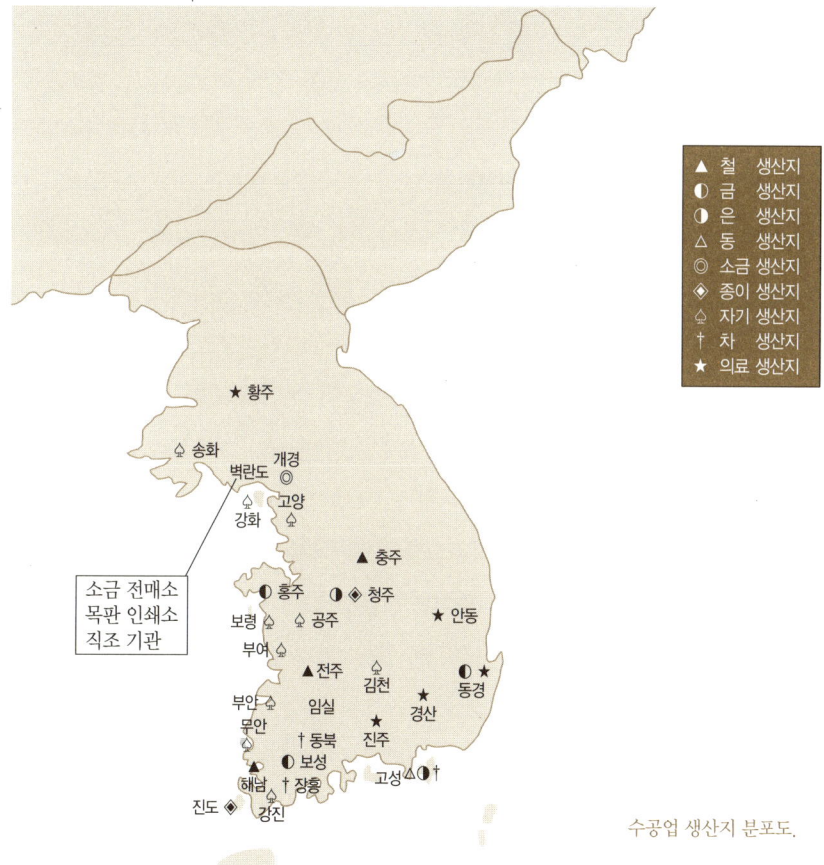

▲ 철 생산지
◑ 금 생산지
◐ 은 생산지
△ 동 생산지
◎ 소금 생산지
◈ 종이 생산지
⌂ 자기 생산지
† 차 생산지
★ 의료 생산지

★ 황주
⌂ 송화
벽란도 개경
강화 ⌂ 고양

소금 전매소
목판 인쇄소
직조 기관

▲ 충주
⌂ 홍주 ◐ ⌂ 청주
보령 ⌂ 공주 ★ 안동
부여
▲ 전주 ⌂ ◑ 동경
부안 ⌂ 김천
무안 임실 경산
† 동북 ★ 진주 고성 ◐△◎†
▲ ◑ 보성 ◐
진도 ◈ 해남 † 장흥
강진

수공업 생산지 분포도.

500년 고려사

9월 공민왕 죽음(1330~1374), 우왕 즉위. | 우왕(禑王) 1374년 9월 ~ 1388년 6월 | 1375(1) 11월 탐라민 다시 봉기. | 1376(2) 5월 탐라 봉기.

5장 문화와 사회, 다양성과 통일성의 조화 261

평행의 원리: 가족과 혼인, 호주와 상속제도

일본인 연구자의 고려사 이해

현재 고려사를 이해하는 기본적인 틀은 전후 일본인 연구자들이 만들어놓은 것입니다. 이는 한국사 연구에 일본인 연구자들이 얼마나 큰 영향을 미쳤는가를 잘 보여주는 예가 됩니다. 오늘날까지 가장 큰 영향을 미치고 있는 대표적인 일본인 연구자로는 하타다旗田巍라는 인물을 들 수 있습니다. 그는 1950년대 후반부터 고려사에 관한 본격적인 연구를 시작했는데, 그를 포함해서 일본인 연구자의 연구를 읽다 보면 마치 1960년대 한일회담이 체결된 후 우리나라에 본격적으로 들어오기 시작한 일본 전자제품을 처음 접할 때의 느낌을 받게 됩니다.

경박단소輕薄短小로 표현되는 일제 전자제품은 산뜻한 디자인,

휴대의 편리함, 뛰어난 성능으로 한 때 우리뿐만 아니라 전 세계인을 사로잡아 세계 일류 상품으로 각광을 받은 적이 있습니다. 그런데 그들의 연구 성과를 접할 때도 이처럼 매력적인 전자제품을 접할 때의 느낌을 받게 됩니다. 실제로 일부 국내 고려사 연구자들의 연구 방법론이나 연구주제 중에 일본인 연구자들의 그것과 매우 유사하거나 심할 경우 모방한 듯한 것이 적지 않은 것도 사실입니다. 그만큼 그들의 이론은 알게 모르게 국내 고려사 연구자에게 큰 영향을 미쳤습니다.

이들의 이론이 지니는 한계와 결함은 1980년대 이후 국내 고려사 연구가 본격화되면서 여러 차례 지적되었고, 지금은 거의 극복된 단계입니다. 일본인의 이론 틀은 한마디로 '고려 전기 고대사회론'입니다. 한국사에서 중세사회는 무신정권 이후에 시작되며, 그 이전 고려 전기 사회는 고대사회라는 것이지요. 식민지시대 이래 일본인은 의도적으로 한국사의 역사 발전을 낮춰 잡으려고 했는데, 전후의 일본인 연구자도 이러한 틀에서 벗어나지 못하였습니다. 연구대상이나 구사하는 방법론만 다를 뿐 연구시각은 일제 식민사학자들과 차이가 없는 것입니다.

고려사회는 대가족제도인가?

이들은 고려 전기 사회가 고대사회라는 근거로 '토지의 적장자嫡長子 단독 상속론'과 '군현제의 신분적 편성론'을 들고 있습니다. 이중에서 특히 '토지의 적장자 단독 상속론'은 고려시대 가족제도와 상속·혼인문제를 해석하는 데 구체적으로 적용됩

설치. 최무선 화약을 발명. 각종 화약무기를 제조.　1380(6) 8월 최무선 진포(鎭浦)에서 화통을 사용하여 왜구 격파. 9월 이성계, 황산(荒山)에서 왜구 대파.

조선 초기 무덤에서 출토된 남녀 목각인형. 나무로 만든 남자와 여자의 인형상으로 무덤 주인을 저승으로 인도하는 역할을 했을 것으로 짐작된다.

니다. 그 내용은 고려 전기 사회는 사적인 토지소유, 즉 토지의 개별적인 소유가 성립되지 못해 계층이 미분화된 사회였기 때문에, 토지를 단체적·집단적으로 소유했다는 것입니다. 또한 이러한 소유 형태 위에서 토지는 맏이인 적장자에게만 단독으로 상속되고 딸은 물론이거니와 둘째 이하의 아들에게도 상속되지 않았기 때문에 고려시대 가족 형태도 자연히 적장자를 중심으로 한 대가족 형태라는 것이지요.

나아가 고려 전기 사회의 기초단위가 적장자를 중심으로 한 집단적·단체적인 혈연공동체이기 때문에 중앙정부가 지방사회를 지배하는 형태도 혈연공동체의 장長인 호족을 통한 간접지배 형태를 띠었다는 것입니다. 그리고 호족세력의 대소에 따라 대호족의 거주지는 주州나 부府가 되고, 중소호족의 거주지는 군이나 현으로 편제되었으며, 이러한 군현 지역에는 양인집단이 거주하는 한편 천민 집단은 부곡 지역으로 편제되었다고 합니다. 이처럼 고려시대 지방제도가 신분적으로 편성되었다고 보는 것이 '군현제의 신분적 편성론'입니다. 두 이론은 이와 같이 내용적으로 서로 밀접하게 연결되어 있습니다.

이 이론은 마치 조선시대가 대가족 중심의 혈연공동체에 기초한 사회였기 때문에 사회의 발전속도가 지체되었다는 정체성이론을 다시 들여다보는 듯합니다. 고려시대 가족제도가 대가족제도였다는 이론은 이미 일제시대 식민사학자들이 한결같이 주장했던 것으로, 전후 일본인 고려사 연구자들에 의해 이와 같이 다시 세련된 형태로 정리되었습니다.

한국의 역사학자들 역시 식민사학을 청산하자고 하면서도 이러한 일본인 연구자의 이론을 가지고 연구하는 경우를 적지 않게 찾아볼 수 있습니다. 고려사회에서 호족의 역할을 과대평가하면서 이들을 중심으로 고려사

전개를 이해하려는 지배세력론의 입장, 공전 1/4 사전 1/2의 과다한 수취율 때문에 농민의 사적인 소유가 확립되지 못했다는 토지소유와 수취문제에 관한 입장, 지방제도에서 국가의 지배력을 과소평가하는 입장, 무신정권의 성립을 고려사 전개의 중요한 분수령으로 보려는 국내 고려사 연구동향 등은 모두 크게 보면 일본인 연구자의 영향 때문입니다. 그들의 산뜻하게 정리된 이론과 사료구사 방식에 우리 연구자들이 무비판적으로 빠져들어간 것입니다.

일본인 연구자들만 하더라도 대학 때부터 사회주의와 자본주의 이론을 모두 보면서 역사연구를 시작하기 때문에, 해방 이후 반공 이데올로기의 논리 안에서 역사연구를 시작한 우리보다 좀더 폭넓고 유연한 시각으로 역사를 보고 논리적일 뿐만 아니라, 글 자체도 매우 유려했습니다. 그러나 1980년대 이후 우리의 역사연구 수준도 연구자의 증가와 다양한 역사이론의 수용으로 크게 높아졌고, 이와 함께 일본인의 연구가 가진 한계를 인식하게 되면서 한국사 연구는 한 단계 진전되어 갔습니다. 가족제도나 상속문제에 관한 연구는 그 구체적인 예가 됩니다.

일부일처제에 기반한 단혼 소가족

최근의 연구에 따르면, 고려시대 가족은 부부를 중심으로 3~4명의 자녀를 둔 단혼單婚 소가족 형태였습니다. 요즈음의 '핵가족'이라 할 수 있습니다. 아버지 쪽으로 보면 평균 3.97명의 자녀가, 어머니 쪽으로 보면 평균 3.49명의 자녀가 있었다고 합니다. 아버지 쪽 자녀 수가 더 많은 것은 어머니가 죽은 후 아버지가 둘째 부인을 얻어 자녀를 낳는 경우가 있었기 때문입니다. 이처럼 고려시대 가족 규모는 부부를 포함해서 5~6명 정도의 소가족 형태였습니다.

고려 충렬왕 때 박유朴楡라는 사람이 "우리나라는 음양오행의 원리상 남자가 적고 여자가 많아 인구가 적기 때문에, 이를 해결하기 위해 한 사람의 처를 두는 제도를 고쳐 여러 명의 첩을 두게 해서 인구를 증가시키자"는 제안을 합니다. 그는 고려에 온 외국인이 여러 명의 첩을 얻어 많은 자식을 낳음으로써 고려 인구가 외국으로 유출된다고 했습니다. 그의 제안이 당시 여성들의 반대로 시행되지 않았던 사실은 당시 일부일처제가 하나의 관행이었음을 알려주고 있습니다.

이와 달리 조선시대 평균 자녀 수는 5~6명으로 고려시대보다 약간 규모도 컸으며, 한 가족 내에서 4세대 혹은 3세대가 함께 거주하는 형태가 많았습니다. 가호 단위별로 볼 때 6인 이상, 많을 경우 21인 이상의 가족을 거느린 가호가 전체의 64퍼센트를 차지했다는 점에서 조선시대 가족 형태는 기본적으로 대가족 즉 확대가족 형태라고 할 수 있습니다. 조선시대에는 이러한 가족 형태 속에서 남자 상속이 주류를 이루어 고려와 큰 차이가 있었습니다. 그러한 상속 형태는 장자가 제사를 지내는 관습과 연결됩니다. 특히 조선 후기 동족同族부락이 발달하고 주자가례朱子家禮가 보편화되면서 장남인 맏이가 제사를 지내는 관행이 굳어지게 되고, 그에 따라 아들을 출산하려는 남아선호 사상이 자리잡으면서 가족 규모도 자연스럽게 커진 것이지요.

사위가 부인의 집에 머무르는 서류부가혼

그렇다면 고려시대 가족 형태나 규모가 일부일처제에 기반한 단혼 소가족 형태였던 원인은 무엇일까요? 직접적인 해답은 될 수 없습니다만, 이는 고려시대 혼인 형태와도 관련이 있는 것으로 보입니다. 앞서 고려시대 왕실의 혼인이 근친혼 형태였다는 사실을 앞에서 지적한 바 있는데, 일반인은 그렇지 않았습니다. 고려시대 일반인의 혼인 형태는 서류부가혼婿留婦家婚입니다. 글자 그대로 사위가 부인의 집에 머무르는 형태를 말하는데, 이를 달리 남귀여가혼男歸女家婚이라 합니다. 즉 남자가 혼인 후 낳은 자식이 장성할 때까지 여자의 집에서 거주한다는 뜻입니다. 고려 중기 대문장가 이규보도 장인의 제문祭文을 쓰면서 "사위가 되어 밥 한 끼와 물 한 모금을 다 장인에게 의지했다"고 했습니다. 이런 사실 역시 당시 결혼 후 남자가 여자의 집에서 거주했음을 알려주는 예가 됩니다.

이런 혼인 형태는 상속문제와도 관련이 있습니다. 남자가 여자의 집에서 자식이 장성할 때까지 머무를 수 있었던 것은 여자도 경제력이 있었기에 가능했습니다. 일본인 연구자들은 노비는 남자와 여자에게 균등하게 상속되었으나, 토지는 적장자에게만 단독으로 상속되었다고 하였지만, 최근 국내 연구에 따르면 노비뿐만 아니라 토지도 남자와 여자가 동일하게 상속받은 남녀균분男女均分 상속이었습니다. 적장자 단독 상속은 재산이 적장자에게 집중되어 그를 중심으로 여러 형제가 한 집안에서 동거하는 부계 중심의 대가족 형태로 나타날 수밖에 없습니다. 그러나 남녀균분 상속은 상속이 여러 남녀 형제에게 균등하게 이루어져 각각이 그를 바탕으로 독립된 가계를 이루기 때문에 자연히 가족 형태도 단혼 소

고려의 부부 영정. 조선 후기에 그려진 고려인 조반趙胖 부부의 초상으로 고려 말에 전해져 내려오던 것을 묘사한 것으로 짐작된다.

가족 형태로 나타날 가능성이 크다고 할 수 있습니다. 조상에 대한 제사도 맏이인 장자만이 독점하는 것이 아니라 남녀가 번갈아 지내는 형태였습니다. 이를 윤행봉사輪行奉祀라고 합니다. 결국 고려시대 재산상속과 혼인 형태가 일부일처제에 기반한 단혼 소가족제도가 유지된 원인이라고 할 수 있습니다. 대체로 이런 혼인과 제사 형태는 조선 전기까지 유지되었다고 합니다. 이 점에서 고려사회는 조선 후기 사회와 다른 사회였습니다.

남녀균분 상속에 기반한 혼인 형태

　그러면 한 걸음 더 나아가 고려시대에 왜 이런 혼인 형태가 성행했는가 하는 문제를 살펴봅시다. 앞에서 고려왕실의 혼인 형태를 검토하면서 고구려를 비롯한 북방 유목민들과 중동 지역에 취수혼이라는 혼인풍습이 있었음을 지적한 바 있습니다. 이는 전근대사회의 혼인이나 재산상속 형태가 한 가계나 공동체의 재산과 세력을 유지하기 위한 기능을 갖고 있었던 데서 비롯된 일입니다. 유목민들은 이동생활을 하기 때문에 정착민과 같이 다른 부족과의 혼인을 통해 자기 집단을 유지하기가 쉽지 않았던 것이죠. 유목민에게 보편적인 혼인 형태인 취수혼은 이런 사회적 조건 때문에 나온 것입니다.

　고려왕실의 근친혼 역시 왕실의 부와 권력을 유지하기 위한 것이었습니다. 고려시대에는 국왕이 조선시대와 같이 초월적인 존재로 인정받지 못했습니다. 특히 고려 초기에는 태조 왕건도 하나의 지방세력에 불과한 정도였기 때문에 국왕권 자체가 불안정했습니다. 이러한 상황에서 근친혼은 왕실의 경제력이나 정치력 유지에 가장 적절한 혼인 형태였다고 생각합니다. 이처럼 혼인 형태는 한 사회나 공동체 집단이 처해 있는 사회적 조건이나 관습과 밀접한 관련이 있습니다.

　미국의 모르몬교도들도 청교도들에게 이단으로 몰려 동부 지역에서 쫓겨나 서부 지역으로 이동해 정착하는 과정에서 많은 남자들이 죽게 되자 교세를 유지하기 위해 한때 일부다처제의 혼인 형태를 유지하였습니다.

　고려시대 서류부가혼도 이러한 맥락에서 이해할 필요가 있습니다. 당시 상속 형태가 남녀균분 상속으로 여자도 재산을 상속받아 남자가 여자 집

상소. 급전도감(給田都監) 설치. 12월 최영(1316~) 죽임. **1389(1)** 8월 조준 4차 상소. 사전 혁파 건의. 10월 급전도감(給田都監) 설치. 11월 폐왕(廢王)

으로 와서 거주할 수 있는 경제적인 기반이 마련되어 있었기 때문에, 그런 혼인 형태가 가능했던 것이지요. 부모의 입장에서 볼 때 딸에게 상속된 재산이 남자 쪽의 차지가 되는 것을 방지하려는 뜻도 있었을 것입니다.

여성이 호주가 되는 사회

고려시대 호적 중 현재 전해지는 것은 없으나, 국가가 호적을 작성하기 위한 기초자료로 각 가호별로 작성해서 관에 제출하게 한 호구단자戸口單子는 몇 건 전하고 있습니다. 그 속에는 호주·가계·소생자녀 등이 기록되어 있는데, 그에 따르면 여성이 호주로 기록된 사실을 확인할 수 있습니다. 고려시대 호주제도는 지금의 입장에서 볼 때도 놀라울 따름입니다.

조선시대 호구단자나 호적에 보면 노비는 남성인 호주의 소유로 되어 있습니다. 그러나 고려시대 호구단자에는 노비의 소유주를 어머니 쪽 아버지 쪽으로 구분하고 있습니다. 또한 조선 후기 족보에서 대체로 딸의 이름은 생략하고 대신 사위만 기록한 경우를 흔히 찾아볼 수 있는데 비해, 고려시대에는 자녀를 기록하는 데도 남자와 여자의 구분 없이 출생 순서대로 기록하였습니다. 이러한 사실 역시 당시 남자와 여자가 동일하게 재산을 상속받고, 남녀 구분 없이 서로 번갈아가면서 부모와 조상의 제사를 지냈던 고려사회의 관습에서 나올 수 있었다고 보입니다. 요즘에도 자녀의 숫자를 얘기할 때 몇 남 몇 녀식으로 표현하는데, 이것 역시 남성 우위의 관행에서 비롯된 것으로 여겨집니다.

2008년부터 호적법이 개정되어 '가족관계등록법'이 시행되면서 이제 고려시대의 여성 호구단자. 고려시대 호구단자에 보면 남녀의 구분이 거의 없으며, 노비의 소유주 역시 어머니 쪽 아버지 쪽으로 구분되어 있어 지금과 비교해볼 때 오히려 더 평등했다고 할 수 있다.

남성과 부계父系 위주의 관행도 많이 변화될 것이라 생각됩니다. 이 법의 골자는 출생자녀는 아버지의 성姓과 본관本貫을 따른다는 부성父姓주의 원칙이 수정되어, 혼인 당사자가 협의할 경우 어머니의 성과 본관을 따를 수 있습니다. 자녀의 성과 본관도 부모의 청구와 법원의 허가를 받아 변경이 가능합니다. 호주제도도 폐지되어 가족 개인마다 가족관계 등록부를 갖는 '1인人적籍' 형태로 바뀝니다. 새 법이 시행되면 가족제도도 그 변화를 예측할 수 없을 정도의 커다란 변화가 있을 것입니다.

또한 고려시대에는 고위관료나 공이 있는 관료의 자손에게 관직 진출의

7월 | 1389(1) 12월 이색을 귀양 보냄. 우왕과 창왕을 죽임. 관제개혁. | 1390(2) 9월 공사전公私田)의 전적田籍을 태움. 도읍을 한양으로 옮김.

특혜를 베푸는 음서제도에서도, 아들이 없는 관료의 경우 딸의 자손에게도 음직陰職이 계승되었습니다. 여성이 재산상속·호주·제사의 주체가 될 수 있는 사회였기에 가능했던 일이라고 할 수 있습니다.

매년 추석이나 설날이 되면 고속도로와 모든 도로가 초만원이 되는데, 여기에는 흩어진 부모 형제가 고향을 찾아서 한 자리에 모인다는 의미뿐만 아니라 조상에게 제사를 지내기 위해 부모님이나 종손이 있는 집안으로 찾아간다는 조상숭배의 뜻도 담겨 있습니다. 고려시대처럼 딸이나 아들 집에서 서로 번갈아 제사를 지낸다면 이런 번잡하고 피곤한 귀성행렬은 크게 완화되지 않을까요?

평행과 종속의 원리가 교차하는 우리의 전통

《논어》에 '일이관지一以貫之'라는 말이 있습니다. 학문에서 하나의 이치를 알게 되면 다른 모든 것을 꿰뚫을 수 있다는 뜻이지요. 역사공부를 할 때에도, 고대사 강의·현대사 강의 등 여러 강의를 듣게 되지만 어떤 강의를 듣건 간에 역사학이 지향하는 궁극적인 진리는 하나일 수밖에 없습니다. 모든 분야를 통달하지 않고서도 각 분야에서 전문가의 경지에 도달하면 결국 진리라는 하나의 길목에 도달하게 되는 것이지요. 그것을 '일이관지'의 경지라 할 수 있습니다.

고려사회와 조선사회를 비교한다면 조선시대는 유교, 즉 성리학 이념이라는 하나의 원리에 의해서 모든 것이 움직이는 사회라고 할 수 있습니다. 성리학의 원리나 그것이 지향한 가치를 잘 이해하면 조선사회를 이해하는

1391(3) 1월 5군을 3군으로 줄임, 이성계, 3군도총제사가 되어 군사통수권 장악, 3월 이성계, 문하시중이 됨, 5월 과전법 제정, 정도전 척불소 올림

지름길이 됩니다. '일이관지'의 사회가 조선사회라고 할 수 있지요. 그러나 고려사회는 하나의 원리가 아니라 매우 다양한 사회구조·사상·문화가 복합되어 있는 다원적인 사회였습니다. 그런 사회를 '일이관지'의 조선사회와 비교한다면 '다이관지多以貫之'의 사회라고 표현할 수 있겠습니다. 즉 고려사회는 다양한 사회구조·사상·문화가 녹아 하나로 통일되어 가는 과정에 있는 사회, 여러 가지 원리와 기준을 갖고 이해해야 본질을 꿰뚫을 수 있는 사회인 것입니다. 다시 말해 다양성과 통일성을 특성으로 하는 사회라고 할 수 있지요. 그런 뜻에서 고려사회를 '다이관지'의 사회라 이름붙여 보았습니다.

조선시대는 '여필종부'라는 남성 우위의 사회, 성리학 질서가 모든 가치평가의 기준이 되고 그것을 질서화한 사회, 종속의 원리가 관통하는 사회였습니다. 반면 고려사회는 재산상속과 제사의 관행에서 남녀가 동등한 위치에 있었고, 불교와 유교, 도교와 풍수지리가 동등한 위치를 부여받던 평행의 원리가 관통하는 사회였습니다. 이 점에서 고려와 조선사회는 분명 달랐습니다. 흔히 전통문화 하면 조선사회의 그것을 연상합니다. 그러나 고려사회를 새롭게 이해하게 되면서 우리 역사에서 엄연히 5백 년간 지속되었던 또 하나의 전통과 마주치게 됩니다. 이제는 지금까지 베일 속에 가려져 있던 고려문화의 다양성과 통일성을 새롭게 이해함으로써 한국 전근대문화의 다양성과 깊이에 대해 새로운 안목을 가지게 되었으면 좋겠습니다.

500년 고려사

10월 정도전 유배 │ 1392(4) 2월 인물추변도감에서 노비결송법 제정 4월 정몽주 죽음(1337~), 7월 배극렴 등, 이성계를 왕으로 추대. 공양왕 폐위, 조선왕조 건국.

5장 문화와 사회, 다양성과 통일성의 조화 273

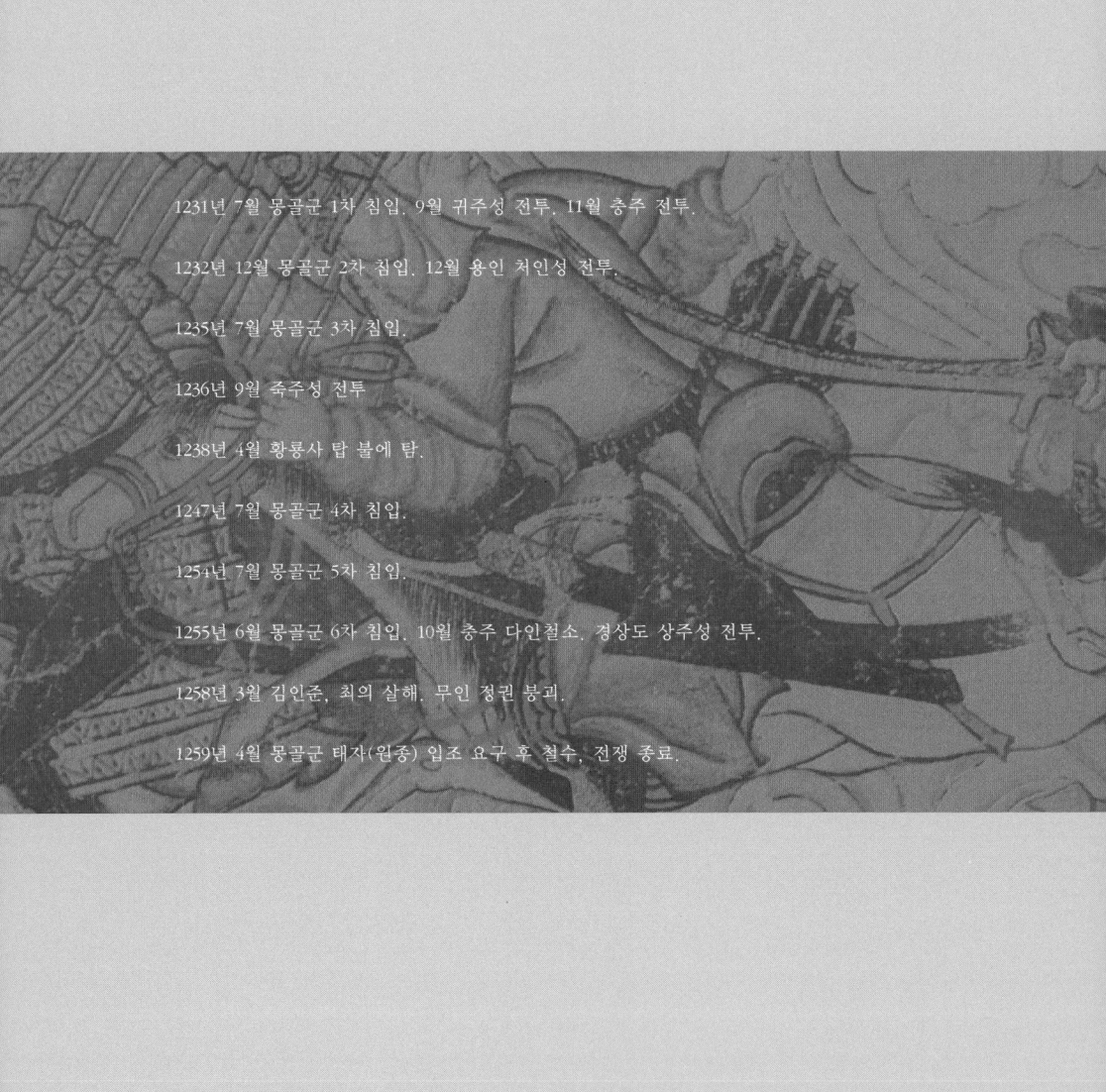

1231년 7월 몽골군 1차 침입. 9월 귀주성 전투. 11월 충주 전투.

1232년 12월 몽골군 2차 침입. 12월 용인 처인성 전투.

1235년 7월 몽골군 3차 침입.

1236년 9월 죽주성 전투

1238년 4월 황룡사 탑 불에 탐.

1247년 7월 몽골군 4차 침입.

1254년 7월 몽골군 5차 침입.

1255년 6월 몽골군 6차 침입. 10월 충주 다인철소. 경상도 상주성 전투.

1258년 3월 김인준, 최의 살해. 무인 정권 붕괴.

1259년 4월 몽골군 태자(원종) 입조 요구 후 철수, 전쟁 종료.

6장
실리와 공존, 줄타기 외교전술

세계 제국을 이룬 몽골의 칭기즈칸 군대와 금나라 군대의 전투장면.

고려왕조기 대외정세 개관

대분열의 시대에 건국되다

고려왕조가 건국될 무렵인 10세기 초 중국 당唐나라의 멸망은 동아시아
사회에 큰 파장을 일으킵니다. 당나라는 618년부터 907년까지
약 3백 년 간 지속된 왕조입니다. 19세기 후반 서양
과의 본격적인 교류가 이루어지기 이전 우리
나라를 둘러싸고 있던 세계를 흔히 동아
시아 세계라고 이야기하는데, 이 세계
는 중국을 비롯해서 한국 · 일본 · 베
트남 등이 중심을 형성하고, 그 주
변부에 거란족 · 흉노족 · 여진족과
같은 족속들이 포진하였습니다. 동

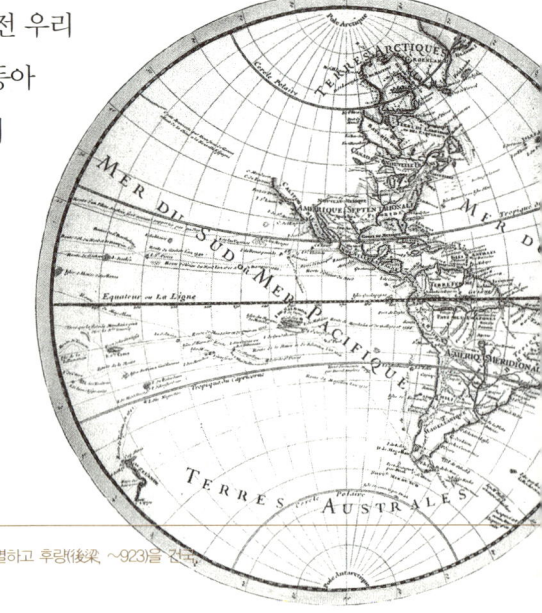

●900 견훤 후백제 건국 　●901 궁예 후고구려 건국 　●907 중국 주전충이 당을 멸하고 후량(後梁, ~923)을 건국

아시아 세계는 당나라가 성립된 7세기 무렵부터 하나의 세력권을 형성하였는데, 이들을 하나로 묶어주는 끈은 한자漢字였습니다. 말은 다르지만 공통의 문자인 한자를 통해 동아시아 각국은 각종 문물제도를 교류했던 것입니다. 또한 각국은 유교와 불교를 지배이데올로기로 삼아 지배체제를 유지했습니다. 이 세계는 중국을 천하의 중심으로 놓고, 중국 이외의 민족을 오랑캐로 보는 화이론華夷論에 입각한 독특한 문명권을 형성했습니다.

이러한 동아시아 세계의 중심 국가인 당나라가 무너지면서 당시 동아시아 세계는 대분열의 시대로 들어갔습니다. 중국대륙에서는 당나라가 붕괴되면서 5대 10국의 15개 왕조가 분립分立했는데, 이들 왕조는 평균 50년, 길어봐야 70년 정도 유지된 단명한 왕조였습니다. 한편 북중국의 만주 일대에서는 거란족이 중국대륙에서 힘의 공백 상태를 틈타 국가를 건설합니다. 거란족이 세운 나라는 당나라가 멸망한 해인 907년부터 1125년까지 약 2백 년 간 지속되었습니다. 한반도에도 신라 하대인 900년대 초, 즉 10세기 초에 통일신라가 지방에 대한 지배력을 상실하면서 900년 후백제가 건국되고, 901년에는 궁예에 의한 후고구려가 건국되었으며 918년 후고구려를 이어 고려왕조가 건국됩니다. 통일신라와 함께 남북국을 형성했던 발해(699~926)는 이 무렵 거란에 의해 멸망합니다. 이같이 10세기 초 중국대륙과 만주·한반도에는 크고 작은 수많은 국가들이 건국되는 대분열의 시대가 열립니다. 고려왕조도 이러한 대륙의 정세와 밀접한 관련

오대10국 시작(~960) ●916 거란 야율아보기(耶律阿保機, 872~926) 황제라 칭하고, 요 건국(~112

서양 고지도 속의 한반도. 17세기까지 이슬람과 유럽의 고지도 속에는 '신라'로 표기되었다가 '코리', '코레' 등으로 기재되어 있다.

을 맺으면서 건국되었습니다.

다원적인 동아시아 국제질서 속에서

이러한 상태가 약 반세기 동안 지속되다가 926년 거란이 발해국을 병합하면서 동아시아 세계의 새로운 강자로 등장하고, 한반도에서는 936년 고려왕조가 후삼국의 분열시대를 마감하고 통일왕조를 형성합니다. 한편 중국대륙에서도 5대 10국의 뒤를 이어 960년 송나라가 건국됩니다. 이같이 10세기 중반이 되면 동아시아 세계는 송·거란·고려 등 각 지역의 강력한 국가를 중심으로 통합왕조가 형성되기 시작합니다. 그러나 이전의 당나라와 같이 강력한 중심국가는 형성되지 않고, 고려·송·거란이 동아시아의 패권을 둘러싸고 각축을 벌이는 다원적인 국제질서가 형성됩니다. 이러한 질서는 고려가 멸망하는 14세기까지 금나라·원나라·명나라가 새로 등장하면서 지속됩니다.

고려왕조기 대외환경을 특징짓는 다원적인 국제질서는 고려왕조의 발전과정과 역사적 특성을 이해하는 데 매우 중요한 요소입니다. 전통적으로 우리나라의 대외관계는 일국—國 대 일국의 관계를 중심으로 전개되었습니다. 조선왕조의 경우 전기에는 명나라와, 중기 이후에는 청나라와의 관계가 대외관계의 중심축이었고, 삼국시대로 거슬러 올라가면 한반도에서 방파제 역할을 한 고구려도 각각 한漢나라·수隋나라·당나라와 차례로 일국 대 일국의 관계를 맺어왔습니다. 물론 우리 역사 내내 일본과 관계를 지속했습니다만 당시 대외관계에서 일본은 종속적인 변수에 불과했

---

5) ●918 왕건 고려 건국   ●919 송악으로 천도   ●923 진왕(晉王)이 후량을 멸하고, 후당(後唐)을 건국   ●925 후당이 전촉(前蜀)을 멸함

혼일강리역대국도. 1402년(태종 2)에 제작된 이 지도는 유럽과 아시아, 아프리카를 포함한 세계지도다. 15, 16세기에 모사한 것이다.

습니다. 그런데 이와 같은 전통적인 대외관계와 달리 유독 고려시대에는 다원적인 관계가 유지되었습니다. 거란이 멸망하는 12세기 초반까지는 고려와 송·거란 3국이, 이어 12세기인 고려 중기에는 금과 고려·송나라 가, 그리고 1234년 금나라가 멸망하면서는 고려와 원나라·송나라가 다

● 926 발해 멸망   ● 935 신라 경순왕 고려에 항복   ● 936 후백제 멸망, 고려 후삼국 통일. 석경당이 후당을 멸하고 후진(後晉)을 건국

원적인 관계를 형성하였습니다. 그러다 고려 말인 14세기 후반 명나라가 등장하면서 다시 고려 명·원이 각축을 벌입니다. 이같이 고려는 왕조가 지속되는 내내 다원적인 국제질서 속에 놓여 있었습니다.

코리아의 원조

잘 알려진 대로 외국에서 우리나라를 부르는 코리아라는 명칭이 세계에 알려진 것은 고려시대 때입니다. 개경 부근의 벽란도는 당시 무역의 중심지로서 멀리 아라비아 상인들까지 와서 거래를 할 정도였습니다. 이와 같은 대외무역의 성행은 고려의 국력을 융성하게 했으며, 12세기 고려의 문화가 크게 번성한 것도 이러한 대외무역의 성행과 관련이 있습니다.

1차 몽골침략기인 1231년 당시 개경의 호수戶數가 10만이었다고 하는데, 한 가호당 5명이 살았다고 치면 개경 인구는 50만 명 정도로 추산됩니다. 비슷한 시기인 13세기 초 상인 집단이 출현하고 상업이 발달하면서 수많은 도시가 등장한 유럽에서도 인구 5천 명 이상이 거주하는 지역이면 도시라고 하고 2만 명 정도면 대도시에 속했다고 합니다. 대도시 중 가장 큰 도시였던 이탈리아 피렌체의 인구가 10만 명 정도였다고 하니, 인구 50만의 개경이 얼마나 큰 대도시였는가를 알 수 있습니다. 이러한 사실은 고려나 송나라와 같은 동아시아 국가의 국력이 유럽과 비교할 수 없을 정도로 강성했음을 잘 보여줍니다. 이처럼 발달된 고려의 문명 수준은 이곳에 무역을 하러온 이방인에게 경이롭게 비쳐졌을 것입니다. 13세기 중반 몽골제국을 방문한 프랑스인이 중국 동쪽에 '카올레Caule(고려의 중국식 발음

● 937 운남(雲南)에 대리국(大理國) 발흥   ● 951 곽위(郭威)가, 후주(後周)를 건국(~960), 안남의 오창문(吳昌文)이 남진(南晉)을 건국함

18세기에 만들어진 송도지도.

● 954 후주의 세종(世宗)이 요와 북한을 격파   ● 955 후주의 세종이 불교탄압   ● 960 후주 멸망, 조광윤(趙匡胤)이 송(宋)을 건국(~1126)

까오리를 옮긴 짓' 라는 나라가 있다고 쓴 것이 현재 남아 있는 기록으로는 최초의 것입니다. 이같이 우리나라를 호칭한 용어 '코리아korea' 는 고려 왕조에서 유래했지요. '고려' 라는 국호가 코리아의 원조가 된 것이지요.

실제로 14세기까지는 동아시아 세계 문명이 분명 서양보다 앞서 있었습니다. 이는 방금 이야기한 도시의 인구 규모에서도 알 수 있습니다. 서양이 동양보다 앞서기 시작한 것은 18세기 후반 산업혁명 이후부터이니, 오늘날 우리들이 갖고 있는 서양에 대한 열등감은 그 역사가 불과 2~3백여년에 불과한 것입니다. 그 이전에는 동양이 서양보다 물질문명에서도 선진적이었지요. 전근대 시기 동양과 서양의 문명을 매개해주던 실크로드가 14세기 후반 몽골이 쇠퇴하고 오스만 터키제국이 건설되면서 차단되자 불리한 여건에 놓인 유럽인들은, 이를 극복하기 위해 항해술을 발달시켜 해로를 통해 인도차이나 지역으로 진출하여 필요한 물자를 공급받게 되었고, 이것이 결과적으로 산업혁명의 동기를 제공하였습니다. 불리한 여건에 놓인 국가나 민족이 더욱 융성하는 역사적 사례를 여기서도 찾아볼 수 있는 것이지요.

다원질서의 붕괴와 왕조의 교체

14세기 후반은 동아시아 세계에서 커다란 변화의 시기입니다. 1367년 원나라의 멸망과 명나라의 건국이 그런 변화의 상징적인 사건인데, 이 변화는 단순한 왕조의 변화는 아니었습니다. 그것은 대외적으로 10세기 이래 중원의 패권이 거란·금나라·원나라 등 이민족에서 다시 한족漢族이

●968 안남의 딘보린[丁部領]이 대월(大越)을 건국함　　●971 송(宋)이 남한(南漢)을 멸함　　●972 송 과거제도에 전시(殿試)를 부설(附設)함

세운 명나라로 옮겨갔다는 의미를 지니며, 나아가 약 5세기 간 지속된 다원적인 외교질서가 붕괴되었음을 뜻합니다. 이에 따라 한반도의 대외질서도 삼국시대처럼 다시 일국 대 일국의 전통적인 대외관계로 복원되었으며, 이와 함께 대내적으로도 커다란 변화를 맞이합니다. 지방세력이 세운 고려왕조가 무너지고, 성리학으로 무장한 사대부라는 유교관인층이 새로운 지배세력으로 등장하면서 조선왕조가 건국된 것입니다.

이처럼 고려왕조가 존속했던 10세기에서 14세기까지 동아시아 세계에서는 다원적인 대외질서가 전개되었습니다. 원나라에서 명나라로의 교체는 이러한 대외질서의 큰 축이 변화했음을 뜻하며, 한국사의 전개에도 커다란 영향을 가져다주었습니다. 고려왕조가 다원적인 대외질서 속에서 동아시아 세계질서의 한 축을 이루었다는 점은 고려왕조를 이해하는 데 매우 중요한 사실입니다.

● 972 송 과거제도에 전시(殿試)를 부설(附設)함　　● 978 송, 오월(吳越)을 멸함　　● 979 송, 북한(北漢)을 멸하고 중국 통일

등거리 실리외교: 송·거란·금과의 관계

침략과 저항, 그 논리의 오류

그 동안 대외관계사 분야는 역사학에서 주류의 위치이기보다는 역사 서술상 일종의 구색 맞추기 취급을 받았습니다. 특히 한국사에서 대외관계사는 일제의 식민사학이 한국사를 왜곡하는 하나의 도구로 이용되었기 때문에, 연구자들도 이 분야 연구를 은근히 기피해온 측면이 있었습니다. 그러다 보니까 대외관계사 분야는 자연 주변부의 위치로 전락하게 된 것이지요.

일찍이 우리 역사를 끊임없는 외세의 침략과 거기에 저항하는 역사로 파악했던 일제 식민사학자들은 대외관계사를 역사 왜곡의 주요한 소재로 삼았습니다. 물론 식민사학자들은 이 두 개념 중에서 침략

●983 요(遼), 국호를 거란으로 개칭   ●993 거란(요)이 고려에 1차 침입, 서희의 담판

에 더 비중을 두었고, 따라서 대외관계사 역시 주로 침략이라는 측면에서 서술했습니다. 반면에 국내의 연구는 침략보다는 저항의 측면에 더 비중을 두고 역사를 서술하였고, 그러다 보니 대외관계사 연구는 오늘에 이르기까지 여전히 침략과 저항이라는 틀 속에서 이루어지고 있는 실정입니다.

저항의 측면을 강조하는 국내의 연구경향에는 당대의 정치적인 배경도 한몫 했습니다. 1950년대 한국전쟁 이후 북진통일이 강조되면서 우리 역사에서 북방정책 내지는 북진정책을 중시하는 연구경향이 나타나게 되었고, 그로 인해 태조의 북진정책, 윤관의 여진정벌이 한때 주요한 연구의 소재로 자리잡기도 했으며, 1970년대에 강화도가 대몽항쟁의 성지로 중시된 것 역시 당시의 정치정세와 결코 무관하지 않습니다.

이외에도 자주와 사대 논리로 대외관계사를 바라보는 시각이 있는데, 이 또한 침략과 저항이라는 시각의 연장에 불과합니다. 모든 국내외의 조건을 배제한 채 저항의 측면은 자주로 보고, 침략에 순응하거나 방관한 것은 무조건 사대로 간주하는 단선적인 시각이 바로 자주와 사대의 논리인 것입니다. 가장 대표적인 예는 단재 신채호 선생의 견해입니다. 선생은 유가주의자이자 사대주의자인 김부식 일파가 1135년 묘청의 난을 계기로 정권을 장악하면서, 우리 역사가 사대의 굴레를 쓴 역사로 후퇴하게 되었다고 했습니다. 신채호의 이런 시각은 그 이후에도 큰 영향을 미쳐, 고려시대 정치·문화사까지 자주와 사대라는 입장에서 해석하는 연구경향이 아직도 강하게 자리잡고 있습니다.

또 하나 1990년대 이후 침략과 저항의 논리를 확대한 이른바 '식민지 근대화론'이 학계 일각에서 제기되고 있습니다. 이 이론은 일제의 식민지 지배가 개발의 측면도 갖고 있다는 것으로, 다시 말해 침략과 저항의 논

● 1010 거란이 고려에 2차 침입. 안남의 이공온(李公蘊)이 대월국(大越國)을 건국, 하노이에 수도를 정함   ● 1018 거란이 고려에 3차 침입

쇠뇌. 활과 기계 장치가 있는 몸통 두 부분으로 되어 있다. 고려 때는 이전의 쇠뇌를 개량해서 팔우노·수질노·구궁노·천균노 등 새로운 쇠뇌를 만들었다.

몽골군이 서방에 원정하여 성을 공격하는 모습. 성벽 옆의 기계는 돌을 쏘는 포차인데, 몽골군은 고려에서도 이 기계를 사용하여 성을 함락시켰다.

리를 침략과 개발의 논리로 봐야 한다는 주장입니다. 구체적으로 일제의 조선 공업화 정책 등이 오늘날 한국이 자본주의 국가로 발전하는 데 중요한 역할을 했다는 것이지요. 이것이 식민지 근대화론의 요지인데, 문제는 이와 같은 신판 식민사학의 부활을 외국인이 아니라 국내 역사학자나 경제학자들이 부르짖고 있다는 사실입니다. 이들의 주장대로라면 해방 후 한반도의 또 다른 한편인 북한사회가 사회주의 국가를 건설한 것과, 또 남한의 자본주의가 외환위기를 겪고 제2의 경제발전을 꾀하는 현상을 어떻게 설명할 수 있는지 궁금할 따름입니다.

또 다른 연구경향은 대외관계를 일체의 선입견 없이 객관적으로 보자는 시각입니다. 대외관계가 국내 정치에 미친 영향과 관계없이 그야말로 상대국과의 교섭과정만을 일지 형태로 정리하는 방법입니다. 대외관계에서 나타난 통계수치나 교섭 형태를 통해 당시 대외관계의 성격을 규정하는 연구방식으로 대단히 무미건조한 연구방식이라 할 수 있습니다.

기존의 시각을 넘어서

그 동안 대외관계사가 역사학의 주변 분야로 전락하여 연구자의 외면을 받은 것은, 앞에서 설명한 연구방식과 무관하지 않습니다. 그렇다면 대외관계사를 새로운 시각에서 바라볼 여지는 전혀 없을까요?

오늘날 우리가 일본·미국·중국·러시아 등 주변국과의 관계를 배제하고 지금의 한국정치를 얘기할 수 없는 것과 마찬가지로, 고려시대에도 당시 동아시아 세계와의 관계가 고려의 역사발전에 적지 않은 영향을 미쳤습니다. 예를 들어 현재 우리나라 전체 교수의 70퍼센트 이상이 특정 국가에서 학위를 받은 사람으로 충원되어 있는데, 그럴 경우 우리나라의 학문 경향이 어떤 식으로 규정될지 충분히 상상할 수 있습니다. 이처럼 오늘날 대외관계는 학문 영역에까지 깊숙이 영향을 미치고 있습니다. 물론 전근대사회 대외관계가 인적·물적 자원의 이동과 교류 면에서 오늘에 미치지는 못하지만 국내의 정치·사회 변동에 상당한 영향을 끼친 것은 무시할 수 없다고 생각합니다. 침략과 저항의 논리로서 대외관계를 볼 수 없는 것은 바로 이 때문입니다. 따라서 당시 국내의 정치·사회 변동과 연계시켜 본다면 대외관계는 역사연구와 인식의 지평을 넓혀주는 주요한 연구 분야의 하나가 될 수 있습니다.

● 1038 이원호(李元昊) 서하(西夏)를 건국   ● 1042 송이 각염법을 다시 시행   ● 1051 일본, 전9년(前九年)의 전역(戰役) 시작

대외 강경책은 '자주'이고 유화책은 '사대'인가?

한반도의 고려왕조, 중국대륙의 한족, 만주 지역의 거란·여진 등 호족, 이 세 민족 사이의 각축이 고려시대 대외관계의 특질이라 할 수 있습니다. 잘 알려진 대로 거란족을 비롯한 호족은 전통적으로 생활에 필요한 물자를 획득하기 위해 철저하게 주변 국가를 약탈·정복하는 대외전술을 구사해왔습니다. 그런데 10세기 초 당나라가 무너지고 대륙에 힘의 공백 현상이 나타나자, 이들은 단순한 생존 차원에서 벗어나 중원을 차지해 대국가를 건설하려는 적극적인 전술을 펴기 시작합니다. 고려시대 중국대륙에서 거란·금·원 등 강력한 이민족 국가가 등장한 것도 이런 사실을 뒷받침합니다. 당시 한족漢族이 세운 송은 고려와 연합해서 거란의 팽창을 제압하는 이른바 '연려제료聯麗制遼'라는 외교전술을 구사했습니다. 상대가 금나라로 바뀌었을 때는 '연려제금聯麗制金' 전술이 되는 것이죠. 이 전술이 호족胡族을 제압하려는 송나라의 전통적인 외교전술입니다.

그렇기 때문에 한족이나 호족의 입장에서 볼 때 고려는 언제나 그들의 외교전략에 필요한 존재였습니다. 한족은 같은 유교문화권이고 농경국가였던 고려를 호족의 팽창을 저지하고 중원을 지키기 위해 연합해야 할 상대로 인식했기 때문에, 선진문물을 전달하여 고려의 환심을 사서 우군으로 끌어들이는 외교정책을 펼쳤습니다. 반면 거란과 금나라는 그들의 후방 지역에 있는 고려와 송나라와의 관계를 차단하려 했습니다. 그를 위해 고려에 대해 무력행사를 하거나 영토적인 실리를 제공하기도 했습니다. 고려는 이러한 양측의 외교적인 의도를 파악하고, 어느 한쪽과 일방적인 관계를 맺지 않은 채 고려에게 유리한 방향으로 한쪽과 관계를 유지하거

● 1063 송에서 왕안석(王安石)이 삼사조례사(三司條例司)를 설치하고 개혁을 시작

나 단절하는 적절한 외교정책을 취하여, 영토적·문화적 실리를 추구했습니다. 고려의 이러한 대외정책은 오늘의 등거리 실리외교의 전형이라 할 수 있습니다. '대외 강경책은 자주, 대외 유화책은 사대'라는 종래의 관점으로 고려의 다양한 외교전술을 제대로 이해할 수 없는 이유는 고려가 처했던 이러한 대외환경 때문입니다.

거란과의 전쟁 서막

실리외교의 전형적인 모습을 몇 가지 예를 들어 설명하겠습니다. 고려 전기 동아시아의 외교 현안은 이른바 연운燕雲 16주의 패권을 둘러싼 송나라와 거란 간의 분쟁입니다. 연운 16주란 북경 이북에서 요동반도 사이에 있는, 만리장성을 중심으로 한 유주幽州·운주雲州 등 16개 주 지역을 말하는데, 양국간의 접경 지역이기 때문에 전략적인 중요성이 매우 컸습니다. 거란은 원래 후진後晉의 영토인 이 지역을 936년에 점령합니다. 송나라가 건국되기 전이지요. 그 후 960년 건국된 송나라가 중원을 통일하고 연운 16주를 수복하려고 하면서 두 나라는 대립하게 됩니다.

송나라는 985년에 사신 한국화韓國華를 고려에 보내 거란 공격을 위한 원병을 요청합니다. 이때 송나라 사신 이름이 참 특이합니다. 이름이 한국과 중국이라는 뜻이니, 정말 이름 그대로 고려 사신이 되기 위해 중국인으로 태어난 사람이라고나 할까요. 어쨌든 이 해 거란이 여진을 정벌하고 발해의 후신인 정안국定安國을 점령하자, 고려는 이를 경계하여 송의 원병 요청을 거절합니다. 송에 원병을 보냄으로써 가까운 거란과 불필요한 마찰

●1083 일본, 후3년(後三年)의 전역 시작　　　　　　　　●1084 사마광(司馬光)이 자치통감(資治通鑑) 완성

송과 거란과의 패권다툼을 버린 북경 이북에서 요동 반도 사이에 있는 연운 16주(• 표시가 있는 주)

을 일으키는 게 고려의 국익에 아무런 도움이 되지 않았기 때문입니다.

송과의 외교단절, 대가는 강동 6주

그 후 거란은 송과의 전쟁에 앞서 993년 고려를 1차 침입합니다. 거란이 고려를 침입한 목표는 송과 고려의 외교관계를 차단하기 위해서입니다. 곧 고려를 사전에 견제하여 장차 송과의 전쟁에서 유리한 군사적ㆍ외교적 우위를 얻기 위한 것이었습니다.

한편 거란이 침입해 오자 고려는 화친론和親論자와 주전론主戰論자로 나누어집니다. 할지론割地論자라 하는 화친론자들은 서경 이북의 땅을 거란에 떼어주고 항복하자고 했는데, 이때 서희徐熙가 그들의 주장을 일축하고 "일단 거란과 만나 그들의 의도가 뭔지 알고 난 후에 싸우거나 항복을 하자"고 했습니다. 흔히 서희를 주전론자로 보고 자주정신을 드높인 인물로 평가하는데, 이 역시 자주와 사대라는 단순한 논리에서 나온 견해에 불과합니다. 오히려 서희는 냉철한 외교전략가로 보는 것이 옳을 듯합니다.

서희는 거란 장수 소손녕과 만나서 거란의 목적이 송과 고려의 관계를 차단하는 데 있다는 것을 알고, 그들의 요구를 들어주고 전쟁을 끝내려 했습니다. 그 대신 두 나라의 관계를 정상화하기 위해 고려에서 거란으로 가는 길목인 압록강 일대가 여진족이 점거하고 있어 고려의 사신이 거란으로 가는 데 지장이 있기 때문에, 이 지역을 고려의 영토로 편입시켜줄 것을 요청합니다. 거란이 이를 승낙하여 두 나라의 관계가 정상화되고 고려는 압록강 이동 280리 지역을 얻어, 이곳에 이른바 강동江東 6주를 설치하게 됩니다.

이때 고려가 송과의 외교관계를 단절하는 방식도 아주 흥미 있습니다. 고려는 송에 사신을 보내 거란의 침입 사실을 통보하면서 원병을 요청합니다. 송나라에서 군사를 파견해줄 리가 없겠죠? 고려는 이를 이유로 송나라와 외교관계를 단절합니다. 결국 고려는 송나라와의 관계를 끊고 거란과의 외교를 재개하는 조건으로, 강동 6주 지역을 얻는 영토의 실리를 얻습니다. 고려 실리외교의 한 전형을 여기서 찾아볼 수 있습니다.

일제 식민사학자들은 거란의 고려 침공을 자세하게 밝히면서 그 피해 상황만 강조하였는데, 이처럼 외세의 침입을 받았다는 단순한 사실만 가지고 한국사를 피침被侵의 역사, 타율他律의 역사로 이해하는 것은 매우 피

500년 고려사

● 1100 송, 서희와 통교(通交), 삼사법(三舍法) 실시, 휘종(徽宗) 즉위하고 향태후(向太后)의 보좌로 중용정치(中庸政治)를 지킴, 나침반·화약 발명

상적인 관점입니다. 우리가 주목해야 할 것은 이 전쟁을 통해 압록강 이동 지역을 되돌려받아 철저하게 실리를 추구한 고려의 외교전술입니다. 한국사의 어느 시기에서도 찾아볼 수 없는 고려 대외정책의 특성이라 할 수 있습니다.

거란은 고려와의 화약和約을 바탕으로 1004년 전투를 벌여 송을 굴복시킵니다. 이 전투에 패함으로써 송은 이른바 '전연澶淵의 맹盟'이라 해서 매년 거란에게 은 10만 냥, 비단 20만 필을 바쳐야 하는 치욕을 당하게 되지요. 그러나 이후에도 송나라는 금나라와 맹약을 맺고 거란을 공격합니다. 이로 인해 1125년 거란은 망했으나, 이번에는 도리어 금나라가 1127년 송의 수도를 함락해서 북송을 멸망시킵니다. 이때 송나라는 부자지간인 흠종과 휘종, 두 황제가 금나라에 잡혀가는 수모를 당합니다. 송은 중국 역사에서 이민족에게 가장 큰 치욕을 당한 나라였습니다.

거란의 2차, 3차 침략과 강동 6주

고려가 거란에게 얻은 강동 6주 지역은 한마디로 요새 지역입니다. 두계 斗溪 이병도李丙燾 박사도 일제시대 직접 이 지역을 답사하고 천연의 요새 지역이라고 했습니다. 이 지역을 점령당하면 외적이 서경과 개경까지 바로 내려올 수 있었던 것입니다. 거란의 2차·3차 침입은 바로 이 강동 6주의 반환문제 때문에 일어났습니다. 거란이 이 지역을 고려에 양도함으로써 고려를 견제할 전략적인 요새를 상실했음을 뒤늦게 깨달은 것입니다.

고려는 이러한 거란의 의도를 의심하고, 1003년 송나라에 다시 사신을

보내 거란과의 국경에 송 군사를 파견해달라고 하면서 송과 외교관계를 재개합니다. 1차 전쟁이 끝난 지 10년 만에 송과 외교관계를 재개하는 등 거리 외교전술을 구사한 것입니다. 그러자 1004년 송을 굴복시킨 거란은 고려의 이런 2중외교에 불만을 갖고 강동 6주를 돌려받기 위해, 강조康兆의 정변政變을 구실로 1010년에 2차 고려 침입을 단행합니다.

그러나 2차·3차 침입은 거란이 모두 강동 6주의 싸움에서 고려군에게 패퇴하면서 끝납니다. 2차 침입이 있자 고려 현종은 나주까지 피난을 갔다가, 거란에 직접 가서 항복하겠다는 약속을 하여 거란군을 철병시켰습니다. 거란은 그 후 3차 침입 때도 강동 6주를 점령하지 못한 채 우회해서 개경으로 들어와 국왕의 친조親朝를 조건으로 철군하다가, 이 지역에서 2차 침입 때와 마찬가지로 고려군에게 크게 패배합니다. 2차 침입 때는 양규楊規·김숙흥金叔興 장군에게, 3차 침입 때는 강감찬姜邯贊에게 각각 섬멸당하였습니다. 이로써 강동 6주 지역은 고려의 영토로 확정되었습니다. 이같이 고려는 강동 6주의 지리적인 이점을 이용한 전략전술을 구사하는 한편, 송과의 외교재개를 이용해 거란을 압박하는 외교전술로 거란의 요구를 좌절시키고 압록강까지 영토를 확장하는 성과를 얻었습니다.

감동적인 몽골군과의 강동 6주 싸움

강동 6주는 몽골군도 패퇴시킬 정도로 천연의 요새 지역이었습니다. 천하의 강국 몽골군도 1231년 1차 고려 침입 때 강동 6주의 요새지 구주龜州성을 점령하려다가 결국 뜻을 이루지 못하였습니다. 당시 전투기록을 보면 고려군의 용맹과 전투의 치열함을 느낄 수 있습니다. 몽골군이 구주성 밑에 굴을 파서 성 안으로 들어오려고 하자 고려군은 굴 속으로 쇳물을 부어 굴 속의 몽골군을 섬멸하였으며, 몽골군이 다시 사람 기름에 불을 붙여 성을 공격하자 고려군은 물을 붓다가 여의치 않자 다시 진흙에 물을 부어 불길을 잠재웠다고 합니다. 또한 몽골군이 다시 건초에 불을 붙여 공격을 하자, 이번에는 물을 부어 불길을 잡았습니다. 이 전투는 무려 한 달 간이나 계속되었으나 몽골군은 끝내 구주성을 점령하지 못하였습니다. 당시 구주성의 장군은 유명한 박서朴犀와 김경손金慶孫입니다.

몽골군은 점령을 포기하고 우회해서 개경으로 가 고려의 항복을 받아낸 후에야, 고려 왕족과 함께 구주성에 와서 투항을 권유합니다. 장군 박서는 거부하다가 국왕의 명령을 받고서야 할 수 없이 항복하였습니다. 이후 몽골이 박서의 처단을 요구했지만, 당시 최고 권력가 최이崔怡는 이 요구를 무시하고 박서를 고향으로 도망하게 방치했습니다. 당시 이 전투에 참여했던 70여 세의 몽골군 노장수가 "내가 20세부터 전투에 참가하여 천하의 무수한 성을 공격했으나, 이처럼 맹렬하고 오랜 공격을 버티며 항복하지 않은 곳은 본 적이 없다"고 했을 만큼, 이 전투에는 고려인의 감동적이고 끈질긴 저항정신이 담겨 있습니다. 또한 이 전투로 인해 구주성의 장군 박서와 김경손은 민의 추앙을 받는 인물이 되었습니다.

무역과 전쟁

거란과 고려가 무려 10년 간 2차·3차 전쟁을 벌일 정도로 강동 6주는 전략적·지리적으로 매우 중요한 지역이었습니다. 그러나 거란이 끈질기게 반환을 요구한 것이 단지 전략적인 요새지였기 때문만은 아닙니다. 그것은 무역권의 장악과도 깊은 관련이 있습니다.

당시 강동 6주를 둘러싼 압록강 일대 지역은 여진·송·거란과 고려 간 교역의 중심지였습니다. 송나라는 이 지역에서의 교역을 통해 말·무기·모피 등 전략물자를 획득했는데, 이러한 물자는 여진과 거란에서 주로 생산된 것으로, 송은 고려나 여진을 통한 간접교역으로 그런 물자를 조달하였습니다. 한편 거란 역시 식량·모직·종이 등 부족한 각종 생필품을 고려나 여진을 통해 구입하였습니다. 이처럼 압록강 일대는 동아시아의 주요한 교역 중심지였습니다.

985년 여진인이 송나라에 고려가 여진인을 억류한 사실을 호소하면서 도움을 요청하자 송이 고려에 사실의 진위를 따진 일이나, 거란이 983년과 985년에 여진과 정안국을 정벌한 일, 그리고 거란과의 1차 전쟁 후 고려가 여진인 때문에 사신 왕래가 어렵다며 압록강 이동 지역의 영토를 요구한 사실 등은 모두 동아시아 각국이 교역의 중심지인 이 지역에 각별한 관심을 갖고 있었기 때문입니다. 이처럼 강동 6주 지역은 당시 한족과 호족·고려 등 동아시아 주요 국가의 각축장이자 교역 중심지로서 매우 중요한 위치를 차지하였습니다.

앞서 말한 대로 고려시대에는 대외무역이 크게 성행했는데, 이는 고려 자체의 생산력보다는, 당시 거란·금나라 등 호족과 한족 간 무역을 중계하고 그를 통해서 이득을 취한 중개무역 때문이었습니다. 당시 고려는 동남아·아라비아 지역까지 무역을 확대했습니다. 이전에는 압록강 일대에 거주하고 있던 서여진인이 중개무역을 독점했으나, 고려가 거란과의 전쟁을 통해 압록강 일대를 차지하면서 중개무역권을 독점하게 된 것입니다. 그것이 11세기 이후 고려가 활발한 대외무역을 한 배경이 됩니다.

당시 대외무역에서 고려의 위치는 오늘날 홍콩이나 싱가포르에 비유할 만합니다. 이들 국가가 영토나 인구는 적으나 무역 규모나 경제력에서 결코 작은 국가가 아닌 것은, 바로 서방과 동방의 교역 중심지라는 지정학적 위치 때문입니다. 이들 나라가 동방과 서방 간의 무역을 중개하는 가운데 경제력을 신장시켜온 것과 마찬가지로, 고려의 활발한 대외무역도 중개무역의 중심지였기 때문에 이루어질 수 있었던 것이죠.

실제로 거란은 전쟁 이후에도 고려에 끊임없이 교역장소인 각장榷場을

● 1129 송 고종이 금나라에 쫓겨 항저우[杭州]로 천도   ● 1132 야진대석이 중앙아시아에 카라 키타이[西遼] 건국(~1211)

설치해달라고 요구합니다. 이처럼 강동 6주 지역은 송과 거란, 고려의 교역 중심지로서도 중요한 위치를 차지하였습니다. 이런 점에서 고려와 거란 간 2차·3차 전쟁은 무역권의 장악 문제와도 밀접한 관련이 있다고 할 수 있습니다.

여진정벌의 노림수

1019년 거란이 강감찬이 이끄는 고려군에게 패배한 이후 1115년까지 약 1백 년 간, 고려는 대외관계에서 이민족과 큰 마찰 없이 평화를 유지했습니다. 그러다 1115년 여진족이 금나라를 건국하는데, 고려는 이러한 낌새를 미리 알아채고, 그 13년 전인 1104년에 1차, 1107년에 2차 여진정벌을 단행하였습니다. 그러나 이 정벌은 사실 실패했습니다. 1차 정벌에 실패하자 윤관은 별무반別武班이라는 군사기구를 만들어서 다시 2차 정벌을 시도했으나 역시 실패하였습니다. 당시 기록을 보면 전쟁 초기에는 이 지역에 9성을 설치하는 성과를 거두어 조정에서 윤관에게 공신호를 내리기도 했지만, 여진 지역에 너무 깊숙하게 군사들을 투입시켰기 때문에 도리어 여진의 협공을 받아 9성을 유지할 수가 없었습니다. 이로 인해 당시 조정은 윤관에게 '패군敗軍의 죄罪'를 물어 공신 칭호를 박탈합니다. 그리고 윤관은 4년 후에 죽게 됩니다. 우리 역사의 자랑스러운 부분의 하나로 알려졌던 여진정벌은 이처럼 사실 실패로 끝났던 것입니다.

그러나 여진정벌은 당시 고려의 정치에 큰 영향을 끼쳤습니다. 각각 1

● 1135 묘청의 서경천도 운동이 시작됨   ● 1145 김부식 《삼국사기》 편찬   ● 1153 금(金) 상경(上京)에서 연경(燕京)으로 천도, 오경(五京)의

차·2차 정벌을 단행한 숙종과 예종은 공교롭게도 정치 형태도 아주 유사했습니다. 화폐의 주조와 유통을 통해 국가가 유통권을 장악해서 문벌들의 경제적인 기반을 와해시키려 했으며, 수도 천도를 단행해 개경을 중심으로 한 문벌들의 근거지를 와해시켜 그들의 세력을 약화시키려고 했습니다. 이들이 여진정벌을 단행한 것 또한 대각국사 의천이나 윤관 같은 측근 정치인을 이용해서 문벌세력을 누르려는 의도를 갖고 있었습니다. 숙종과 예종의 이런 정책은 당시 거란이 쇠퇴하여 동아시아에 힘의 공백이 생기자 이를 틈타 고려를 동아시아의 강력한 중심국가로 만들려는 것이었습니다. 따라서 이들의 정책은 대외정세의 변동을 미리 파악하고 기민하게 대응한 고려 대외정책의 연장선상에서 바라볼 필요가 있습니다.

숙종과 예종의 이런 정책을 신법新法이라 했습니다. 신법은 같은 시기 송나라에서 왕안석王安石을 중심으로 한 신법당 세력이 추진한 정책으로, 강력한 대외정책과 사회·경제적인 혁신책을 통해 거란과의 전쟁으로 인해 실추된 왕조의 위신을 회복하려는 부국강병책이었죠. 당시 고려에서는 대각국사 의천義天이 송나라에 들어가서 신종의 신법정책을 세밀하게 관찰하고, 고려에 와서 그런 취지의 정책을 펼치려고 했습니다. 이같이 숙종과 예종의 정책은 송나라의 신법과 유사했습니다. 고려의 대외관계가 단순한 외국과의 교섭의 문제가 아니라, 오늘날과 같이 국내 정치에도 상당한 영향을 끼쳤음을 여진정벌이라는 상징적인 사건을 통해서도 알 수 있습니다.

금과 거란의 갈등을 틈탄 실리외교

1115년 금나라가 건국되면서부터 다급해진 거란은 고려에 수차례 원병을 요청하였습니다. 그러나 실리를 우선시하는 전통적인 대외정책에서 볼 때, 고려가 거란의 요청에 응할 리가 없죠. 1117년에 금나라가 거란을 공격하자, 고려는 거란의 점령지인 압록강 유역의 보주保州, 즉 지금의 의주義州를 즉시 점령해버렸습니다. 압록강 하류에 위치한 의주는 만주와 한반도를 잇는 교통과 교역의 중심 지역이자, 강동 6주의 안전을 위협하는 거란의 거점 지역이었습니다. 그런데 금나라의 공격으로 거란군이 도망을 가자 고려가 점령한 것입니다. 물론 이는 금나라의 양해하에 이루어졌습니다. 금나라는 이 지역을 고려가 차지하게 하여, 고려와 거란 사이를 이간시키려는 전략적인 목표를 갖고 있었고, 고려로서는 신흥 강국 금나라와의 관계 개선과 함께 영토적인 실리를 획득할 수 있었습니다. 이러한 외교 형태는 오늘날의 실리외교와 매우 비슷한 형태라고 볼 수 있습니다.

고려의 외교전술은 마치 조선시대 광해군光海君의 외교정책을 연상케 합니다. 광해군은 청나라의 전신인 후금後金이 등장하자 명나라와 후금 양쪽에 대해 등거리 대외정책을 취합니다. 후금이 강성하다는 것을 알기 때문에 후금과 관계를 맺는 한편 명나라와도 계속 관계를 유지하려 했던 것입니다. 그러나 인조반정仁祖反正으로 집권한 서인西人들은 임진왜란 때 우리를 도와준 명나라에 대한 의리를 저버렸다 해서, 왕의 칭호를 없애고 광해군으로 격하시켜버렸습니다. 이 일은 훗날 병자호란 때 인조가 청나라 황제에게 무릎을 꿇는 치욕을 당하는 빌미가 됩니다. 역사에 가정은 없지만, 만약 광해군의 대외정책이 지속되었더라면, 그런 치욕은 면할 수 있지 않

● 1170 무신정변 일어남   ● 1176 공주에서 망이 망소의 난 일어남

앉을까 하는 생각이 듭니다. 또한 그런 점에서 지금 광해군의 역사를 재평가하려는 연구경향에 주목하는 것이 아닌가 생각합니다.

국익 우선의 대외정책

거란에 빼앗긴 연운 16주 수복에 절치부심하던 송나라는 마침내 1121년 금나라와 연합해서 거란을 공격하려고 계획합니다. 이에 고려는 송에 사신을 보내 금나라는 믿을 만한 나라가 아니므로 금나라와 손을 잡는 것은 위험하다고 경고합니다. 이는 양국이 동맹을 맺는 일이 결코 고려에게 이익이 되지 않는다는 실리적인 측면 때문이었습니다. 그러나 이러한 고려의 경고를 무시하고 1126년 금나라와 연합했던 송나라는 도리어 금나라의 공격을 받아 황제가 잡혀가고 나라가 멸망당하는 비극을 맞게 됩니다. 그 후 양자강 이남으로 쫓겨가 남송을 건국한 송나라는 1128년 억류된 황제를 구출하기 위해 고려에 길을 빌려 달라는 요청을 했으나, 고려는 응하지 않았습니다. 고려는 이미 그 3년 전 1125년 금나라와 형제맹약을 맺어, 화평관계에 있었기 때문에 금나라와 마찰을 일으킬 필요가 없었던 것입니다. 이 사건을 계기로 송나라는 고려와 사실상 외교관계를 단절하였습니다.

한편 1125년 금나라와 맺은 형제맹약은 당시 정국을 주도했던 이자겸과 김부식 등이 주도하였는데, 단재 신채호 이래 대부분의 연구자들은 자주와 사대라는 관점에서 이를 사대의 전형이자 고려의 자존심이 크게 훼손된 것으로 해석하였습니다. 그러나 당시 정세 속에서 금과 형제맹약을 맺은 것은 고려의 대외정책의 전통에 비추어 볼 때 당연한 결과라 할 수 있습니다. 특히 1117년 의주를 획득한 영토적인 실리를 지키기 위해서도 금나라와의 마찰은 바람직하지 않았습니다. 또한 형제맹약은 앞서 설명했듯이 전통적인 고려의 실리외교의 연장선상에서 볼 때 당시 고려의 조야에서 큰 마찰 없이 받아들여졌던 것입니다.

이처럼 당시 고려의 대외정책은 결코 즉흥적이거나 정치세력의 정략적인 필요에 의해 시행되지 않았습니다. 이러한 고려의 대외정책을 오늘의 우리 현실과 대비해보면 부끄러운 점이 한두 가지가 아닙니다. 왜 이러한 대외정책의 전통이 오늘에 와서 무너져버렸는지 안타까울 따름입니다.

● 1185 일본, 단노우라 싸움에서 다이라씨[平氏] 멸망

● 1187 금, 여진인의 한복(漢服) 착용을 금함

벼랑끝 외교, 원과의 항쟁과 강화

등거리 실리외교의 파탄

　고려 전기 등거리 실리외교 정책은 몽골의 등장 이후부터 무너지기 시작합니다. 몽골은 세계 역사상 가장 넓은 제국을 건설했던 정복국가입니다. '몽골'이라는 국명은 1206년 칭기즈칸이 건국한 이후부터 1260년 쿠빌라이(세조)가 즉위할 때까지 사용되었고, 그 이후에는 원元이라는 국호를 사용했습니다. 이때 국호만 바뀐 것이 아니라 원의 대내외 정책도 크게 바뀌었습니다. 쿠빌라이 집권 이후 원나라는 종래의 유목봉건제국 체제를 청산하고 중국의 전통적인 지배체제인 황제 지배체제를 채택하였는데, 이런 지배체제의 변동은 고려의 대외정

13세기 후반의 몽골제국 지도.

책에도 큰 영향을 미쳤습니다. 우리는 흔히 몽골 하면 철저하게 다른 민족을 정복·약탈하는 것만을 연상하는데, 이처럼 정복과 약탈을 특징으로 한 몽골의 전통적인 대외정책은 쿠빌라이 이전 유목제국기에 주로 시행되었고, 쿠빌라이가 집권한 이후에는 이른바 '한나라의 법으로 한나라를 통치한다以漢法治漢地'고 하여 상대국의 풍속과 제도를 인정하면서 지배하는 방식으로 대외정책을 전환하였습니다. 이러한 지배방식은 원나라를 천하의 중심으로 여기고 그 주변 민족을 책봉 형식으로 포섭하는 중국의 전통적인 대외정책과 다를 바 없었습니다.

● 1193 운문에서 김사미와 효심이 봉기함   ● 1196 최충헌 정권 장악. 송에서 시강(侍講) 주희를 면직, 주희 도학 금함

원나라의 패자. 몽골 황제가 파견한 사신이나 고관이 차고 다니던 공식 통행증으로, "영원한 하늘의 힘에 기대어, 이를 두려워하다"라는 글귀가 새겨져 있다.

불개토풍의 원칙

뒷날 원종으로 즉위하는 고려의 태자가 1259년 강화講和를 위해 쿠빌라이를 만났을 때, 쿠빌라이는 "고려는 만리萬里나 되는 큰 나라다. 옛날 당나라 태종도 정복하지 못했는데, 그 태자가 왔으니 하늘의 뜻이다"라고 하면서 크게 반가워했습니다. 몽골이 30년 간 침입했으나 고려의 끈질긴 항쟁으로 끝내 굴복시키지 못한 사실을 이렇게 표현한 것입니다. 이 자리에서 쿠빌라이는 앞으로 고려의 제도와 풍속을 존중하겠다는 대고려정책, 이른바 '불개토풍不改土風'의 원칙을 밝힙니다. 이 '불개토풍'의 원칙은 이후 원이 고려에 내정간섭과 개입을 할 때마다 막아내는 유효한 지침이 됩

쿠빌라이 초상. 원 세조 쿠빌라이는 고려와 강화를 맺으면서 고려의 전통문화를 인정한다는 이른바 불개토풍의 원칙을 밝혔다. 고려는 이 원칙을 앞세워 이후 원 간섭기 벼랑끝 외교전술을 펼쳐나갔다.

● 1198 만적의 난 일어남

● 1203 일본, 미나모토노 사네토모[源實朝]가 쇼군[將軍]에 임명

니다. 이를 흔히 '세조구제世祖舊制'라 합니다. 고려인의 끈질긴 대몽항쟁이 이러한 관계를 맺게 했다고 볼 수 있죠.

고려와 원이 처음으로 접촉한 것은, 몽골이 금나라를 공격하자 금나라의 지배 아래 있던 거란족이 반란을 일으켰다가 몽골에 쫓겨 1216년 고려영토로 들어오면서부터입니다. 고려와 몽골 연합군이 1218년 거란족을 평양의 강동성에서 멸한 후, 양국은 처음으로 공식적인 관계를 맺습니다. 그 후 1367년 원이 망할 때까지 약 150여 년 간 관계가 지속됩니다. 양국의 관계가 한결같지 않고, 앞에서 지적한 대로 원의 지배방식이나 고려의 대원정책은 1260년을 전후하여 내용적으로 구분됩니다.

고려와 원 관계의 분수령

1260년 쿠빌라이의 즉위는 몽골과 고려 양쪽의 지배세력이 크게 변동하는 계기이자, 양국 관계에서 하나의 큰 전환기가 됩니다. 원나라는 쿠빌라이 집권을 계기로 그때까지 정복과 약탈의 대외전략을 구사했던 이른바 유목계遊牧系 본지파本地派 대신 농경계農耕系 한지파漢地派가 정권을 장악하게 됩니다. 원은 칭기즈칸의 죽음 이후 왕위계승을 둘러싸고 끝없는 내분을 벌이다가 쿠빌라이가 실권을 장악하면서 비로소 안정을 되찾습니다. 이때 새로운 정치주도 세력으로 등장한 농경계 한지파는 종래 화이론에 입각한 중국의 전통적인 대외정책을 채택하였습니다. 따라서 이 시기 이후 원의 대외정책을 이민족에 대한 일방적인 약탈과 정복관계로만 보는 것은 잘못입니다. 이들은 수도를 지금의 북경으로 옮기고 정치에서도 경

● 1204 테무친, 나이만부[乃蠻部] 격파 ● 1206 테무친, 칭기즈칸이라 칭하고, 몽골을 통일

험 있고 유능한 이민족을 폭넓게 기용하는 등 종전과는 다른 정책을 구사하였습니다.

한편 고려 역시 1259년 원과의 강화를 계기로, 항전론抗戰論을 주장하던 무신정권이 붕괴되고 문신 중심의 왕정복고王政復占가 이루어지는 지배세력의 교체가 이루어집니다. 이처럼 고려 정치사에서 원과의 강화는 1백년 무신정권을 붕괴시키는 큰 사건이었습니다. 또한 쿠빌라이의 입장에서 볼 때 아직 끝나지 않은 남송 정벌사업과 왕위계승전의 와중에서, 당시 태자이던 고려 원종元宗이 직접 찾아온 것은 그의 정치적 입지를 굳히는 결정적인 명분이 되었습니다. 군사적 강국 고려와의 강화는 전선을 남송 정벌에 집중할 수 있게 되어 그야말로 '후고後顧의 환患'을 덜어주는 결정적인 사건이었던 것입니다. 쿠빌라이가 고려왕실의 존재와 고려의 제도·풍속을 그대로 인정하는 이른바 '불개토풍'의 대고려 정책을 천명한 것도, 자신에게 유리한 정세가 조성되었다는 정세관이 반영된 것입니다.

고려도 강화를 계기로 왕정이 복고되어 새로운 정치질서가 형성되었습니다. 무신정권을 붕괴시킨 국왕과 문신들은 무신 등 권신들의 정치개입 소지를 없애고 왕권을 신장시키기 위해서 현실적으로 원의 지원이 필요했습니다. 고려왕실이 스스로 원에게 일본 원정을 제안하고 원나라 공주와 혼인을 요청한 것은 바로 그러한 정치적인 계산이 작용했기 때문입니다. 실제 문신세력과 고려 국왕이 주장했던 왕정복고는 원의 지지 없이는 현실적으로 유지가 불가능했습니다. 고려 정부가 우여곡절 끝에 강화도에서 개경으로 환도할 것을 결정한 1270년, 삼별초三別抄 항쟁이 폭발한 것도 왕정복고에 대한 당시 무신들의 불만이 표출된 사건이라 할 수 있습니다. 곧 삼별초 항쟁은 표면적으로는 몽골에 대한 항쟁을 기치로 했지만, 왕정복고라는 대세를 저지하려는 무신집단의 반발이라는 정치적 의미도 있었던 것입니다.

벼랑끝 외교전술

강화도에서 개경으로 환도한 1270년대 이후, 흔히 원 간섭기라고 하는 약 80년 간은 원과 고려왕실의 결합에 따른 새로운 대외관계가 전개된 시기였습니다. 고려는 그 이전 1218년부터 1259년 원과의 강화까지는 정복과 약탈을 특징으로 한 전통적인 유목제국의 대외정책에 대해 철저하게 저항했습니다. 이 시기 몽골제국이 강력한 기동력과 전술로 고려를 압박하기 시작하면서, 그때까지 유지해온 등거리 실리외교라는 고려 전기의 전통적인 대외관계가 무너지고, 새로운 유형의 대외정책이 나타났습니다. 몽골 침입기 고려의 그러한 대외정책은 요즈음 식으로 표현하면 '벼랑끝 외교' 라고 할 수 있습니다.

칭기즈칸이 이민족에 대한 정복활동을 활발하게 펼치던 시기 몽골은 이른바 '6사六事', 즉 여섯 가지 요구조건을 내걸고 이것을 수용하지 않으면 무자비하게 파괴·살육하는 약탈적인 정복전쟁을 벌였습니다. 몽골에서 요구했던 여섯 가지 조건이란 이민족의 왕족이나 자제를 몽골에 인질로 잡아들이는 입질入質, 해당 국가의 재정원을 파악하는 호구조사, 몽골군에게 식량과 조부租賦를 바치는 일, 정복사업에 군사를 제공하는 조군助軍, 몽골의 관리인 다루가치[達魯花赤]의 주둔, 몽골군의 물자 보급과 연락을 위한 역참驛站의 설치입니다. 이런 요구조건은, 화이론에 입각하여 이민족 국왕을 책봉하고 정기적인 사신파견을 요구해온 전통적인 중국의 대외정

● 1214 금나라, 몽골군 침공으로 개봉[開封]으로 천도   ● 1215 몽골, 금의 연경을 점령

책인 책봉체제와는 판이한 것이었습니다. 심지어 한족이 아닌 거란이나 금나라도 책봉체제에 입각해서 고려와 관계를 유지했던 사실에 비추어 볼 때 몽골의 대외정책은 철저하게 약탈과 정복에 기초한 것임을 알 수 있습니다.

'6사'는 군사적 기동력과 현지성이 요구되는 전략물자를 절실하게 필요로 했던 유목민족 특유의 대외정책이었습니다. 그러나 1219년 몽골과 형제맹약을 맺은 이후 고려는 계속되는 현물 위주의 과도한 요구에 응할 수 없었고, 그런 가운데 당시 고려에 온 몽골 사신 저고여著古與의 피살은 양국 관계를 파탄으로 몰고 간 결정적인 계기가 되었습니다. 결국 1231년부터 1258년까지 30여 년 간 무려 6차례에 걸쳐 양국간에 대규모 전쟁이 일어나게 되었습니다. 1231년 1차 전쟁 이후 고려는 강화도로 천도해서 몽골과 장기적인 항전태세를 갖추고, 1258년까지 거의 30여년간 몽골의 요구를 들어주지 않고 끝까지 버텼습니다. 이처럼 양국간의 전쟁이 장기화하면서, 몽골은 전쟁종식의 명분으로 고려에게 두 가지 요구조건을 내걸었습니다. 강화도에서 개경으로 환도할 것과 국왕이 직접 몽골 황제에게 항복하는 국왕의 친조親朝입니다. 고려는 1259년 이 요구조건에 동의하면서 강화를 합니다. 그러나 고려는 이 두 가지 조건 중 국왕의 친조는 끝내 거부합니다. 국왕 이름으로 왕족을 대신 보내기도 하고, 때로는 왕족이 아닌 엉뚱한 인물을 왕족으로 내세워 보냈다가 발각되기도 했습니다. 그러다가 결국 국왕 대신 고종의 아들인 원종이 원에 가는 것으로 결말이 났으며 나머지 조건인 개경 환도도 10여 년이 지나서야 이루어집니다.

이처럼 고려가 완강하게 거부하자, 원나라에서도 최씨정권은 무너졌지만 여전히 국왕보다는 김인준金仁俊·임연林衍 등의 무신 실력자들이 정치

● 1219 칭기즈칸, 서아시아 원정 시작(~1224). 금군이 송을 침공. 송에서 홍건적紅巾賊 일어남. 일본, 겐지源氏 망하고, 호조씨北條氏 집권

를 좌지우지하면서 개경 환도를 지연한다는 사실을 알게 됩니다. 원나라는 무신 실력자를 원나라에 소환하고자 했으나, 이들은 원종을 폐위시키면서까지 끝까지 소환에 응하지 않습니다. 고려는 강화가 당시 거역할 수 없는 대세임을 알면서도, 개경 환도를 지연시키는 외교전략을 구사하면서 몽골의 요구조건을 약화시키려고 했던 것입니다.

배워야 할 고려의 대외정책

몽골침략기 고려의 대외정책을 검토하다 보면, 요즘 우리나라의 외교정책에 대해 여러 가지로 생각할 점이 있다는 사실을 느끼게 됩니다. 밀리면서도 결코 모든 것을 양보하지 않으며 원칙을 지켜나가는 고려의 대외전술은, 오늘날의 '벼랑끝 외교' 전술을 연상케 합니다. 세계 역사상 그 어떤 국가보다도 강력한 몽골제국에 맞서 한편으로 협상하고 한편으론 저항하면서, 국내적으로는 무려 16년간에 걸친 팔만대장경 조성이라는 거대한 사업을 통해 국력을 결집시키는 장기적 대외정책은 우리가 교훈으로서 배워야 할 외교정책이라는 생각이 듭니다. 물론 대외정책에 한해서 그렇다는 말입니다. 내륙의 민이 원의 말발굽 아래 짓밟히는 고통을 외면한 채, 지배층이 강화도로 천도한 사실은 달리 평가해야 할 것입니다. 어쨌든 당시 원에 대한 고려의 외교전술은 고려 전기 이래 대외정책의 연장선에서 바라볼 필요가 있습니다. 상대방의 진의도 제대로 파악하기 전에 정략적 차원에서 미리 알아서 상대방의 요구에 쉽게 순응하는 오늘날의 대외정책에 비하면, 당시 고려왕조는 실로 자존의식에 가득찬 힘찬 자세를 견

● 1220 몽골군 중앙아시아의 부하라 · 사마르칸트를 점령, 호라즘왕조를 멸함　　● 1225 안남(安南)의 진왕조 시작(~1400)

지했다고 볼 수 있죠.

1270년대 이후 원 간섭기에도 몽골의 6가지 요구조건 가운데 제대로 관철된 것은 입질入質 정도뿐이었습니다. 원과의 강화는 앞에서 얘기한 대로 고려왕실과 원나라 상호 간의 이해관계가 합치된 측면도 있으므로, 고려 왕족과 원나라 왕족이 혼인을 하고, 거기서 태어난 왕족들이 원나라에서 교육을 받고 성장한 후 고려의 국왕으로 즉위하는 형식이 원 간섭기 내내 관행이 되다시피 했습니다. 그런 점에서 입질은 자연스런 것이었죠. 조군助軍 역시 왕권 강화를 위해 원의 지원을 필요로 했던 고려 충렬왕이 자청하다시피 일본 원정에 군사를 파병한 것에 불과합니다.

한편 고려는 식량과 조세의 수납, 그리고 호구조사는 끝까지 거부하였습니다. 이러한 요구조건에 응하게 되면 고려 전체를 원에게 모두 드러내 결국 원나라에 완전히 종속되기 때문이었습니다. 원의 요구에 대해 고려는 '고려의 재정은 원에 비하면 아홉 마리 소 털을 모아놓은 가운데 겨우 한 올에 불과하다'는 뜻의 '구우일모九牛一毛'라는 비유를 들어 완곡하게 거절합니다. 고려의 재정은 아주 보잘것없어 원에게 아무 도움이 되지 않는다는 뜻이지요. 또 고려의 농업 수준은 압록강변의 일부 상경전을 제외하면, 모두 휴한법으로 농사를 지을 정도로 매우 생산력이 낮다고 변명하기도 했습니다. 어떤 학자는 이 사실을 그대로 믿어 고려의 농업생산 수준이 휴한법 단계라고 단정하기도 합니다만, 이는 원의 요구조건을 회피하려는 외교적 수사법에 불과합니다. 또 고려는 과거 쿠빌라이가 말했던 '불개토풍'의 원칙을 전가의 보도처럼 내세워 원의 입맛에 맞는 내정 개혁과 간섭을 막아냈습니다.

● 1227 칭기즈칸 서하(西夏)를 멸하고, 귀로에 육반산(六盤山)에서 죽음(1162~)   ● 1229 몽골, 오고타이(太宗) 즉위

원 간섭기를 어떻게 이해할 것인가?

　이제 이쯤에서 원 간섭기를 어떻게 보는 것이 올바른 역사인식이 될 것인지에 대해 답할 때가 된 듯합니다. 원은 고려 국왕을 통해 고려를 지배하려 했습니다. 국왕권을 지배범위 속에 두었기 때문에 이들을 통해 관제 개혁, 군사기구의 개혁 등 상부구조 지배에는 어느 정도 성공할 수 있었습니다. 특히 원 간섭기에는 충렬왕·충선왕·충숙왕·충혜왕 등 국왕이 즉위했다가 실각하고 뒤에 다시 복위하는 이른바 중조重祚 현상이 거듭되었습니다. 이러한 사실은 국왕을 지배범위 속에 두고 고려를 지배하려는 원나라의 고려 지배의 속성을 잘 보여주는 것입니다.

　그러나 원의 고려 지배가 사회의 하부구조에까지 철저하게 관철되지는 않았습니다. 앞에서 설명한 대로 원은 고려의 호구와 군사의 내용을 파악하려고 했으나, 고려의 완강한 반대로 실현하지 못했고, 고려 지배층의 경제적 기반인 노비제도를 개혁하려고 했으나 역시 이루지 못했습니다. 원의 고려 지배의 실상은 이와 같았습니다. 원 간섭기의 역사를 정치사만 놓고 보면, 고려는 원에게 철저하게 종속적이었습니다. 그러나 노비제 개혁, 군액이나 조세, 호구 등 사회의 하부구조에 대한 원의 지배는 제한적인 지배에 불과했습니다.

농민 봉기와 항쟁

1174년 서경 지역 조위총의 봉기

1176년 공주 명학소의 망이 · 망소이 봉기

1182년 관성현(충북 옥천)과 부성현(충남 서산) 주민 봉기

전주민 기두 죽동의 봉기

1193년 청도 운문사 김사미 · 효심의 봉기

1198년 개경의 사노 만적 봉기

1199년 명주(강릉) 농민군 봉기, 동경의 농민군과 연합전선 형성

1200년 진주의 공사 노예 봉기

밀성(경남 밀양)의 관노 봉기, 운문사의 농민군에 투항

1202년 탐라민 봉기

1202년 경주 지역 신라부흥운동 일어남

1216년 서북 지역 흥화진의 양수척 봉기

1217년 서경의 최광수 고구려부흥운동을 일으킴

전주 군인 봉기

1219년 의주의 한순과 다지 봉기

1233년 개경 초적 거복과 왕심의 봉기

1237년 담양의 이연년 봉기, 백제부흥운동을 일으킴

1253년 양근성의 방호별감과 성민, 몽골군에 투항

1256년 입암산성 주민, 몽골군에 투항

1257년 원주, 초적, 안열, 돈정 등 봉기, 흥원창 점거

1258년 등주(안변) 주민, 몽골병을 이끌고 한계성 공격

1270년 배중손, 노영희 등 삼별초 항쟁, 진도 점령

7장
희망과 기회의 시대를 열다

1987년 6 · 10항쟁 이후 거리의 민주화 외침.

민의 세계와 존재형태

민과 민중

이번에는 고려시대 민民의 존재와 그들의 세계에 대해 살펴봅시다. 전근대시대 민은 직접 생산자이면서 국가의 지배를 받는 피치자被治者를 가리키는 것으로 오늘날 민중에 비유할 수 있는 존재입니다. 사실 민중이라는 개념은 근대 이후에 형성된 것입니다. 근대 이후 민족주의가 발달하면서 민족운동의 중심세력으로서 민중民衆이라는 용어를 사용한 것이지요. 학자에 따라서는 민족의 개념도 근대 이후 형성된 것으로 보기도 합니다. 제국주의 침략이 본격화되자 이에 대응해서 민족이 형성되며 그러한 민족운동의 중심세력을 민중이라고·지칭했다는 것입니다. 그런 점에서 전근대사회인 고려나 조선시대에 직접 생산자이면서 피지배층인 이들을 민중이라고 부르는 것에 대해서는 회의적입니다. 대신 고려왕조를 포함해서 근대

이전의 피지배층을 지칭할 때는 흔히 민이라는 용어를 사용합니다. 기록에는 인민人民이라는 용어가 가장 많이 사용되죠.

오늘날의 민중은 노동자와 농민같이 직접 생산자를 가리키는 경우도 있으나, 때로는 이들 외에 지배질서에서 소외된 학생·지식인들을 포함하기도 합니다. 그런 점에서도 전근대 민과 근대 민중 개념은 다르다고 할 수 있습니다.

고려시대 민, 백정·잡척·정호

고려시대 민을 흔히 백정白丁이라 합니다. 대개 백정이라고 하면 도살업에 종사한 조선시대 천한 신분의 사람을 생각합니다만, 고려시대의 백정은 일반 민을 뜻하는 용어입니다. 백정층은 군현 지역에 거주하면서 국가에 대해 조세와 역역을 부담한 일반 농민층으로, 조선시대의 양인 농민층에 해당됩니다. 백정층에는 토지를 경작해서 가계를 꾸려가는 자영自營 농민층도 있고, 소유지가 부족해 남의 토지를 빌려 경작해서 가계의 수입을 보충하는 전호佃戶 농민층도 있습니다.

한편 고려시대 민 가운데 백정층 외에 잡척雜尺층도 있습니다. 이들은 농업을 통해 생계를 꾸려가면서 공해전公廨田, 둔전屯田과 같은 국가의 토지경작에 동원된 향鄕·부곡部曲에 거주하는 주민, 금·은·소금·종이 등 각종 수공업 제품과 농수산물 생산에 동원된 소所의 주민, 장처전莊處田을 경작해서 궁원宮院과 사원寺院에 조세를 납부하는 장莊과 처處의 주민입니다. 이들은 향·부곡·소 등 부곡제 지역에 거주했으며, 백정 농민층에

단원 김홍도의 〈경직풍속도〉 부분.

송광사 노비문서와 하회별신굿 탈놀이 백정마당의 모습,1281년(충렬왕 7)에 작성된 것으로, 거란본 대장경이 수선사에 있었다는 점과 주살당한 관료의 노비는 공사에 복속시킨다는 내용이 들어 있어 고려 사회상을 알려준다. 하회탈놀이 백정마당의 모습에서 알 수 있듯이 조선시대 백정은 도살업에 종사하는 천한 신분의 사람을 뜻하지만, 고려시대 백정은 국가에 대해 조세와 역역을 부담하는 일반 농민층을 뜻한다.

비해 위와 같은 추가 역을 부담했기 때문에 백정 농민층보다 사회·경제적으로 열악한 처지에 있는 하층민이었습니다.

백정 농민의 가계부

고려시대 민은 관료나 문벌과 달리 농경에 종사하면서 생계를 꾸려가는 한편, 의무적으로 국가에 세금을 내고 군역軍役과 도로공사나 성의 수축과 같은 각종의 역역力役에 동원되었습니다. 그럼 민의 세계를 이해하기 위해 이들의 생활을 구체적으로 살펴봅시다.

고려시대 대표적인 민인 백정 농민은 평균 1결의 농지를 소유했습니다. 고려 전기 1결의 면적은 대체로 오늘의 1천 2백 평, 6마지기 정도가 되지요. 그러나 고려 후기부터 20석이 생산되는 면적을 1결이라 했습니다. 그러니까 요즘으로 말하면 1년간 쌀 20가마 정도 수확되는 땅을 가진 농민이 고려시대 평균적인 민이라 할 수 있지요.

그러나 고려 전기에는 그 보다 못해 토지 1결의 최고 생산량은 18석으로, 쌀 18가마 정도입니다. 백정 농민의 주 수입원인 이 토지는 보통 부부와 두세 명의 자녀로 이루어진 가족 노동력으로 경작되었습니다. 《고려사》 기록에 따르면 고려 전기 1결의 생산량은 최고 18석에서 최저 10석인데, 최고 18석을 기준으로 고려 전기 농민의 한 해 수지를 살펴보도록 합시다.

당시 성인 한 사람의 하루 식량 소비량은 1되, 1년에 약 2.4석 정도이므로, 부부인 성인 두 사람과 성인의 반을 소비하는 자녀를 포함한 전체 가족의 1년 간 식량 소비량은 9.6석이 됩니다. 그리고 세금으로 전체 생산량의 10분의 1인 1.8석과 기타 요역과 공물 비용으로 포 3~4필을 바쳐야 하는데 포 1필이 미 2두이므로 총 3석 정도가 됩니다. 여기에 다음해 생산을 위한 비축분인 종자곡 0.5~1석 정도와 기타 경비 2~3석을 합하면 한 가족의 1년 경비는 최대 18.4석이 됩니다.

1결의 농지에서 나오는 최고 생산량으로도 기본 생활경비를 거의 충당할 수 없을 정도이지요. 그러니 경조사나 예상 밖의 지출은 그대로 부채로 안을 수밖에 없었습니다. 그러니까 고려시대 평균적인 농민 1가호는 최대

생산량으로도 자기 가족의 기본 생활비를 충당하지 못하는, 요즈음의 표현으로 말하자면 최저 생계비도 마련할 수 없는 처지였지요. 자식을 팔아 빚을 갚는 일이 기록에 자주 나타나는 것은 이 때문입니다. 이러한 적자를 보충하는 가장 일반적인 방법은, 당시 정부가 적극 장려한 개간을 통해 소유 토지를 늘려가는 것이었습니다. 그리고 이외에도 돼지·닭 등 가축을 기르거나, 채마밭을 경작한다거나, 남의 토지를 빌려 경작한다거나, 땔감이나 약초·나물을 채취하는 방식으로 부족한 생계를 보충해나갔습니다.

이처럼 개간, 가축 사육, 약초 채취 등으로 가계의 부족분을 보충했지만, 더욱 고통스러운 일은 권력자들이나 지주의 토지를 빌려 농사를 짓거나 자기가 경작하는 토지가 전시과 토지로 묶일 경우, 그들에게 지대나 조세를 납부하는 과정에서 받는 경제외적인 강제였습니다. 고려시대 민 가운데 가장 평균적인 존재인 백정 농민들도 적자를 면치 못했음을 볼 때, 농업 외에 특정한 역을 추가로 부담했던 그보다 더 하층민인 향·부곡에 거주하는 주민인 잡척층의 가계 수지는 더욱 열악했음을 알 수 있습니다.

시로 표현된 농민의 처지

고려 중기 문장가 이규보는 당시 농민의 처지를 다음과 같이 표현했습니다.

"햇곡식 푸릇푸릇 아직 논밭에 자라는데,
아전들 벌써 세금 걷는다 야단이네.
(중략)

붉은 알몸 짧은 갈옷으로 가리고 하루에도 밭 갈기를 얼마였던가.

그리하여 벼싹 파릇파릇해지면 가라지 피매기에 괴로울 따름.

풍년 들어 천종의 곡식을 거둔다 해도 한갓 관청에 바치는 것일 뿐.

어쩌지 못하고 다 빼앗긴 채 돌아오니 가진 것이라고는 한 알도 없네."

한편 이인로李仁老가 지은 《파한집破閑集》에 실려 있는 시 중에도 이와 비슷한 것이 있습니다.

"하루 종일 뙤약볕 아래 농사를 지어도 한 말의 조를 얻을 수 없구나. 바꾸어 조정에 있기만 하면 앉아서 만 섬의 곡식을 먹을 수 있구나."

위의 시는 무신정변이 일어나기 직전 의종이 민심의 동향을 파악하기 위해 전국의 역이나 원院에서 지은 시를 수집한 것 가운데 하나로, 무신정권기 농민항쟁 폭발 직전 어려운 농민의 처지가 잘 표현되어 있습니다.

그러나 고려시대 농민이 지배층의 수탈로 인해 항상 절박한 처지에 놓여 있었던 것은 아닙니다. 비록 고려 말의 기록이지만, 그 속에 나타난 농민들의 생활상은 오늘날 우리가 흔히 접하는 순박한 농민의 모습과 별반 다르지 않습니다.

1375년(우왕 즉위년) 나주羅州 거평居平 부곡에 유배 가서 2년 간 생활했던 정도전이 문집 《삼봉집三峯集》의 〈소재동기消災洞記〉에 묘사해놓은 일반민들의 모습을 살펴봅시다.

"황연黃延은 순박해서 꾸밈이 없고 힘써 농사짓는 일을 업으로 했다. 집에서 술을 잘

● 1258 쿠빌라이의 아우 훌라구의 몽골군, 아바스왕조를 멸하고 일한국 수립(~1393)　　　● 1259 고려 태자(원종) 몽골에 항복함

<미륵변상도>에 보이는 일반민의 모습. 곡식을 베고 빗자루를 잡고 마당을 쓸고 있는 모습이 묘사되었다.

빚고 또 마시기를 즐겨했다. 매번 술이 익으면 먼저 나에게 대접했고, 손님이 오면 항상 술을 내놓았다.

김성길金成吉은 제법 글을 알았고, 그 동생 천天은 함께 대화할 수 있을 정도였다. 이들 형제 모두 술 마시기를 좋아했고, 함께 살았다.

서안길徐安吉은 늙어서 중이 되어 안심安心이라 했다. 코가 높고 얼굴이 길어 모습이 이상했다. 방언方言 이어俚語에서 마을의 세세한 일들에 대해 기억하지 않은 것이 없었다.

김천부金千富와 조송曹松은 김성길·황연과 같이 술을 마시면서 어울리는 사람들이다. 날마다 나와 함께 놀러 다닌다. 토산물이라도 얻는 날에는 반드시 술과 된장을 갖고 나에게 와서 즐겁게 놀다가 돌아간다."

● 1260 쿠빌라이(세조) 상도(上都)에서 즉위(~1294)　　　● 1268 쿠빌라이, 남송경략 재개, 양양(襄陽) 포위 하이두[海都]의 난 일어남(~1301)

정도전의 이 글에는 힘써 농사짓고 여가에는 지은 곡식으로 술을 빚어 이웃과 함께 마시고 어울리는 농민들의 일상이 잘 표현되어 있습니다. 이처럼 당시 농민들은 글도 읽고 세상사에 대해 자기 견해를 내세우며 마을의 시시콜콜한 일까지도 자기 일같이 챙기고 참견하면서 서로 정을 나누며 살았던 것입니다.

민의 또 다른 부담, 군역과 요역

고려시대 민은 토지 경작자로서 조세와 지대를 부담했지만, 각 가호 마다 부담하는 공물도 적지 않았습니다. 공물로는 주로 포布를 짜서 국가에 냈는데, 다른 일과 달리 포를 짜는 일은 여성들의 몫이었습니다. 당시에는 화폐가 사용되지 않았기 때문에 포가 화폐의 기능을 대신하기도 했습니다. 시장에서 물건을 매매할 때나 조세를 낼 때 포로 대신 지불하는 일이 많았으므로 포는 생활경제의 주요한 부분이었습니다. 이처럼 베 짜기는 공물을 부담하는 의무 외에도 부족한 가계를 보충하는 민의 주요한 생활 수단이었습니다.

이외에도 민은 군역과 요역을 졌습니다. 16세에서 59세까지가 그 대상이었는데, 군역은 3년마다 한 번씩 1년가량 졌습니다. 역을 지는 동안에는 군인전軍人田을 지급받아 여기서 나오는 비용으로 군복이나 양식·무기의 비용을 충당했습니다. 요즘과 달리 군인 스스로가 군역에 드는 비용을 조달한 것이지요. 군역을 직접 지지 않은 사람은 양호養戶라 해서 대신 군인전을 경작하여, 거기서 나오는 비용으로 군역 간 사람의 각종 비용을 부담했습니다.

● 1269 몽골에서 파스파(八思巴) 문자를 창제   ● 1270 개경으로 환도, 삼별초 항쟁   ● 1271 몽골, 국호를 원(元)이라 하고, 원왕조 시작됨(~1368)

그 외에 요역으로 1년에 약 20일 정도 궁궐이나 성의 수축, 도로 보수 작업에 동원되었습니다. 그때에도 양식은 스스로 부담했습니다. 그래서 고려 의종 때 궁궐공사에 나갔던 한 인부는 가난해서 식량을 마련하지 못해, 같이 일한 사람들에게 밥을 한 술씩 얻어먹다가, 하루는 이를 미안하게 여긴 아내가 자기 머리를 자른 비용으로 식사를 준비해 와 주위 사람과 나누어 먹었다고 합니다. 이런 일화를 통해 당시 요역의 실상과 어려운 민의 처지를 조금이나마 짐작할 수 있습니다.

민의 어려운 처지는 낮은 생산력 문제

고려시대 민은 가족 노동력으로는 생계를 유지할 수 없을 정도로 빠듯하게 생활했습니다. 그 원인은 무거운 조세나 역역 부담, 그리고 지배층의 수탈만으로는 충분히 설명되지 않으며, 그렇다고 농민의 게으름이나 농사에 대한 무지 때문은 더더욱 아니었습니다.

그 근본적인 원인은 당시 사회적 생산력 수준에서 찾을 수 있습니다. 당시 농업기술 수준은 매년 농사를 지을 수 있는 상경화常耕化 단계에 있었다고는 하나, 잦은 자연재해로 인해 농사짓기를 포기하여 묵은 땅으로 바뀌는 진전화陳田化 경향이 아주 빈번하게 일어났습니다. 토지의 지력을 북돋우는 시비법施肥法이나 안정적인 수리水利시설에 대한 정비기술이 그만큼 취약했기 때문이지요. 그러니까 고려시대 상경농법 수준은 매년 안정적으로 경작할 수 없는 매우 불완전한 단계였고, 따라서 농업생산 자체도 안정적이지 못하고 자연재해 등으로 수확도 많지 않았습니다. 이에 고려 조정

● 1274 여원연합군(麗元聯合軍) 1차 일본 원정에 실패 ● 1275 송(宋) 문천상(文天祥) 반몽골의용군을 일으킴. 마르코 폴로, 원나라에 이르러 쿠빌라이를 만남

에서는 묵은 땅을 다시 경작하거나 새로 토지를 개간한 농민에게는 일정 기간 조세를 면제해주는 시책을 통해 농민들의 생산의욕을 북돋우고자 했으며, 또한 지방관을 권농관勸農官으로 임명해서 지방의 일반 행정보다 농사를 장려하는 일에 주력하도록 하기도 했습니다. 이같이 고려시대 민의 어려운 처지는 수탈이나 조세행정의 불합리함 때문이라기보다는 낮은 사회적 생산력 수준 탓이었습니다.

사회적 생산력 수준은 고려시대 민의 가계와 삶뿐만 아니라, 민의 존재와 사회조직에도 일정한 영향을 미쳤습니다. 고려시대 또 다른 민인 잡척층은, 후삼국 통합전쟁에서 반왕조적인 세력집단을 향·부곡·소의 주민으로 편제하는 과정에서 나타난 것이기도 하지만, 한편으로 이들이 거주했던 부곡제 지역은 국가에 필요한 생산물이나 미개간지를 경작하기 위해 편성된 지역입니다. 이는 사회적 생산력 수준이 전반적으로 낮아 지역간 발전 격차가 컸기 때문이기도 합니다. 곧 조선과 달리 민의 다양한 계층 분화와 군현과 부곡 지역과 같은 다양한 형태의 지방조직도 당시의 사회적 생산력 수준과 밀접한 관련이 있는 것입니다.

오늘날 자본주의 사회에서 경제력이 그 사람의 격을 결정한다면, 고려시대에는 어느 지역에 사는가에 따라 사람의 격이 정해졌습니다. 그러나 고려 중기 이후 생산력의 발달과 그로 인한 소유의식의 진전으로 인해, 고려시대 민은 차별적인 사회조직을 뛰어넘어 한국사의 어느 때보다도 약동적인 존재로 성장하게 됩니다. 흔히 인간의 역사는 해방의 역사라고 얘기하는데, 그런 모습이 우리 역사 속에서 가장 선명하게 나타나는 부분이 바로 고려 중기 이후 민의 모습입니다.

● 1279 원에 의해 북송(北宋) 멸망　　　● 1280 원에서, 곽수경(郭守敬)의 수시력(授時曆)을 실시　　　● 1281 고려·원군, 2차 일본원정 실패

12, 13세기 민의 동향 — 유망과 항쟁

오해받은 '민중사학'

1980년대 후반 이후 한국사 연구에서 두드러진 특징의 하나는 이른바 '민중사관'의 대두라 할 수 있습니다. 이 사관은 우리 학계의 주류로부터 아예 외면당하거나 아니면 어떤 정치적 저의를 갖고 있어 학문의 순수성, 즉 아카데미즘 사학의 정신을 훼손시킨다는 이유로 배척을 받았습니다. 곧 민중이 우리 역사에서 정권을 장악한 적도 주도한 적도 없는데다가 궁극적

1980년 5·18광주민주화운동 당시 전남도청 앞.

으로 민중혁명을 통해 현재의 자유민주주의 체제를 전복시키고자 하는 불온한(?) 계급사관의 일종이라는 것입니다. 반세기 간 반공 이데올로기에 익숙해 있던 일반인은 그렇다 치더라도 냉정하고 객관적이어야 할 역사학자조차 '민중사관'의 실체를 제대로 이해하려는 노력을 하지 않는 것은 유감스러운 일입니다.

저는 개인적으로 '민중사관'이라는 용어에 대해 불만입니다만, 이를 표방한 역사학 연구가 10년 이상 지속되고 있으며, 상당한 성과가 있었던 것은 인정해야 한다고 생각합니다. 이 사관에 입각한 연구경향은 그 동안 지배층 중심으로 관성적으로 역사를 해석했던 경향에 대해 반성을 제기했으며, 현재 우리 사회가 당면한 과제에 대한 해결방안으로서 역사에 접근함으로써 역사연구와 해석의 지평을 넓혔다는 의의를 갖고 있습니다. 특히 이로 인해 우리 사회가 당면한 민족문제와 계급문제를 극복하려는 노력의 연장으로 현대사 연구를 크게 활성화시키는 계기가 되었습니다. 나아가 '민중사관'은 현실과 유리된 연구방식을 지양하고 과거와 현재를 일체화시킴으로써 역사에 대한 대중의 관심을 크게 환기시킨 공로가 있습니다. 역사는 이제 단순히 과거 사실에서 지식을 얻는 죽은 학문이 아니라, 현재에도 끊임없이 영향을 주는 살아 있는 학문이라는 사실을 깨닫게 된 것입니다. 따라서 '민중사관'에 대해 불순한(?) 의심의 눈길을 거둔다면, '민중사관'은 우리 역사에 대한

1987년 6·10항쟁을 촉발시킨 이한렬 군의 추모집회.

신뢰와 역사적 상상력을 높여준 계기로 평가할 수 있을 것입니다.

이밖에도 그 동안 지배층의 입장에서만 역사를 해석했던 단조로운 일원론적 관점을 극복하고 민의 생활과 움직임을 역사서술 범위에 포함시킴으로써 역사의 내용을 풍부하게 한 것도 '민중사관'의 성과라 할 수 있습니다. 이제는 민중사관이 오직 민을 역사서술의 중심으로 두고 다른 집단의 역할을 도외시해왔다는 오해를 버릴 필요가 있습니다. 그보다는 그간 잊혀졌고 외면받았던 또 다른 인간 집단인 피지배층의 생활과 문화를 역사서술에 포함시켜 기존의 지배층 중심의 역사를 보완하여 역사학의 내용을 풍부하게 하려 한 것이 '민중사관'의 지향점이라 할 수 있습니다. 새가 두 날개로 나는 것처럼, 우리 역사학도 보수와 진보의 두 수레바퀴가 함께 움직일 때 무거운 짐도 쉽게 옮길 수 있을 것입니다.

분출하는 민의 힘

고려 중기 이후 민의 역사는 한국사의 어느 시기보다도 약동적이었고, 역사 전개에도 커다란 영향을 끼쳤습니다. 저는 이를 '분출하는 민의 힘'이라고 표현하고자 합니다. 그 힘의 원천은 민이 그들에게 가해진 생산력 수준과 사회적 규제를 뛰어넘어, 미래에 대한 희망과 기회를 자각하기 시작한 데서 찾을 수 있습니다.

고려 중기 이후 민의 약동상은 두 가지 형태로 나타납니다. 하나는 '유망流亡과 항쟁抗爭'의 형태이고, 또 다른 하나는 '지배층으로의 진출'입니다. 먼저 12세기에서 무신정권까지 민의 전형적인 모습을 보여주는 '유망

● 1285 일연 《삼국유사》 완성 ● 1287 나얀乃顏의 반란을 쿠빌라이가 친정親征, 국자감國子監을 둠 ● 1288 원군 백등강白藤江에서 안남군에게 패함

과 항쟁'에 대해 살펴봅시다.

조선시대 민은 지주나 국가로부터 수탈을 당하면 일차적으로 자치기구인 민회民會를 통해 의사를 집약해서 관청에 요구조건을 전달하고, 그것이 수용되지 않으면 항쟁의 형태로 저항하였습니다. 그러나 고려시대 민은 일단 '유망'을 합니다. 유망은 자기 거주지를 벗어나 다른 지역으로 도망하는 소극적인 형태의 저항이라고 할 수 있습니다. 왜 고려시대 민은 조선의 민과 같이 민회를 통해 의사를 집약해서 국가나 지주에 전달하는 형태 대신 유망을 했을까요? 앞에서 설명한 대로 그것은 본관제의 특성인 영역 규제 때문입니다.

고려 전기 민은 영역 내에서 전업專業적인 역을 져야 했고 거주 이동도 제한당했습니다. 그러나 생산력이 발달하고 소유의식이 진전되면서 점차 그런 형태의 영역 규제 방식은 낡은 유제가 되었고, 민은 국가나 향리들의 수탈에서 벗어나기 위해 우선 자신들의 존재를 옭아맨 본관의 굴레에서 벗어나고자 했습니다. 물론 왕조정부는 민의 유망을 방치하지 않고 유망민을 붙잡아 본관으로 돌려보낸다거나, 유망이 심했던 속현이나 부곡 지역에 감무監務를 파견해서 유망을 방지하는 등 여러 가지 규제 조치를 취하였습니다. 그리고 이렇듯 유망이 여의치 않자 지배질서에 대한 민의 저항 형태는 항쟁으로 발전하게 됩니다. 12세기 이후 본격적으로 나타난 고려시대 민의 '유망과 항쟁'은 이런 역사조건에서 나타난 것입니다.

고려시대 농민항쟁은 신라 하대인 9세기와 조선 후기인 19세기 농민항쟁과 함께 한국사의 3대 농민항쟁의 하나이면서, 그 중에도 항쟁의 지속성과 규모 면에서 가장 대규모 형태였습니다. 특히 이 항쟁은 무신정권이 성립한 직후부터 시작되어 무신정권이 종식될 때까지 약 1세기 간 지속되었

● 1290 원, 고려의 동녕부(東寧府) 폐하고, 서북 여러 주(州)를 반환　　　　　　　　● 1292 원군, 자바침공 실패

5·18 광주 민주화운동 당시 광주 도청 앞의 모습과 당시 사건을 보도한 신문기사. 신문기사에 보이는 것처럼 몇 년 전만 해도 광주 민화운동에 참가했던 시민들은 폭도로 규정되어 정당한 역사적 평가를 받지 못했었다. 이와 마찬가지로 '민란'이라는 용어 역시 객관적이지 않은 역사용어로, 그보다는 봉기 혹은 항쟁이란 표현이 적합하다고 할 수 있다.

으며, 최고조에 달했을 때는 지역간 연합전선을 이루어 신국가新國家 건설 운동을 전개하기도 했습니다. 이러한 항쟁 형태는 한국사의 하층민 운동에서 그 유례를 찾을 수 없을 정도로 매우 주목할 만한 사건입니다. 고려시대 민의 약동적이며 활발한 모습은 이러한 농민봉기에 잘 나타나 있습니다.

버려야 할 용어 '민란'

우리 역사책에서는 민의 저항을 흔히 '민란民亂'이라고 표현합니다. 그러나 이 용어는 지배층의 입장에서 사용된 것입니다. 지배층의 입장에서 볼 때 백성들이 사회질서를 어지럽혔다, 소란스럽게 했다는 뜻에서 민란이라는 용어를 사용했던 것이지요. 이처럼 객관적이지 않은 어느 일방의 입장에서

● 1294 자바에 마자파히트왕조 일어남　　　　　　　● 1299 오스만 제국을 건설, 마르코 폴로 《동방견문록》 발간

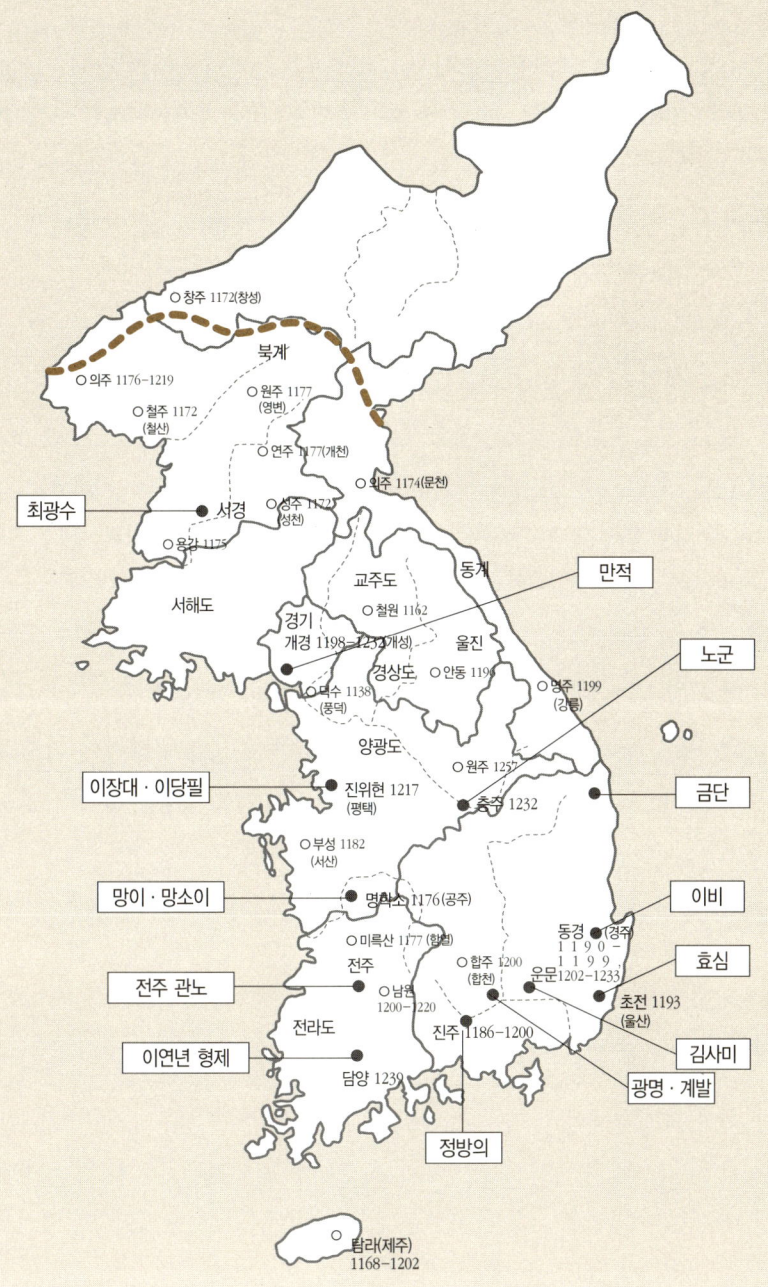

최광수

북계

○ 창주 1172(창성)

의주 1176-1219
철주 1172
(철산)

원주 1177
(영변)

연주 1177(개천)

성주 1172
(성천)

외주 1174(문천)

서경

용강 1175

서해도

동계

만적

교주도

경기

철원 1162

울진

개경 1198-1232(개성)

경상도

민수 1138
(풍덕)

안동 119

영주 1199
(강릉)

노군

양광도

원주 125

금단

이장대 · 이당필

진위현 1217
(평택)

충주 1232

부성 1182
(서산)

망이 · 망소이

명학소 1176(공주)

이비

동경(경주)
1190-
1199

효심

전주 관노

미륵산 1177(합천)

전주

남원
1200-1220

합주 1200
(합천)

운문 1202-1233

초전 1193
(울산)

이연년 형제

전라도

진주 1186-1200

김사미

담양 1239

광명 · 계발

정방의

탐라(제주)
1168-1202

고려시대 12, 13세기 농민항쟁 분포도

● 1304 몽골의 일한국(汗國)에서 그리스도교도 우르자이투 즉위(후에 이슬람교 개종)   ● 1307 하이산(武宗) 즉위 대대적으로 라마교 숭상

사용된 용어는 역사용어로서 적당하지 않습니다. 오히려 당시 기록에서는 민의 저항 형태를 '봉기蜂起' 혹은 '항쟁抗爭'이라 표현한 예가 많습니다. 이처럼 당시에도 사용된 용어가 민란보다는 더 객관적인 역사용어라 할 수 있기 때문에, 여기서도 민란 대신 항쟁이나 봉기라는 용어를 사용하겠습니다.

역사적인 사건을 지칭하는 용어에는 그 사람의 역사인식이 간접적으로 나타납니다. 예를 들어 3·1 민족운동의 경우 당시 일제는 이걸 소요騷擾사태라고 하였습니다. 소요라는 것은 시끄럽고 떠들썩하다는 뜻으로, 3·1운동을 그야말로 일본 식민지체제에 그리 큰 영향을 주진 못한 단순한 사건이라 하여, 그 역사적 의미를 깎아내리려는 역사인식이 잘 드러나 있지요. 1980년 5월 18일 광주에서 벌어진 사건을 두고도 당시 정권을 장악한 신군부세력은 광주사태 또는 광주 소요사태라고 규정하면서 시위에 참여한 사람을 폭도라고 했습니다. 그러나 오늘날에는 이를 광주 민중항쟁이라 합니다. 이처럼 어떤 사건을 지칭하는 용어에는 그 사람의 입장이 잘 드러나 있습니다. 따라서 역사평가가 제대로 이루어지지 못했거나 좀더 새롭게 평가할 여지가 있는 경우에는 되도록 가치중립적이고 객관적인 용어를 사용할 필요가 있습니다.

서북 지역, 조위총의 봉기에서 시작하다

고려시대 본격적인 농민봉기는 1174년 서경 지역 조위총趙位寵의 봉기에서 시작되었습니다. 조위총 봉기는 초기에 진압되었으나, 그 후 약 4~5년간 서북 지역 일대에서 조위총의 남은 무리들이 계속 봉기를 일으켜 서북 일대는 한때 왕조정부가 통제할 수 없는 상태까지 되었습니다. 이 지역에서 일어난 봉기는 30여 년 전 서경에서 일어난 1135년 묘청의 난과 연결됩니다.

묘청의 난은 고려 초기 이래 이념적·군사적으로 중시되어온 서경 지역이 고려 중기 이후 점차 소외되자, 이곳의 지역의식이 개경의 문벌 중심 정치를 부정하는 저항으로 나타난 것입니다. 서경에서 조위총이 봉기하자 그 일대 서북 지역 40여 성이 봉기에 가담한 사실도, 그러한 지역적 소외의식이 봉기의 확산에 적지 않게 작용했음을 보여주고 있습니다. 서북 지역 농민봉기의 특성은 여기서 찾아볼 수 있습니다.

조위총의 봉기를 진압하는 데 공이 컸던 이의민李義旼·최충헌崔忠獻이 뒤에 최고 권력자로 올랐을 정도로, 이 봉기는 갓 성립한 무신정권에 큰 타격을 주었습니다. 그리고 한 가지 재미있는 사실은 그 이전에 묘청의 난을 진압할 때 윤관尹瓘의 아들 윤언이尹彦頤가 참여했는데, 윤언이의 아들 윤인첨尹鱗瞻이 다시 조위총 봉기 등 서북 지역 봉기를 진압하는 사령관으로 참여했다는 것입니다. 윤언이의 아버지 윤관도 두 차례나 최고 사령관으로 여진정벌에 참여했으니까, 3대가 대외정벌 사업과 내란진압에 참여했던 셈이지요. 파평坡平 윤씨 가문은 이를 계기로 명문가로 발돋움하였습니다.

중부·남부 지역, 망이·망소이의 봉기에서 신라부흥운동까지

무신정변 이후 시작된 농민항쟁은 서북 지역에서 점차 중부·남부 지역으로 확산되었습니다. 1176년 중부 지역인 공주의 명학소鳴鶴所(지금의 대전 탄방동 일대)에 살던 망이亡伊·망소이亡所伊 형제가 봉기를 일으켰는데, 이 봉기는 지금의 충청도 일대를 거의 장악할 정도로 규모가 컸습니다. 그 후

● 1314 원의 대도에 머물던 충선왕이 사저에 만권당 설치　　　　　　● 1316 일한국에서 아부 사이드 즉위(~1335)

1190년대에는 남부 지역의 경주 일대에서 대규모 봉기가 일어났고, 1193년에는 운문사를 거점으로 해서 김사미金沙彌·효심孝心의 봉기가 일어납니다. 당시 봉기에 가담해서 죽은 자가 7천 명이라는 사실로 보아 엄청난 규모였음을 짐작할 수 있습니다. 이 봉기 이후 경주 지역과 강원도 삼척·강릉 일대의 농민군이 연합전선을 형성하여 신라부흥운동을 일으켰습니다.

이때 신라부흥운동을 진압하기 위한 토벌군에 자원해서 종군한 이규보가 군사들과 함께 개경을 출발해서 경주에 이르는 동안 명산대천에 농민봉기를 진압하기 위해 작성한 발원문에 따르면, 그 내용은 한결같이 '옛날 신라가 견훤의 침입을 받았을 때 태조가 구원해서 신라 사람들이 지금까지 번성했는데, 그 은공을 잊고 이제 국가에 반역을 했으니 배은망덕하다'는 것입니다. 곧 태조의 구은舊恩에 대한 배신행위를 정벌의 동기로 삼은 것입니다. 이는 이규보의 생각이기도 하지만, 크게는 당시 왕조정부가 농민봉기를 어떻게 인식하고 있는가를 잘 보여주고 있습니다. 고려왕조는 농민들이 봉기할 수밖에 없었던 관리들의 불법적이고 과다한 수탈·토지 탈점과 같은 근본적인 원인은 애써 외면하고, 강압적인 진압책으로 문제를 해결하고자 했습니다. 결국 이 봉기는 약 10여 년 간 지속되다가 1204년 최씨정권의 강압책으로 진압되었습니다.

몽골 전쟁기, 몽골과 정부에 대항하다

1204년 경주 지역의 신라부흥운동이 진압된 후 농민봉기는 더 큰 규모로 발전하지는 않았습니다. 그 이후 대외정세가 급격하게 변동했기 때문입니

• 1328 원 왕실에 내분 일어나, 남북으로 분립. 천순제(天順帝)가 즉위. 엔 티무르에 반대하여 상도(上都)를 공격하자 천순제 행방불명

다. 잘 알려진 대로 금나라 지배하에 있던 거란족이 몽골군의 침략에 반란을 일으켰다가, 몽골군에게 쫓겨 1216년에서 1218년까지 고려로 들어옵니다. 이어 1231년부터 몽골군의 본격적인 고려 침입이 시작되고, 고려가 이듬해 강화도로 천도하여 장기 항전태세를 갖추면서 양국은 약 30여 년 간 전쟁을 치르게 됩니다. 이러한 대외정세의 변동이 농민항쟁의 기세를 크게 누그러 뜨려, 이전과 같은 대규모 봉기 형태가 아닌 산발적인 형태로 전개됩니다.

그 후 농민봉기는 몽골군과 싸우면서 한편으로 정부와 싸우는 2중적인 형태로 전개되었고, 심지어 몽골군과의 전투가 한창인 1250년대에는 몽골군에 투항해서 몽골의 앞잡이가 되어 정부에 저항하는 극단적인 형태로 진행되기도 했습니다. 이는 무신정권이 강화로 천도하면서 민심이 크게 이반되었기 때문에 나타난 현상이었습니다. 어떻든 간에 농민항쟁은 무신정권이 완전히 붕괴되는 1270년대까지 약 1세기 간 전개되었습니다.

농민봉기의 두 가지 특징

고려시대 농민항쟁의 특징 가운데 하나는, 신국가 건설운동을 지향했다는 사실입니다. 경주 지역에서 신라부흥운동뿐 아니라 1217년에는 서경 지역에서 고구려부흥운동, 1235년에는 전라도 담양에서 백제부흥운동도 일어났습니다. 이같이 고려시대 농민봉기는 국가질서 자체를 부정하는 급진성을 보여주고 있습니다. 그리고 또 하나의 특징은 봉기의 중심지가 속현·부곡 지역 등 일반 군현에 비해 차별을 받았던 지역이라는 점입니다. 이미 12세기 초 발생하기 시작한 유망 현상의 중심지가 속현과 부곡 지역이었던

● 1329 토브 티무르[文宗] 즉위, 엔 티무르, 태사(太師)가 되어 실권 독점　　● 1333 일본, 가마쿠라[鎌倉] 막부 멸망, 원 엔 티무르 사망

사실이 이를 뒷받침합니다. 봉기를 주도한 층이 하층민이나 노비들이었다는 사실도 당시 봉기의 특성과 원인을 이해하는 데 참고가 될 것입니다.

조세수취를 둘러싼 지주와 전호 간의 대립에서 발생한 조선시대의 농민봉기와는 달리, 고려시대 농민봉기는 주현과 속현, 군현과 부곡 지역과 같은 차별적인 군현체제의 모순에서 나타난 수취체제의 모순, 그리고 앞에서 지적했듯이 전시과 체제가 안고 있던 자체모순에서 나타난 지배층의 토지탈점이 그 원인이었습니다. 그렇기 때문에 지주나 관리에 대한 저항의 형태가 아니라, 왕조를 부정하고 새로운 국가를 건설하려는 방향으로 나타났던 것입니다. 속현이나 부곡 지역이 항쟁의 중심지였던 사실도 이를 뒷받침합니다.

결국 고려시대 농민봉기는 국가의 지배질서에 대한 하층민의 강한 불만에서 비롯된 것입니다. 속현과 부곡제라는 차별적이고 불합리한 제도를 편성한 왕조에 대한 불만이, 왕조질서를 부정하고 새로운 왕조의 건설을 목표로 한 신국가 건설운동으로 나타나게 된 것이지요.

왜 봉기했나?

1176년 공주 명학소에서 봉기한 망이, 망소이 형제는 사람을 시켜 개경에 다음과 같은 편지를 보냅니다.

"우리 고향을 현으로 승격시키고 수령을 보내 우리를 편안하게 다루더니, 어느새 군사를 풀어 토벌하고 나의 어머니와 처를 붙잡아 가두니 그 저의가 어디에 있는가? 차라리 칼날 아래 죽을지언정 끝까지 저들에게 항복하여 노예가 되지 않으리니 반

● 1334 일본, 겐무[建武]의 신정(新政) ● 1335 일한국에서 아부사이드 죽고, 왕조가 점차 쇠망, 원나라 바안 황후를 죽이고 독단을 자행. 과거제도

드시 서울로 쳐들어간 뒤에야 그만둘 것이다."

또한 1198년(신종 1) 개경에서 봉기한 노비 만적萬積은

"무신정변 이후 천한 무리가 고관대작에 오르는 경우가 많다. 장군이나 재상의 씨가 따로 있는 것이 아니라 때가 오면 누구나 될 수 있다. 어찌 우리들은 고달프게 일하면서 주인의 회초리에 시달려야 하는가?"

라고 하면서 봉기를 부추겼습니다. 개경 군인들이 익명으로 붙인 방에는

"시중 정중부와 아들 균, 사위 송유인이 권력을 마음껏 휘둘렀기 때문에 남쪽지방에서 봉기가 일어났다."

고 써 있었습니다. 이 기록들은 당시 농민봉기를 유발한 원인이 국가 지배질서의 모순에 있었음을 알려주며, 또한 당시 농민의식이 상당한 수준이었음을 잘 보여주고 있습니다. 앞에서 이규보가 농민봉기를 진압하기 위한 발원문에서 농민봉기를 왕조에 대한 의리를 저버린 행위로 인식한 것과는 크게 다르다고 할 수 있습니다.

12세기 후반 이후 약 1세기 간 지속된 농민봉기와 몽골군의 침입으로 민의 유망은 계속되었고, 특히 심한 차별을 받은 지역인 속현과 부곡제의 해체는 하나의 대세가 되었습니다. 이에 따라 고려 전기 지배질서인 본관제도 해체의 운명에 놓이게 되었습니다. 고려시대 농민봉기가 갖는 의미는 바로 여기에 있습니다.

14세기 민의 동향–하층민의 진출

원 간섭기의 측근정치

고려에서는 1258년 원과의 전쟁이 끝나면서 최씨정권이 붕괴되고 왕정이 복고되었습니다. 물론 그 이후에도 김인준金仁俊 · 임연林衍 · 임유무林惟茂 등의 무신이 권력을 장악했으나, 1270년 임유무가 피살된 후 강화도에서 개경으로 환도하면서부터 이른바 원 간섭기가 전개됩니다. 앞에서 설명했듯이 고려는 이때부터 원으로부터 정치적 · 군사적인 간섭을 받게 되

는데, 특히 원은 고려의 국왕을 통해 내정간섭을 했습니다.

　그에 따라 고려 국왕은 원나라 공주와 혼인을 하고, 태어난 왕자는 원에서 성장하면서 교육을 받은 후 국왕으로 책봉되면 고려에 와서 정치를 하게 되었습니다. 그러니 새로 즉위한 고려 국왕의 정치적인 기반은 매우 취약할 수밖에 없었고, 따라서 국왕은 원에 있을 때 자기를 도와주었던 시종신료侍從臣僚들을 중심으로 정치를 하게 됩니다. 그들이 국왕의 정치적인 기반이 된 것입니다. 다음 국왕 역시 자신이 거느렸던 시종신료들을 중심으로 정치를 하였습니다. 이러한 정치 형태를 측근側近정치, 다른 용어로는 총신제寵臣制라고도 합니다.

　조선 초기 역사가들은 《고려사》를 편찬하면서 이러한 정치 형태를 매우 비판적으로 기록했습니다. 그리하여 당시 국왕을 보좌했던 측근을 폐행嬖幸이라 하면서, 이들의 행적을 따로 모아 《고려사》〈열전〉 '폐행' 전에 정리하였습니다. 여기서 폐행은 왕의 총애를 받는 미천한 신분의 사람들이라는 뜻입니다. 조선 초기 유교 지식인들의 입장에서 볼 때 과거에 합격한 것도 아니고 유교적인 지식을 갖추지도 못한 어중이떠중이들이 임금의 총애를 받아서 정치를 했다는 것이지요.

1970년대 새마을 운동의 하나로 추진된 농촌주택 개발사업은 농촌의 외형을 변화시켰지만, 오히려 오늘날 농촌은 피폐화되고 있다.

안확의 고려사관

1923년 조선인 역사가 안확女廓은 《조선문명사朝鮮文明史》에서 고려시대를 '근고近古 귀족정치시대'로 규정하면서 고려의 귀족정치를 움직인 세 집단으로 승려·무신·폐신嬖臣을 들었습니다. 그리고 이 가운데 폐신 집단이 원 간섭기 이후 귀족정치를 주도했다고 주장했습니다. 고려 초기 이래 3차례의 '노예운동'을 통해 정치적으로 진출한 미천한 출신인 이들이, 원과의 관계를 틈타 노비법을 개정하고 관리와 관직을 축소시킴으로써 지배층으로 진출했다는 것입니다.

이 글에서 언급한 고려역사에서 폐행 집단을 최초로 주목한 역사가가 바로 안확이 아닌가 생각합니다. 그의 저술은 엄밀한 연구성과에 근거한 것은 아니나, 고려시대사에서 폐행 집단의 등장을 고려 초기 이래 하층민의 운동에서 찾은 것이나, 이들이 고려 후기 정치를 주도했다고 지적한 것은 지금의 입장에서 보더라도 매우 신선하고 새로운 견해라고 할 수 있습니다.

안확이 지적한 폐행 집단의 행적을 담은 자료가 앞서 말한 《고려사》〈열전〉'폐행' 전입니다. 여기에 나오는 인물들의 신분을 분석해보면, 실제로 미천한 신분의 인물이 상당수 포함되어 있어, 하층민이 원 간섭기 측근정치라는 특이한 정치구조의 틈새를 비집고 대거 지배층으로 진출한 사실이 잘 나타나 있습니다. 고려 전기에는 유학자나 문벌 출신들이 과거나 음서를 통해 지배층을 형성하거나, 국가유공자 혹은 학식이 많은 사람들이 국왕의 천거를 통해 지배세력에 편입되었습니다. 위의 조건에 해당된다 하더라도 천민 출신이나 미천한 신분은 결코 지배세력이 될 수 없었습니다. 그러나 고려 후기에 이른바 신분상 흠이 있는 하층민이 대거 지배세력으로 진출했다는 사실은 지배세력의 충원방식에서 특이한 형태이며, 주목할 만한 현상이라 할 수 있습니다. 조선시대 같으면 이런 인물이 관료가 된다는 것은 상상할 수 없는 일이지요.

'폐행' 전에 나오는 55명 중에서 문·무반 출신 관료는 5명에 불과합니다. 일반 양인 출신이 전체의 27퍼센트인 15명이고, 노비와 천민 출신이 10명으로 18퍼센트를 차지하며 그 다음 상인이 2명, 승려가 3명, 외국인도 7명이 있습니다. 곧 일반 양인과 천민이 모두 25명으로 전체 폐행의 45퍼센트를 차지하고, 문·무반 출신의 기존 관료 5명을 제외하면 외국인을 포함해서 전체의 90퍼센트가 신분이 미천한 사람들인 것입니다. 조선시대에는 상상조차 할 수 없는 일이지요. 이 점에서 고려 후기 사회는 아주 특이한 사회입니다.

재상이 된 부곡인과 역관

앞에서도 지적했지만 원 간섭기 이후 지배세력의 충원은 이전과 같이 과거나 음서를 통해 이루어지지 않습니다. 몽골어에 익숙하거나 일본 원정 등에 공이 있는 사람, 그리고 국왕이나 왕족의 시종신료와 원 왕실의 공주公主·환관 출신이 지배세력으로 충원되었습니다. 문벌이나 학문적 능력이 기준이 아니라 원 왕실에 공로가 있거나 고려 국왕의 측근이 되는 게 지배세력이 되는 지름길이었습니다. 자연히 가계에 흠이 있거나 미천한 신분에게도 지배세력이 될 수 있는 길이 열리게 되었습니다. 국왕의 총애를 받았던 폐행의 절반가량이 이런 출신이었습니다.

가장 대표적인 예가 역관譯官이면서 부곡인 출신인 유청신柳淸臣입니다.

● 1346 원나라의 이븐 바투타가 대도(大都)에 옴   ● 1351 홍건적(紅巾賊) 일어남(~1366)

그는 충렬왕 때 몽골어에 능통하여 고려와 원의 관계를 원활하게 한 공로로 재상이 되었습니다. 그의 아들 유기攸基와 손자 탁濯까지 3대가 모두 재상이 되었고, 탁의 아들도 이성계에 의해 발탁되어 고려 말 조선 초의 신흥명문가가 되었습니다. 같은 역관 출신으로 몽골어에 능통했던 조인규趙仁規는 뒷날 위화도 회군 후 사전개혁을 주도한 조준趙浚의 증조부입니다. 그의 딸은 충선왕의 비가 되고 그 자신은 재상이 되어 충선왕의 측근으로 활동하면서 집안이 명문가로 발돋움했습니다.

이외에도 원 간섭기에 국왕의 측근으로 재상까지 올라간 예는 많습니다. 이처럼 하층민이 재상이 되는 예는 우리 역사에서 고려시대밖에 없습니다. 통일신라기에는 진골 출신만이 최고 지위에 오를 수 있었고 조선시대에는 사대부 출신만이 재상이 되었습니다. 이 점에서 고려 후기는 어떻게 보면 하층민들에게는 희망과 기회의 시대였다고도 할 수 있지요. 이 역시 고려사회가 조선과는 다른 사회였음을 보여주는 예입니다.

그러나 일반인들은 이런 사실을 잘 모르고 있으며, 지금의 고려시대 역사서에서도 잘 다루지 않고 있습니다. 그 동안 역사서술이 정치사·제도사 등 지배층 중심으로 서술되다 보니 자연스럽게 서술의 중심에서 빠져버린 것입니다. 폐행 집단이 국왕의 잦은 교체로 항상 바뀌었기 때문에 하나의 정치 집단으로서 계속 유지되지 못했던 것도 하나의 원인이라 할 수 있습니다.

왜 하층민이 지배층에 편입되었나?

그러나 고려 후기에 하층민이 지배세력에 편입된 사실은 앞에서 지적한

● 1352 곽자흥(郭子興)의 거병(擧兵), 이듬해 장사성(張士誠), 주원장(朱元璋) 등이 거병함　● 1358 홍건적, 상도(上都)를 불태움　● 1359 홍건적, 고려에 침입

무신정권 이후 하층민의 동요와 항쟁, 그리고 그에 따른 의식의 성장과도 관련이 있습니다. 물론 원의 지배와 간섭을 받으면서 나타난 정치 형태도 하층민의 진출을 북돋운 계기가 되긴 했으나, 고려 중기 이후 밑으로부터의 거대한 구조의 변동과 지배층의 동요라는 시대 배경이, 하층민이 대거 지배층으로 진출한 원인이라 할 수 있습니다. 결국 무신정권 이래 분출하기 시작한 민의 에너지가 고려 후기 하층민이 지배층으로 편입하는 결과를 낳았다고 해석할 수 있습니다.

거대한 구조의 변화

이제 한 걸음 더 나아가 무신정권 이후 민이 고려사회를 변화시키는 데 큰 역할을 하게 된 근본적인 원인을 살펴봅시다. 현재 연구자들은 고려 중기 이후 유망 현상 등 하부구조의 변동에 따른 지배층의 위기의식이, 이자겸의 난·묘청의 난에 이어 무신정변 등 상부구조의 변동과 그에 따른 지배세력의 변동으로 나타났다고 해석합니다. 이러한 상·하부구조의 변동이 지배질서의 토대를 이루고 있던 부곡제의 해체와 같은 군현구조와 본관제의 변동으로 나타나게 되었다는 것입니다.

물론 12세기 이후 거대한 구조의 변동은 외형적으로 민의 유망이나 풍수지리설에 입각한 수도천도론 등과 같은 지배층의 위기의식과 잦은 정치적 변란으로 나타났지만, 구조의 변동을 초래한 좀더 근본적인 원인은 사회·경제적 변화입니다. 12세기 예종·인종대에 오면 상당한 정도로 개간이 진척되는 등 사회적 생산력의 수준이 크게 향상됩니다. 중국인의 고려 견문기인《고려도경》을 보면 당시 산지까지 농토가 개간되어, 그 모습이 마치 사닥다리와 같다고 되어 있습니다. 12세기 무렵이면 적어도 평지에 있는 토지는 거의 개간이 완료되고, 개간의 방향이 산전 개간 쪽으로 활발하게 일어났음을 보여주는 기록입니다. 한편 저습지나 해안 지역 개간도 활발하게 일어났습니다. 이같이 평지에서부터 점차 산지·저습지로 개간이 확대되어가면서 하층민의 토지소유가 보편화되고 그와 함께 소유의식도 성장합니다. 이러한 고려 중기 이후 생산력의 발전은, 본관제하의 민이 경제적 주체로서 스스로를 자각하면서 기존의 불합리한 지배질서에 대해 불만을 갖게 되는 계기로 작용하게 됩니다.

이처럼 12세기 이후 생산력의 발전으로 인해 민이 토지 소유자로 성장하고 지역간 발전 격차가 점차 해소되었으며, 그에 따라 민 내부에서 백정층이나 잡척층 사이의 사회경제적인 격차가 거의 해소되면서 고려 전기의 본관제 자체도 사실상 그 기능을 상실하게 되었습니다. 그러나 왕조정부는 이런 현실을 무시한 채 군현과 부곡제라는 계서적·차별적인 지배질서를 고수하였고, 이러한 제도 자체가 민에게 질곡과 모순으로 작용하게 된 것입니다. 이러한 제도와 현실 사이의 괴리가 불합리한 수취와 토지탈점으로 나타나면서 민의 유망과 봉기가 일어났으며 나아가 원 간섭기 측근정치라는 파행적인 정치구조 속에서 하층민이 지배층으로 대거 진출하는 계기가 되었습니다.

건국(~1644). 원 카라콜롬에서 북원을 세움(~1391) ● 1370 명나라 과거제도를 제정하고 시행　　　　● 1373 명 '대명률(大明律)' 제정

근대화론적 역사인식의 한계

그 동안 우리는 역사연구에서 생산력의 발전을 항상 좋은 것으로만 인식했습니다. 1960년대 근대화가 진전되면서 그러한 역사인식이 자리를 잡기 시작했던 것입니다. 조선 후기 농업생산력의 발전을 우리 역사에서 큰 발전으로 생각했던 것이 가장 대표적인 예입니다. 그러나 생산력의 발전이 총량적인 차원에서 경제적인 풍요를 가져다 준 것은 사실이지만, 그와 함께 어두운 측면도 나타나고 있음을 간과해서는 안 됩니다.

신라시대 6,7세기 생산력이 발전하면서 3국간 통일전쟁이 일어났고, 12세기 생산력의 발전이 청자문화로 대표되는 난숙한 문벌문화를 낳긴 했지만 곧이어 무신정변과 농민봉기가 일어나기도 했습니다. 조선 후기의 농업발전도 결국 갑오농민전쟁으로 나타났지요. 이런 점들은 생산력 발전의 어두운 그림자라 할 수 있습니다.

이처럼 생산력 발전이 인간의 삶과 행복을 송두리째 앗아간 내란과 전쟁을 초래했다는 어두운 측면을 외면해서는 안 됩니다. 이제는 인간의 존엄성 · 인권과 자유 · 삶의 질의 고양을 역사발전의 중요한 변수로 보아야 하며 따라서 양적인 발전을 곧 역사발전으로 보아왔던 근대화론의 시각은 바뀔 필요가 있습니다.

고려시대의 경우도 마찬가지입니다. 12세기 이후 생산력의 발전으로 민이 정치적 · 경제적인 주체로 자각하면서부터, 기존의 지배질서에 대한 불만이 유망과 항쟁이라는 밑으로부터의 동요와 변동으로 나타나기 시작합니다. 지배의 입장에서 볼 때 그것은 위기입니다. 12세기에 숙종과 예종이 풍수도참설에 따라 수도를 남경 혹은 서경으로 옮기려 한 것도 사실은 밑으로부터의 변동에 대한 지배층의 위기의식의 표현이며, 나아가 이자겸의 난과 묘청의 난은 그런 위기의식에 대한 지배층의 자기분열의 결과로 볼 수 있습니다.

결국 민의 불만과 요구를 지배층이 제대로 수습하지 못한 결과 유망과 항쟁, 그리고 무신정변 등이 일어나면서 고려 중기 사회는 커다란 변동의 와중에 놓이게 됩니다. 고려 중기 이후 거대한 사회변동의 밑바탕에는 이같이 활발한 민의 움직임이 자리잡고 있었고, 끝내는 원 간섭기라는 어려운 시기에 하층민이 지배층으로 진출하는 계기가 되었습니다. 이같이 고려시대 민의 활동은 한국사의 어느 왕조보다도 당시 역사와 사회변동에 커다란 역할을 했던 것입니다. 고려 중기 민의 동향에 주목해야 하는 까닭은 바로 여기에 있습니다.

(中書省) 폐지. ●1389 박위 쓰시마섬 정벌. ●1391 과전법 공포. ●1392 고려 멸망, 조선 건국. 일본 남북조(南北朝) 통합 이룸.

주요 참고문헌

1장 왜 고려왕조에 주목해야 하나?

1. 제3의 역사, 고려왕조 다시 읽기

신채호, 1930, 〈조선역사상 일천년래 제일대사건〉《조선사연구초》, 조선일보사

이병도, 1962, 《한국사 – 중세편》, 진단학회

한규철, 1984, 〈고려 내투 · 내왕 거란인–발해유민과 관련하여–〉《한국사연구》 47

김상기, 1985, 〈고려시대의 총설〉《신편 고려시대사》, 서울대출판부(1961, 《고려시대사》
　　동국출판사 재수록)

강진철, 1985, 〈고려시대의 성격〉《한국사의 재조명》, 독서신문사

박용운, 1985 · 1987 《고려시대사》(상 · 하), 일지사

박종기, 1995, 〈중세사회의 성립과 전개〉《한국역사입문》 2 중세편

박용운, 1996, 《고려시대 개경연구》, 일지사

박옥걸, 1996, 《고려시대의 귀화인 연구》, 국학자료원

남인국, 1986, 〈고려전기의 투화인과 그 동화정책〉《역사교육논집》 8

박종기, 1998, 〈민족사에서 차지하는 고려의 위치〉《역사비평》 1998 겨울호

홍영의, 1998, 〈고려시대 개경의 위상 〉《역사비평》 1998 겨울호

김기덕, 2001, 〈고려시대 개경의 풍수지리적 고찰〉《한국사상사학》 40

김창현, 2002, 《고려 개경의 구조와 이념》, 신서원

박옥걸, 2002, 〈고려의 귀화인 동화책〉《강원사학》 16 · 17

한국역사연구회 개경사연구반, 2002, 《고려의 황도 개경》, 창작과 비평사

한국역사연구회 개경사연구반, 2007, 《개경의 생활사》, 휴머니스트

박옥걸, 2004, 〈고려시대 귀화인의 역할과 영향〉《백산학보》 70

최양규, 2005, 〈고려~조선시대 중국 귀화 성씨의 정착〉《백산학보》 73

2. 시간 속의 고려왕조

이병도, 1948, 《고려시대의 연구》, 을유문화사

김상기, 1960, 〈묘청의 천도운동과 칭제건원론〉 《동방사논총》(서울대출판부, 1974 재수록)

이기백, 1968, 《고려병제사연구》, 일조각

민현구, 1968, 〈신돈의 집권과 그 정치적 성격〉(상·하) 《역사학보》 38·40

변태섭, 1971, 《고려정치제도사연구》, 일조각

이기남, 1971, 〈충선왕의 개혁과 사림원의 설치〉 《역사학보》 52

민현구, 1980, 〈정치도감의 성격〉 《동방학지》 23·24 합집

하현강, 1981, 〈고려 의종대의 성격〉 《동방학지》 26

김당택, 1987, 《고려무인정권연구》, 새문사

권영국, 1992, 〈14세기 전반 '개혁정치'의 내용과 그 성격〉 《역사와 현실》 7

이익주, 1992, 〈충선왕 즉위년 '개혁정치'의 성격〉 《역사와 현실》 7

한국역사연구회, 1994, 《14세기 고려의 정치와 사회》, 민음사

이익주, 1996, 《고려·원 관계의 구조와 고려후기정치체제》, 서울대 박사학위논문

박종기, 1998, 〈민족사에서 차지하는 고려의 위치〉 《역사비평》 1998년 겨울호

김당택, 1998, 《원 간섭하의 고려정치사》, 일조각

채웅석, 1999, 〈고려사회의 변화와 고려중기론〉 《역사와 현실》 32

도현철, 1999, 《고려말 사대부의 정치사상연구》, 일조각

홍영의, 2005, 《고려말 정치사 연구》, 혜안

박종기, 2008, 〈정치사의 전개와 고려사회의 성격론〉 《새로운 한국사 길잡이(상)》, 지식산업사

도현철, 2008, 〈고려 말의 사회변동과 왕조교체〉 《새로운 한국사 길잡이(상)》, 지식산업사

2장 고려왕조를 이끈 사람들

1. 국왕의 세계

이태진, 1977, 〈김치양난의 성격〉 《한국사연구》 17

이태진, 1988, 〈고려후기의 인구증가 요인 생성과 향약의술 발달〉 《한국사론》 19

황선영, 1988, 《고려 초기 왕권연구》, 동아대출판부

정용숙, 1988, 《고려왕실 족내혼연구》, 새문사

최진식, 1988, 〈고려 전기 내시와 왕권과의 관계〉 《동의사학》 4

정용숙, 1992, 《고려시대의 후비》, 민음사

김기덕, 1993, 〈고려 전기 왕실의 구성과 근친혼〉 《국사관논총》 49

노명호, 1997, 〈동명왕편과 이규보의 다원적 천하관〉《진단학보》83

김기덕, 1997, 〈고려의 제왕제와 황제국체제〉《국사관논총》78

김기덕, 1998, 《고려시대 봉작제 연구》, 청년사

김용선, 1998, 〈고려 귀족의 결혼, 출산과 수명〉《한국사연구》103

김호, 1999, 〈여말 선초 '향약론'의 형성과 "향약집성방"〉《진단학회》87.

노명호, 1999, 〈고려시대의 다원적 천하관과 해동천자〉《한국사연구》105

김기덕, 2001 〈고려시대의 왕〉《역사비평》54. 역사문제연구소

심재석, 2002, 《고려국왕 책봉 연구》, 혜안

김용선, 2004, 《고려금석문연구―돌에 새겨진 사회사》, 일조각

2. 관료의 세계

이우성, 1964, 〈고려조의 리에 대하여〉《역사학보》23

김광수, 1969, 〈고려시대의 서리직〉《한국사연구》4

김광수, 1969, 〈고려시대의 동정직〉《역사교육》11·12 합집

변태섭, 1971, 《고려정치제도사연구》, 일조각

박용운, 1980, 《고려시대 대간제도 연구》, 일지사

허흥식, 1981, 《고려과거 제도사연구》, 일조각

이순근, 1983, 〈고려 초 향리제의 성립과 실시〉《김철준 박사 회갑기념 사학논총》

박창희, 1984, 《한국사의 시각》, 영언문화사

김의규 편, 1985, 《고려 사회의 귀족제설과 관료제론》, 지식산업사

이기백, 1990, 《고려귀족사회의 형성》, 일조각

박용운, 1990, 《고려시대 음서제와 과거제연구》, 일지사

김용선, 1991, 《고려음서제도연구》, 한국연구원

박종기, 1992, 〈고려시대 외관 속관제연구〉《진단학보》72

박종기, 1992, 〈12세기 고려 정치사 연구론〉《허선도교수정년기념논총》

박종기, 1997, 〈고려의 지방관원들 – 속관을 중심으로〉《역사와 현실》24

유승원, 1997, 〈고려사회를 귀족사회로 보아야 할 것인가〉《역사비평》36

채웅석, 1998, 〈고려문종대 관료의 사회적 위상과 정치운영〉《역사와 현실》27

이진한, 1999, 《고려전기 관직과 녹봉의 관계 연구》, 일지사

남인국, 1999, 《고려중기 정치세력 연구》, 신서원

박용운, 2000, 《고려시대 상서성 연구》, 경인문화사

박용운, 2000, 《고려시대 중서문하성 재신 연구》, 일지사

채웅석, 2001, 〈고려 중간계층의 존재양태〉《고려 조선전기 중인연구》, 신서원

박종진, 2001, 〈고려시기 이속직 구조와 서리의 지위〉《고려 조선전기 중인연구》, 신서원

박경자, 2001, 《고려시대 향리연구》, 국학자료원

홍승기, 2001, 〈고려귀족제사회론 시비논쟁에 드러난 역사인식론적 문제〉《진단학보》91

홍승기, 2001, 《고려정치사연구》, 일조각

강은경, 2002, 《고려시대 호장층 연구》, 혜안

최정환, 2002, 《고려 정치제도와 녹봉제 연구》, 신서원

박용운, 2003, 《고려사회와 문벌귀족가문》, 경인문화사

이정란, 2003, 《고려시대 서얼 연구》, 고려대 박사학위논문

민현구, 2004, 《고려정치사론》, 고려대 출판부

김갑동, 2005, 《고려전기 정치사》, 일지사

박재우, 2005, 《고려 국정운영의 체계와 왕권》, 신구문화사

한충희, 2006, 《조선초기의 정치제도와 정치》, 계명대 출판부

김재명, 2006, 〈고려 내시제의 성립〉《정신문화연구》103, 한국학중앙연구원

이정훈, 2007, 《고려전기 정치제도 연구》, 혜안

박용운 외, 2007, 《고려시대사의 길잡이》, 일지사

이진한, 2008, 〈고려의 지배체제〉《새로운 한국사 길잡이(상)》, 지식산업사

3장 민족통합의 모델, 고려왕조의 본관제

이수건, 1979, 《한국중세사회사연구》, 일조각

김수태, 1981, 〈고려 본관제도의 성립〉《진단학보》52

윤희면, 1982, 〈신라하대의 성주·장군〉《한국사연구》39

채웅석, 1986, 〈고려 전기 사회구조와 본관제〉《고려사의 제문제》, 삼영사

박종기, 1987, 〈고려시대 촌락의 기능과 구조〉《진단학보》64

박종기, 1988, 〈고려 태조 23년 군현개편에 관한 연구〉《한국사론》18, 서울대국사학과

박종기, 1990, 《고려시대 부곡제연구》, 서울대출판부

박종기, 1990, 〈고려 전기 향촌지배구조의 성립과 그 성격〉《역사와 현실》3

김갑동, 1990, 《나말여초의 호족과 사회변동연구》, 고려대 민족문화연구소

이순근, 1991, 《신라 말 지방세력의 구성에 관한 연구》, 서울대 박사학위논문

구산우, 1995, 《고려 전기 향촌지배체제 연구》, 부산대 박사학위논문

김수태, 2000, 〈고려초기의 본관제도〉《한국중세사연구》8

채웅석, 2000, 《고려시대의 국가와 지방사회–본관제의 시행과 지방지배질서》, 서울대출판부

채웅석, 2003, 〈고려의 중앙집권과 지방자치, 본관제를 통한 지배〉《역사비평》65

강은경, 2006, 〈고려시대 본관에서의 정주와 타향으로의 이동〉《사학연구》81

4장 벌집구조로 이루어진 다원사회

1. 분할적 형태의 재정 · 경제구조

강진철, 1980, 《고려토지제도사연구》, 고려대출판부

김태영, 1983, 《조선 전기 토지제도사 연구》, 지식산업사

김기섭, 1987, 〈고려 전기 농민의 토지소유와 전시과의 성격〉《한국사론》 17, 서울대

위은숙, 1988, 〈12세기 농업기술의 발전〉《부대사학》 12

강진철, 1989, 《한국중세토지소유연구》, 일조각

박종기, 1990, 〈수취체제와 부곡제〉《고려시대 부곡제 연구》, 서울대출판부

박종진, 1990, 〈고려 전기 중앙관청의 재정구조와 그 운영〉《한국사론》 23, 서울대

김재명, 1994, 《고려 세역제도사 연구》, 한국정신문화연구원 박사학위논문

윤한택, 1995, 《고려 전기 사전연구》, 고려대 민족문화연구소

이인재, 1996, 〈고려 중 · 후기 수조지 탈점의 유형과 성격〉《동방학지》 93

위은숙, 1998, 《고려후기 농업경제연구》, 혜안

이정희, 2000, 《고려시대 세제의 연구》, 국학자료원

이종봉, 2001, 《한국중세 도량형제 연구》, 혜안

안병우, 2002, 《고려 전기의 재정구조》, 서울대 출판부

이상국, 2004, 《고려 직역전 연구》, 성균관대 박사학위논문.

이경식, 2007, 《고려전기의 전시과》, 서울대 출판부

김기섭, 2007, 《한국 고대 · 중세 호등제 연구》, 혜안

김기섭, 2008, 〈토지제도와 경제생활〉《새로운 한국사 길잡이(상)》, 지식산업사

2. 전업적 · 분업적 형태의 신분 · 직역구조

이기백, 1969, 〈고려시대 신분의 세습과 변동〉《민족과 역사》, 일조각

김광수, 1975, 〈중간계층〉《한국사》 5, 국사편찬위원회

최홍기, 1975, 《한국호적제도사연구》, 서울대출판부

김용덕, 1980 · 1981, 〈부곡의 규모 및 부곡인의 신분에 대하여(상 · 하)〉《역사학보》 88 · 89

홍승기, 1983, 《고려 귀족사회와 노비》, 일조각

유승원, 1987, 《조선 초기 신분제연구》, 을유문화사

박종기, 1990, 《고려시대 부곡제연구》, 서울대출판부

박종기, 1991, 〈고려 부곡인의 신분과 신분제 운영원리〉《한국학논총》 13, 국민대

김기섭, 1993, 《고려 전기 전정제 연구》, 부산대 박사학위논문

채웅석, 1994, 〈고려시대 향촌지배질서와 신분제〉《한국사》 6, 한길사

박종기, 1995, 〈한국사의 중세기점과 중세사회론〉《경제사학》 21

권영국, 1996, 〈신분구조와 직역〉《한국역사입문》 2 중세편, 풀빛
박종진, 1996, 〈국가재정과 부세제도〉《한국역사입문》 2 중세편, 풀빛
서성호, 1997, 《고려전기 수공업연구》, 서울대 박사학위논문
김난옥, 2000, 《고려시대 천사 · 천역 양인 연구》, 신서원
오일순, 2000, 《고려시대 역제와 신분제 변동》, 혜안
홍승기, 2001, 《고려사회사연구》, 일조각
박진훈, 2005, 《여말선초 노비정책 연구》, 연세대박사학위논문
박종기, 2006, 〈한국 고대의 노인과 부곡〉《한국고대사연구》 43
권영국, 2008, 〈고려시대의 신분제〉《새로운 한국사 길잡이(상)》, 지식산업사

3. 벌집구조의 사회 구성, 군현제와 부곡제

하현강, 1977, 〈고려지방제도의 연구〉, 한국연구원
김윤곤, 1983, 〈고려 군현제도의 연구〉, 경북대 박사학위논문
박종기, 1989, 〈고려시대 군현 지배체제와 구조〉《국사관논총》 4
이수건, 1989, 〈고려시대 '읍사' 연구〉《국사관논총》 3
박종기, 1990, 〈고려 전기 향촌지배구조의 성립과 성격〉《역사와 현실》 3
김갑동, 1990, 《나말여초의 호족과 사회변동연구》, 고려대 민족문화연구소
박종기, 1992, 〈고려시대 외관 속관제연구〉《진단학보》 72
채웅석, 1996, 〈군현제와 향촌사회〉《한국역사입문》 2 중세편, 풀빛
박은경, 1996, 《고려시대 향촌사회 연구》, 일조각
박종기, 1997, 〈군현제와 부곡제〉《고려시대사강의》, 늘함께 한국중세사학회편
박종기, 1997, 〈고려의 지방관원들 – 속관을 중심으로〉《역사와 현실》 24
김일우, 1998, 《고려초기 국가의 지방지배체계 연구》, 일지사
윤경진, 2000, 《고려 군현제의 구조와 운영》, 서울대 박사학위논문
박종기, 2002, 《지배와 자율의 공간, 고려의 지방사회》, 푸른역사
구산우, 2003, 《고려전기 향촌지배체제 연구》, 혜안
노명호 외, 2004, 《한국고대중세 지방제도의 제문제》, 집문당
박종기, 2006, 〈조선초기 부곡의 규모와 존재형태〉《동방학지》 133
이진한, 2008, 〈고려의 지배체제〉《새로운 한국사 길잡이(상)》, 지식산업사

5장 문화와 사회, 다양성과 통일성의 조화

1. 다양성과 통일성의 문화와 사상

이병도, 1980, 《고려시대의 연구》, 아세아문화사

정옥자, 1981, 〈여말 주자성리학의 도입에 대한 시고-이제현을 중심으로-〉《진단학보》51

문철영, 1982, 〈여말 신흥사대부들의 신유학 수용과 그 특징〉《한국문화》3

김충렬, 1984, 《고려유학사》, 고려대출판부

허흥식, 1986, 《고려불교사연구》, 일조각

채상식, 1991, 《고려후기불교사연구》, 일조각

허흥식, 1994, 《한국중세불교사연구》, 일조각

홍윤식, 1994, 〈불교행사의 유형과 전개〉《한국사》16, 국사편찬위원회.

도광순, 1995, 〈팔관회와 풍류도〉《한국학보》79

이민홍, 1995, 〈고려조 팔관회와 예악사상〉《대동문화연구》30

최영호, 1996, 《강화경판『고려대장경』각성사업의 연구》, 영남대박사학위논문

변동명, 1995, 《고려후기성리학수용연구》, 일조각

한기문, 1997, 〈불교〉《고려시대사 강의》, 늘함께, 한국중세사학회

김혜숙, 1998, 〈팔관회의 기능과 변화〉, 한국정신문화연구원 석사학위논문

한국종교사연구회편, 1998, 《성황당과 성황제》, 민속원

한기문, 1998, 《고려사원의 구조와 기능》, 민족사

도현철, 1999, 《고려말 사대부의 정치사상연구》, 일조각

이희덕, 2000, 《고려시대 천문사상과 오행설연구》, 일조각

김혜숙, 2000, 〈고려 팔관회의 내용과 기능〉《역사민속학》9

김윤곤, 2001, 《고려대장경의 새로운 이해》, 불교시대사

김종명, 2001, 《한국 중세의 불교의례》, 문학과 지성사

남권희, 2002, 《고려시대 기록문화 연구》, 청주 고인쇄박물관

고혜령, 2003, 《고려후기 사대부와 성리학 수용》, 일조각

박종기, 2003, 〈원간섭기 유교지식인의 사상적 지형〉《역사와 현실》49

도현철, 2003, 〈『사서집주』이해와 성리학 수용〉《역사와 현실》49

채웅석, 2003, 〈원간섭기 성리학자들의 화이관과 국가관〉《역사와 현실》49

김인호, 2003, 〈원간섭기 이상적 인간형의 역사상 추구와 형태〉《역사와 현실》49

이익주, 2003, 〈14세기 유학자의 현실인식과 성리학 수용과정의 연구〉《역사와 현실》49

조명제, 2004, 《고려후기 간화선연구》, 혜안

허흥식, 2004, 《고려의 문화전통과 사회사상》, 집문당

안지원, 2005, 《고려의 국가 불교의례와 문화》, 서울대출판부

김두진, 2006, 《고려전기 교종과 선종의 교섭사상사 연구》, 일조각

최연주, 2006, 《고려 대장경 연구》, 경인문화사

김기덕, 2006, 〈한국중세사회에 있어 풍수·도참사상의 전개과정〉《한국중세사연구》21

김호동, 2007, 《한국 고·중세 불교와 유교의 역할》, 경인문화사

박상진, 2007, 《나무에 새겨진 팔만대장경의 비밀》, 김영사

한정수, 2007, 《한국중세 유교정치사상과 농업》, 혜안

김철웅, 2007, 《한국 중세의 길례와 잡사》, 경인문화사

이병희, 2008, 〈불교와 유교·풍수도참〉 《새로운 한국사 길잡이(상)》, 지식산업사

2. 고려문화의 사회적 기반

이태진, 1972, 〈예천 개심사 석탑기의 분석 – 고려 전기 향도의 일례〉 《역사학보》 53·
    54 합집

이해준, 1983, 〈향도신앙과 그 주도집단의 성격〉 《김철준 박사 회갑기념 사학논총》

최순우, 1985, 〈고려 청자와 미술〉 《한국사의 재조명》, 독서신문사 편

전상운, 1985, 〈고려시대의 인쇄문화〉 《한국사의 재조명》, 독서신문사편

채웅석, 1989, 〈고려시대 향도의 사회적 성격과 변화〉 《국사관논총》 2

이기백, 1990, 〈고려의 무화와 자기〉 《고려귀족사회의 형성》

김갑동, 1991, 〈고려시대의 성황신앙과 지방통치〉 《한국사연구》 74

이난영, 1995, 〈고려시대의 금속공예〉 《대고려국보전》, 호암갤러리

기와다 사다무, 1995, 〈고려시대의 나전〉 《대고려국보전》, 호암갤러리

임재완, 1995, 〈종이의 전래와 고려인쇄술의 발전〉 《대고려국보전》, 호암갤러리

이기백, 1995, 〈고려의 문화〉 《대고려국보전》, 호암갤러리

한국역사연구회편, 1997, 《고려시대 사람들은 어떻게 살았을까》, 청년사

장남원, 2006, 《고려중기 청자 연구》, 혜안

정은우, 2007, 《고려후기 불교조각 연구》, 문예출판사

구만옥, 2008, 〈고려시대의 문화와 과학기술〉 《새로운 한국사 길잡이(상)》, 지식산업사

3. 평행의 원리: 가족과 혼인, 호주와 상속제도

하타다 다까하시, 1957, 〈고려시대 토지의 적장자상속과 노비의 자녀균분상속〉 《조선중
    세사회의 연구》 (1972 재수록)

이우성, 1968, 〈고려시대의 가족〉 《동양학》 5 (《한국의 역사상》 1982 창작과비평사 재수록)

김두헌, 1969, 《한국가족제도연구》, 서울대출판부

허흥식, 1981, 《고려사회사연구》, 아세아문화사

최재석, 1981, 〈고려조에 있어서 토지의 자녀균분상속〉 《한국사연구》 35

허흥식, 1981, 〈고려시대의 가족구조〉 《고려사회사연구》, 아세아문화사

최재석, 1983, 《한국가족제도사연구》, 일지사

노명호, 1987, 〈고려시대 친족조직의 연구상황〉 《중앙사론》 5

노명호, 1988, 《고려시대 양측적 친족조직에 관한 연구》, 서울대 박사학위논문

박종기, 1989, 〈고려 전기 사회사 연구동향〉 《역사와 현실》 2

노명호, 1989, 〈고려시대의 토지상속〉 《중앙사론》 6

장병인, 1990, 〈고려시대 혼인제에 대한 재검토〉《한국사연구》 71

노명호, 1995, 〈(고려시대) 가족제도〉《한국사15》, 국사편찬위원회

장병인, 1997, 《조선전기 혼인제와 성차별》, 일지사

권순형, 2001, 〈고려의 가족제도와 여성의 생활〉《국사관논총》 95

문정자, 2001, 〈고려시대의 상속제도〉《국사관논총》 97

최숙, 2002, 〈고려 혼인법의 개정과 그 의미〉《한국사론》 33, 국사편찬위원회

이정란, 2003, 〈고려시대의 혼인형태에 대한 재검토〉《사총》 57

김인호, 2006, 〈고려시대 성속의 경계와 개인적 넘나듦〉《한국사학보》 22

권순형, 2006, 《고려시대 혼인제와 여성의 삶》, 혜안

노명호, 2008, 〈가족과 여성〉《새로운 한국사 길잡이(상)》, 지식산업사

6장 실리와 공존, 줄타기 외교전술

고병익, 1970, 《동아교섭사의 연구》, 서울대출판부

전해종, 1970, 《한중관계사연구》, 일조각

김상기, 1974, 《동방사논총》, 서울대출판부

주채혁, 1989, 〈몽골－고려사연구의 재검토〉《국사관논총》 8

윤용혁, 1991, 《고려대몽항쟁사연구》, 일지사

정수아, 1992, 〈고려 중기 개혁정책과 그 사상적 배경－북송 '신법'의 수용에 관한 일시론〉《박영석 교수 화갑기념사학논총》

구산우, 1992, 〈고려 성종대 대외관계의 전개와 그 정치적 성격〉《한국사연구》 78

박한남, 1993, 《고려의 대금외교정책연구》, 성균관대 박사학위논문

신안식, 1993, 〈최씨 무인정권의 대몽강화교섭에 대한 일고찰〉《국사관논총》 45

박종기, 1994, 〈고려 중기 대외정책의 변화에 대하여〉《한국학논총》 16, 국민대

박종기, 1994, 〈고려시대의 대외관계〉《한국사》 6, 한길사

장동익, 1994, 《고려 후기 외교사연구》, 일조각

정수아, 1995, 〈고려 중기 대송외교의 재개와 그 의의〉《국사관논총》 61

이익주, 1996, 〈고려 대몽항쟁기 강화론의 연구〉《역사학보》 151

이익주, 1996, 《고려 원관계의 구조와 고려후기 정치체제》, 서울대 박사학위논문

김순자, 1996, 〈고려와 동아시아〉《한국역사입문》 2 중세편, 풀빛

박종기, 1998, 〈11세기 고려의 대외관계와 정국운영론의 추이〉《역사와 현실》 30

윤용혁, 2000, 《고려 삼별초의 대몽항쟁》, 일지사

안병우, 2002, 〈고려와 송의 상호인식과 교섭〉《역사와 현실》 43

김순자, 2002, 〈고려시대 대중국 관계사 연구의 현황〉《역사와 현실》 43

이정신, 2003, 〈강동6주와 윤관의 9성을 통해 본 고려의 대외정책〉《군사》 48

이정신, 2004, 《고려시대의 정치변동과 대외정책》, 경인문화사

김위현, 2004, 《고려시대 대외관계사연구》, 경인문화사

박경안, 2005, 〈고려전기 다원적 국제관계와 국가문화 귀속감〉《동방학지》 129

채웅석, 2006, 〈11세기 후반~12세기 전반 동북아시아 국제정세와 고려〉《전쟁과 동북아
의 국제질서》, 일조각

이익주, 2006, 〈14세기 후반 원·명 교체와 한반도〉《전쟁과 동북아의 국제질서》, 일조각

윤용혁, 2006, 〈14세기 초 동아시아 교역의 제문제-신안선의 역사적 배경〉《신안선과
동아시아도자교역》, 국립해양유물전시관

김순자, 2007, 《한국 중세 한중관계사 연구》, 혜안

윤용혁, 2008, 〈대외관계〉《새로운 한국사 길잡이(상)》, 지식산업사

7장 희망과 기회의 시대를 열다

1. 민의 세계와 존재형태

강진철, 1975, 〈농민과 촌락〉《한국사》 5, 국사편찬위원회

강진철, 1980, 《고려토지제도사연구》, 고려대출판부

박종기, 1992, 〈고려시대 민의 존재양태와 사회의식의 성장〉《역사비평》 18

박종진, 1994, 〈고려시대 수취구조와 농민생활〉《한국사》 5, 한길사

채웅석, 1997, 〈고려 후기 유통경제의 조건과 양상〉《한국 고대·중세의 지배체제와 농
민》, 김용섭 교수 정년기념논총

박경안, 2000, 〈고려중기 서민들의 경제생활 소고-서긍의 '고려도경'을 중심으로-〉《한
국사의 구조와 전개》, 하현강교수정년기념논총

이상국, 2000, 〈고려후기 농장의 경영형태 연구〉, 《역사와 현실》 36

서성호, 2000, 〈고려시기 개경의 시장과 주거〉, 《역사와 현실》 38

박용운 외, 2001~3, 《고려시대 사람들 이야기 1~3》, 신서원

구산우, 2003, 《고려전기 향촌지배체제 연구》, 혜안

채웅석, 2005, 〈고려말 조선초기 향촌사회의 변화와 지배질서의 재편〉《중세사회의 변
화와 조선 건국》, 혜안

하일식 편, 2007, 《고려시대 사람들의 삶과 생각》, 혜안

2. 12,13세기 민의 동향—유망과 항쟁

변태섭, 1973, 〈농민·천민의 난〉《한국사》 7, 국사편찬위원회

민현구, 1989, 〈고려 중기 삼국부흥운동의 역사적 의의〉《한국사 시민강좌》 5, 일조각

박종기, 1989, 〈12, 13세기 농민항쟁의 원인에 대한 고찰〉《동방학지》 69

박종기, 1990, 〈무인집권기 농민항쟁 연구론〉《한국학논총》 12, 국민대

채웅석, 1990, 〈12, 13세기 향촌사회의 변동과 '민'의 대응〉《역사와 현실》 3

이정신, 1991, 《고려 무신정권기 농민·천민항쟁연구》, 고려대출판부

박종기, 1991, 〈무인정권하의 농민항쟁〉《한국사 시민강좌》 5, 일조각

박종기, 1992, 〈고려시대 민의 존재형태와 사회의식의 성장〉《역사비평》 1992년 여름호

박종기, 1994, 〈12, 13세기 농민항쟁의 배경과 원인〉《한국사》 6, 한길사

김호동, 1994, 〈고려 무인집권시대 재지세력과 농민항쟁〉《한국중세사연구》 1

신안식, 2002, 《고려 무인정권과 지방사회》, 경인문화사

김호동, 2003, 《고려 무신정권시대 문인지식층의 현실대응》, 경인문화사

김갑동 외, 2004, 《고려 무인정권과 명학소민의 봉기》, 다운샘

채웅석, 2008, 〈향촌사회와 농민·천민의 항쟁〉《새로운 한국사 길잡이(상)》, 지식산업사

3. 14세기 민의 동향

홍승기, 1983, 〈원의 간섭기에 있어서의 노비 출신 인물들의 정치적 진출〉《고려귀족사
　　회와 노비》, 일조각

김창현, 1998, 《고려후기 정방연구》, 고려대 민족문화연구원

김당택, 1998, 《원 간섭하의 고려정치사》, 일조각

김창현, 2001, 〈원간섭기 고려의 사회변동—신분제 변동을 중심으로〉《진단학보》 91

채웅석, 2002, 〈여말선초 향촌사회의 변화와 매향활동〉《역사학보》 173

백인호, 2003, 《고려후기 부원세력 연구》, 세종출판사

이남복, 2004, 《고려후기 신흥사족의 연구》, 경인문화사

김현라, 2006, 《고려후기 하층신분연구》, 부산대 박사학위논문

찾아보기

새로 쓴 5백년 고려사

⊙ 2008년 3월 17일 초판 1쇄 발행
⊙ 2017년 9월 8일 초판 9쇄 발행
⊙ 글쓴이   박종기
⊙ 펴낸이   박혜숙
⊙ 펴낸곳 도서출판 푸른역사
   우) 03044 서울시 종로구 자하문로8길 13
   전화: 02)720-8921(편집부) 02)720-8920(영업부)
   팩스: 02)720-9887
   전자우편: 2013history@naver.com
   등록: 1997년 2월 14일 제13-483호

ISBN 978-89-91510-64-7 03900